Index-Zertifikate

SCHÄFFER
POESCHEL

Rolf Beike

Index-Zertifikate

Optimal vom Börsentrend profitieren

1999
Schäffer-Poeschel Verlag Stuttgart

Rolf Beike ist Consultant bei der auf Banken spezialisierten Unternehmensberatung zeb/rolfes.schierenbeck.associates

Die Deutsche Bibliothek – CIP-Einheitsaufnahme

Beike, Rolf:
Index-Zertifikate: optimal vom Börsentrend profitieren / Rolf Beike.
– Stuttgart : Schäffer-Poeschel, 1999
ISBN 3-7910-1537-0

Gedruckt auf chlorfrei gebleichtem, säurefreiem und alterungsbeständigem Papier

Einbandgestaltung: Willy Löffelhardt
Satz: Dörr + Schiller, Stuttgart
Druck und Bindung: Franz Spiegel Buch GmbH, Ulm
Printed in Germany

Schäffer-Poeschel Verlag Stuttgart

Ein Tochterunternehmen der Verlagsgruppe Handelsblatt

Vorwort

Bei vielen Anlegern wächst die Einsicht, daß sich aktives Management auf Dauer nicht lohnt. Kostengünstiger und weniger nervenaufreibend sind Finanzinstrumente, deren Wertentwicklung an einen Börsenindex gekoppelt ist. Hier partizipiert der Anleger an der Aktienmarktentwicklung, ohne auf das Geschick – oder sollte man besser sagen: Glück – professioneller Vermögensverwalter angewiesen zu sein. Obendrein bleiben dem Verbraucher Managergehälter und üppige Ausgabeaufschläge erspart, wie sie etwa bei Investmentfonds gang und gäbe sind.

Lange Zeit waren Fonds für Kleinsparer die einzige Möglichkeit, Anteile an einem breit gestreuten Wertpapierdepot zu erlangen. Doch inzwischen sind Zertifikate eine ernst zu nehmende Konkurrenz. Grund: Nicht nur Aufbau und Funktionsweise sind einfach zu begreifen – leicht zu durchschauen ist auch die Preisstellung. Das gesamte ausstehende Volumen wird von Experten mittlerweile auf einen zweistelligen Milliardenbetrag geschätzt.

Obwohl das Produktspektrum im Laufe der Zeit ausgesprochen facettenreich geworden ist, existiert – abgesehen von wenigen Zeitschriftenartikeln – kaum Literatur dazu. Den Verlag hat dies zu einer umfassenden Veröffentlichung veranlaßt. »Index-Zertifikate« ist das erste Buch zur gleichnamigen Thematik. Es enthält alles, was man über Zertifikate wissen muß, und ist daher nicht nur für Privatanleger geeignet, sondern ebenso für Profis.

Ganz bewußt wurde darauf geachtet, die Dinge so anschaulich wie möglich darzustellen. Ohne die Mithilfe einer Vielzahl von Bankpraktikern, die tagtäglich mit Zertifikaten zu tun haben, wäre das nicht möglich gewesen. Stellvertretend danke ich Thomas Timmermann (Commerzbank AG, Frankfurt a. M.).

Besonders verbunden bin ich den Mitarbeitern vom Verlag Schäffer-Poeschel, insbesondere Antje Wachsmann, Frank Katzenmayer und Michael Justus, ohne deren Engagement der Titel in seiner jetzigen Form nicht hätte entstehen können.

Die Verantwortung für Unvollkommenheiten liegt allein bei mir. Für Kritik und Anregungen bin ich jederzeit offen und dankbar.

Münster, im April 1999   Rolf Beike

Inhaltsverzeichnis

Wie dieses Buch aufgebaut ist

Das Thema im Überblick

In letzter Zeit macht eine Wertpapierart von sich reden, mit der Anleger eins zu eins an der Wertentwicklung eines Aktienindexes teilhaben. Diese neuartigen Finanzinstrumente heißen Index-Zertifikate – viele bezeichnen sie schlicht als Zertifikate.

Für den Anleger ist es so, als besäße er tatsächlich einen Index, ohne Aktien kaufen oder sich an einem Investmentfonds beteiligen zu müssen. Mit jedem Indexanstieg nimmt der Wert des Zertifikats im selben Maße zu, mit jedem Rückgang sinkt er entsprechend.

Rein rechtlich gesehen sind Zertifkate Schuldverschreibungen. Der Käufer stellt sein Kapital also nur leihweise zur Verfügung. Doch im Unterschied zu normalen Anleihen fließen keine Zinsen an den Anleger. Er erhält in Zukunft nur eine Rückzahlung, und zwar exakt in Höhe des dann gültigen Indexstands. Dafür verbürgt sich der Schuldner.

Es war immer schon das Bestreben von Anlagemanagern, die allgemeine Marktentwicklung durch besonderes Geschick bei der Wertpapierauswahl (=*Selektion*) und das Abpassen der richtigen Ein- und Ausstiegszeitpunkte (=*Timing*) zu übertrumpfen.

Dank zahlreicher Untersuchungen gilt es mittlerweile allerdings als nahezu sicher, daß sich der Markt mit aktivem Management, wie Selektion und Timing zusammengenommen bezeichnet werden, auf lange Sicht nicht schlagen läßt. Zwar können professionelle Wertpapiermanager Phasen vorweisen, in denen sie besser waren als der Markt. Doch in ebenso vielen Fällen werden sie auch vom Markt übertroffen. Im Durchschnitt bleibt also nur die Marktrendite. Von Selektions- oder Timingfähigkeiten kann daher kaum die Rede sein, sondern eher von Zufallstreffern. Das Tragische für Anleger: Der Zufall ist nicht etwa umsonst, sondern meist sehr teuer. Denn der Aufwand für die angeblich fachkundige Zusammenstellung von Wertpapierdepots wird Anlegern in Rechnung gestellt. Die beiden größten Kostenblöcke sind die Managervergütungen und die Ausgaben, die für das ständige Umschichten der Wertpapiere anfallen. Im Endeffekt bleibt weniger übrig als die *Marktrendite*.

Die Einsicht, daß sich der Markt auf Dauer nicht bezwingen läßt, hat viele Anleger dazu bewogen, auf ein aktives Management zu verzichten. Statt dessen bevorzugen immer mehr Sparer eine passive Strategie, indem die vom Markt vorgegebene Struktur einfach übernommen wird. Das bedeutet konkret: Bei der Zusammen-

Aktives Management

Passive Strategie

stellung von Wertpapieren orientiert man sich an einem Index. Denn ein Börsenindex spiegelt den Markt wider.

Welche Aktien im Index enthalten sind und welches Gewicht jedes einzelne Papier hat, teilt die jeweilige Börse auf Anfrage kostenlos mit. Die eigentliche Leistung eines Vermögensmanagers ist also unentgeltlich zu haben und deshalb ist es auch nicht gerechtfertigt, daß dem Anleger für die Wertpapierzusammenstellung eines Index-Produkts Geld abverlangt wird. Bei Index-Zertifikaten ist dies nicht der Fall. Sie gelten deshalb als geradezu prädestiniert für die Umsetzung einer passiven Strategie.

> Das Attraktive: Bereits mit sehr kleinen Anlagebeträgen kann man sich beteiligen, so daß selbst Normalsparer keine Schwierigkeiten haben, eine passive Strategie umzusetzen.

Allerdings trifft dies nur für Zertifikate in ihrer ursprünglichen Form zu, die leider immer seltener anzutreffen sind. Im Verlaufe dieses Buches werden wir noch genau sehen, daß inzwischen vielfältige Abwandlungen davon existieren und es gar nicht mehr so einfach ist, ein »reines« Zertifikat zu finden.

Struktur

Das Buch besteht aus drei Teilen. Wir befassen uns zunächst mit einigen grundlegenden Anlageformen (Aktien, Anleihen, Optionen und Futures), ohne deren Verständnis sich Funktionsweise und Bewertung von Zertifikaten nur schwer nachvollziehen lassen. Außerdem zeigen wir, welche unterschiedlichen Maßstäbe bei der Beurteilung von Anlagealternativen üblicherweise angelegt werden.

Im Mittelpunkt des zweiten Teils stehen Zertifikate. Da sich letztere in den meisten Fällen auf Indizes beziehen, gehen wir hierauf entsprechend ausführlich ein. Dann behandeln wir eingehend die wichtigsten Grundlagen, um uns im Anschluß daran der Bewertung und Absicherung von Zertifikaten zu widmen.

> Da wir uns in der Übergangsphase von der DM zum Euro befinden, sind einige Zahlenbeispiele in der alten und einige in der neuen Währung angelegt.

Wir wenden uns im dritten Teil den Vorzügen und Risiken zu, die mit dieser Anlageform verbunden sind und stellen darüber hinaus detailliert bedeutende Bewertungskennziffern vor. Anschließend zeigen wir auf, worauf der Leser achten sollte, bevor er sich zum Kauf von Zertifikaten entscheidet. Dabei stellen wir einen Vergleich mit Investmentfonds an, die zu den größten »Konkurrenten« zählen. Hier die Einteilung in der Übersicht:

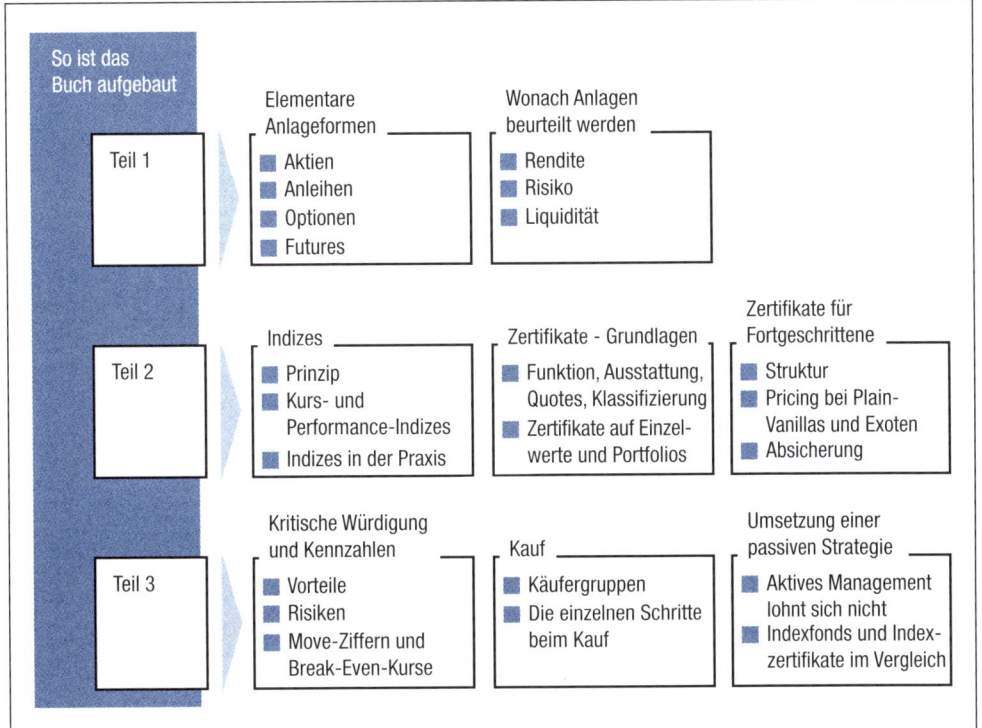

So ist das
Buch aufgebaut

Teil 1

Elementare
Anlageformen
- Aktien
- Anleihen
- Optionen
- Futures

Wonach Anlagen
beurteilt werden
- Rendite
- Risiko
- Liquidität

Teil 2

Indizes
- Prinzip
- Kurs- und
  Performance-Indizes
- Indizes in der Praxis

Zertifikate - Grundlagen
- Funktion, Ausstattung,
  Quotes, Klassifizierung
- Zertifikate auf Einzel-
  werte und Portfolios

Zertifikate für
Fortgeschrittene
- Struktur
- Pricing bei Plain-
  Vanillas und Exoten
- Absicherung

Teil 3

Kritische Würdigung
und Kennzahlen
- Vorteile
- Risiken
- Move-Ziffern und
  Break-Even-Kurse

Kauf
- Käufergruppen
- Die einzelnen Schritte
  beim Kauf

Umsetzung einer
passiven Strategie
- Aktives Management
  lohnt sich nicht
- Indexfonds und Index-
  zertifikate im Vergleich

Grundlagen

Die elementaren Anlageformen

Aktien

Wer Aktien kauft, wird zum Eigenkapitalgeber

Aktien werden uns im weiteren Verlauf noch öfter begegnen, denn die meisten Zertifikate beziehen sich auf Aktien oder aktienähnliche Instrumente

Wenn ein Unternehmen wie zum Beispiel Daimler-Chrysler eine Produktionsstraße zur Herstellung von Automobilen errichten will, ist für eine derartige Investition in aller Regel verhältnismäßig viel Kapital notwendig. Einzelne Anleger können dies allein kaum aufbringen. Um derlei Projekte dennoch zu realisieren, werden sehr viele Investoren aufgefordert, sich am Unternehmen zu beteiligen. Das zur Finanzierung erforderliche hohe Kapital teilt man in so kleine Portionen auf, daß sie selbst für Kleinsparer keine außergewöhnliche Belastung mehr darstellen. Diese kleinen »Kapitalhäppchen« nennt man Aktien, oder etwas formeller: Wertpapiere, die dokumentieren, daß ihr Inhaber einen (kleinen) Anteil am Betrieb besitzt und damit natürlich auch das Recht hat, an dessen Gewinn teilzuhaben. Außerdem kann der Geldgeber Rechenschaft von den Managern verlangen und im Fall einer Unternehmensauflösung einen entsprechenden Anteil von dem verlangen, was übrig bleibt.

Wer vorhat, sich an einer Aktiengesellschaft – kurz: AG – zu beteiligen, muß nicht befürchten, daß er auf immer und ewig an seine Beteiligung gebunden ist. Denn die Anteile sind verbrieft und damit außerordentlich leicht handelbar.

Aktionäre haben Anspruch auf Gewinn

Die wichtigsten Rechte eines Aktionärs:
• Anteil am Gewinn
• Stimmrecht in der Hauptversammlung
• Anspruch auf junge Aktien
• Anteil, wenn Gesellschaft wieder aufgelöst wird

Der Hauptzweck einer Aktiengesellschaft liegt wohl darin, Profite zu erzielen. Anspruch auf die Gewinne haben natürlich diejenigen, die ihr Kapital zur Verfügung gestellt haben und sich damit einem Risiko aussetzen. In regelmäßigen Abständen (meist jährlich) wird der Gewinn – zumindest ein Teil davon – an die Aktionäre ausgeschüttet.

Bei Aktiengesellschaften haben Gewinnausschüttungen einen speziellen Namen – sie heißen *Dividenden* und fließen mehr oder weniger regelmäßig, je nach dem, wie erfolgreich gewirtschaftet wurde. Prinzipiell gilt: Je besser das Unternehmensergebnis, um so höher die Dividenden. Allerdings läßt die Ausschüttungshöhe nicht in jedem Fall Schlüsse auf den Erfolg zu.

Aktionäre dürfen bei Unternehmensentscheidungen mitreden

Von einem Aktionär kann niemand verlangen, daß er sein Erspartes hergibt, ohne anschließend zumindest bei wichtigen Entscheidungen beteiligt zu sein. Dies muß natürlich in geordneter Form erfolgen, denn bei der Vielzahl von Aktionären bliebe nichts weiter als Chaos, wenn jeder nach Belieben Einfluß auf die Unternehmensgeschicke nähme. Aus diesem Grund findet alljährlich eine sogenannte Hauptversammlung statt, auf der die Manager den Anteilseignern Rede und Antwort stehen. An wichtigen Entscheidungen können sich die Aktionäre beteiligen. Da mit jeder Aktie jeweils ein *Stimmrecht* verbunden ist, besitzen Anteilseigner verständlicherweise einen um so höheren Einfluß, je mehr Papiere sie haben. In der Praxis ist es in vielen Fällen jedoch so, daß Anleger von ihrem Stimmrecht keinerlei Gebrauch machen und dieses an ihre Bank übertragen. Im Amtsdeutsch ist dann von einer Erteilung des Depotstimmrechts die Rede.

Aktie ist nicht gleich Aktie

Bevor Anleger den Schritt aufs Parkett wagen, müssen sie sich im klaren darüber sein, daß bisweilen gewaltige Unterschiede zwischen den an der Börse gehandelten Aktien bestehen. Zwar besitzen alle Papiere so ziemlich dasselbe Erscheinungsbild: Sie räumen dem Aktionär eine Reihe von Rechten ein, bescheren ihm ziemlich regelmäßig Dividenden und unterliegen im Laufe der Zeit mal mehr und mal weniger heftigen Wertschwankungen. Dennoch sind die Titel in manchen Belangen grundverschieden.

An erster Stelle stehen die mit einer Aktie im einzelnen verbundenen Rechte. Die Gelegenheit, auf das Unternehmensgeschehen Einfluß zu nehmen, ist bei Stammaktien (»Stämme«) am weitesten ausgeprägt. Stammaktionäre kassieren nicht nur Dividenden, sondern können sich auf der Hauptversammlung an wichtigen Entscheidungen beteiligen, etwa der Wahl des Aufsichtsrats. Diese Möglichkeit bleibt den Inhabern von Vorzugsaktien (»Vorzüge«) versagt. Als Ausgleich werden sie bei der Gewinnverteilung allerdings bevorzugt behandelt. In der Unternehmenssatzung ist häufig vorgesehen, daß der Dividendensatz für Vorzüge stets über dem für Stämme liegt. Die Begünstigung könnte aber auch anders aussehen: Vorzugsaktionäre erhalten nicht nur in Gewinn-, sondern auch in Verlustjahren Dividenden. Darüber hinaus sind weitere Ausgestaltungen denkbar. Wie diese im Einzelfall aussehen, kann man im Normalfalle bei jeder Bank in Erfahrung bringen oder durch Anfrage bei der AG selbst.

Ausschlaggebender Faktor im Rahmen der Anlageentscheidung kann die Kapitalisierung (siehe nächste Seite) sein. Schließlich beeinflußt die Unternehmensgröße nicht nur die Bandbreite an Informationen, mit der Aktionäre versorgt werden, sondern auch die Tatsache, wie schnell Sparer Papiere kaufen und wieder verkaufen können.

Ein anderes Kriterium, das Anleger bei ihrer Entscheidung berücksichtigen sollten, ist die Bedeutung, die einzelne Werte an der Börse genießen. So zählen Titel namhafter, alteingesessener Unternehmen – zumeist Konzerne mit Milliardenumsätzen – zu den Spitzenwerten. Gerne ziehen Aktienprofis eine Parallele zu den blaufarbenen und gleichzeitig wertvollsten Spielmarken (»Jetons«) beim amerikanischen Poker, den sogenannten »Blue Chips«, und verwenden diesen Begriff für die substanz- und ertragsstärksten Aktien. Das Etikett »Blue Chip« tragen in Deutschland vor allem die im DAX vertretenen Papiere.

Für Aktien namhafter Gesellschaften ist im allgemeinen eine genügend große Liquidität vorhanden, so daß einem Ein- und Ausstieg, wann immer Anleger möchten, fast nichts im Wege steht. Etwas anders dagegen das Bild bei Gesellschaften aus »der zweiten und dritten Reihe«, die relativ klein sind, einen geringen Bekanntheitsgrad genießen und nur wenige Anteile ausgegeben haben. Denn bei den sogenannten *Nebenwerten* gibt es durchaus Börsentage, an denen keinerlei Umsätze zustande kommen und Sparer auf ihren Anteilen sitzenbleiben oder zum Kauf Entschlossene erst gar nicht in den Genuß der Papiere gelangen.

Handelsvolumen und Kapitalisierung prüfen

Um keine unliebsamen Überraschungen zu erleben, sollte man deshalb die Zeit opfern und einen Blick auf das Handelsvolumen in der Vergangenheit werfen. Ein wertvolles Indiz liefert auch die Überprüfung, ob die Aktie in einem bedeutenden Börsenbarometer vertreten ist.

Ein ebenfalls recht aufschlußreiches Merkmal ist sicherlich die Ausstattung der Gesellschaft mit Grundkapital, kurz Kapitalisierung. Während Blue Chips im Regelfall ein beachtliches Kapitalpolster vorweisen können, ist dieses bei mittelgroßen Unternehmen, sogenannten mid caps, und kleinen Gesellschaften (small caps) begrenzt. Cap steht im übrigen als Abkürzung für capitalization, was übersetzt soviel heißt wie Kapitalisierung.

Bei großen Unternehmen hat der Anleger meist die Gewißheit, daß selbst beträchtliche Rückschläge weggesteckt werden, ohne daß gleich die Existenz der AG auf dem Spiel steht. Etwas anders sieht es dagegen bei Mid-Cap-, insbesondere aber bei Small-Cap-Gesellschaften aus, die eine Schlappe, etwa Flops bei Neuprodukten, oftmals nicht so leicht verdauen. Umgekehrt machen sich allerdings bereits kleine Erfolge meist stärker bemerkbar als bei Blue Chips. Deshalb müssen Anleger bei Titeln aus der zweiten und dritten Reihe gewöhnlich ein höheres Risiko in Kauf nehmen.

Bislang sind in Deutschland nur Aktien mit aufgedrucktem Nennwert erlaubt. Doch die Einführung des Euro hat die Bundesregierung dazu bewogen, in Zukunft auch nennbetragslose Aktien (»Quotenaktien«) zuzulassen. Grund: Eine Umrechnung der Nennwerte in Euro erübrigt sich und man umgeht das Problem »krummer« Nominalbeträge.

So prüfen Sie den Stellenwert von Aktien

Börsenkapitalisierung (Aktienkurs mal Zahl der Aktien)	Indizes/ Info-Quellen	Leichtigkeit, mit der Kauf- und Verkaufs- wünsche erfüllt werden	Risiko/ Rendite
ab ca. 5 Mrd. Mark: Blue Chips	z.B. DAX 30 Intensive Bericht-erstattung (Fernsehen, Presse, Radio, Internet) Geschäftsbericht einmal jährlich, zusätzlich Zwischenberichte	Tag für Tag reger Handel mit relativ hohen Umsätzen	Meist verhältnismäßig hohe Kurse, dafür aber kaum Konkursrisiken Regelmäßig Dividendenzahlungen Wachstumspotential häufig begrenzt
ab ca. 0,5 Mrd. Mark: Mid-Caps	z.B. MDAX Berichterstattung verstärkt in Regionalpresse -radio und -fernsehen; einschlägige Sendungen (n-tv-Telebörse) auch bundesweit Jährliche Publikation eines Geschäftsberichts, einige Gesellschaften stellen Zwischenberichte auf	Handelsvolumina im Vergleich zu Blue Chips geringer Während der Börsenzeit ist Handel normalerweise problemlos möglich; daß Kauf- und Verkaufs- wünsche unerfüllt bleiben, ist durchaus realistisch	Wachstumspotential in aller Regel größer als bei Blue Chips, Konkurs- gefahr im allgemeinen aber höher Dividendenzahlungen nahezu regelmäßig
Minimum 0,5 Mio. Mark: Small-Caps	SDAX begrenzte Berichterstattung in Regionalpresse Geschäftsbericht wird jährlich veröffentlicht, ist ggf. nur schwer zu beschaffen, insbesondere bei ausländischen Unternehmen	Gefahr, daß Kauf- und Verkaufsaufträge nicht ausgeführt werden kön- nen, ist vergleichsweise hoch	Meist ziemlich gute Wachstumsaussichten; Risiko eines Bankrotts dafür aber beachtlich Dividendenzahlungen können gerade in den ersten Jahren nach Gründung ausbleiben

Der Erfolg hängt nicht nur von der Kapitalisierung ab. Mitbestimmend sind auch die Wirtschaftszweige. Die Möglichkeiten reichen von Automobil- über Konsum- bis hin zu Versorgungswerten. Daß einzelne Branchen bisweilen mit ganz unterschiedlichen Ertragschancen aufwarten, ist bekannt. Wer heutzutage beispielsweise auf Informationstechnologie setzt, darf sicher mit einem stärkeren Wachstum rechnen als etwa bei Konsumwerten. Allerdings dürfen die Anleger eines nicht außer acht lassen: Selbst wenn die Perspektiven noch so verlockend sind, sollte nicht alles auf eine Karte ge-

Wer wissen will, wie eine AG organisiert ist und in welchen Bereichen sich die Unternehmung engagiert, findet die Antworten im Geschäftsbericht. Er ist in vielen Fällen bereits im Internet abrufbar.

In welcher Liga spielt die Aktie?

Zum Schutze der Anleger wirft die Börsenaufsicht ein wachsames Auge auf alle Emittenten. Nur wer ganz strenge Vorschriften einhält, wird in den *Amtlichen Handel* – die Börsenbundesliga – aufgenommen. Hier spielen allein die ältesten, größten und bekanntesten Unternehmen. Bei derlei Spitzenwerten kann der Anleger wegen der hohen Börsenumsätze ganz sicher sein, nahezu jederzeit problemlos Papiere an- und verkaufen zu können. Da Blue-Chip-Gesellschaften dazu verpflichtet sind, in regelmäßigen Abständen Rechenschaft über das Unternehmensgeschehen abzulegen, herrscht eine verhältnismäßig hohe Transparenz. Einen nicht ganz so tiefen Einblick bekommen Sparer bei Aktiengesellschaften aus der zweiten Liga. Im sogenannten *Geregelten Markt* notieren eher mittlere und kleinere Unternehmen, die nicht unbedingt jedem auf Anhieb geläufig sind. Im Unterschied zu amtlich gehandelten Werten müssen Papiere aus dem Geregelten Markt nicht breit unters Anlegervolk verteilt werden, was Sparer in die Gefahr bringt, ihre Titel im Bedarfsfalle möglicherweise nicht schnell genug wieder loszuwerden. Noch größer ist dieses Manko bei Aktien aus dem *Freiverkehr*. Hier verlangt der Gesetzgeber die geringsten Formschriften.
Wer sich auf junge, innovativ ausgerichtete Unternehmen stürzen möchte, für den bietet das Parkett in Frankfurt ein separates Segment, den *Neuen Markt*. Neu ist, daß die Banken – im Börsenjargon Betreuer – stets für eine angemessene Liquidität der Werte sorgen. Das Risiko, auf Papieren sitzenzubleiben oder zu unangemessenen Preisen bedient zu werden, ist deshalb nicht übermäßig hoch.

setzt werden. Landen die Ersparnisse bei einer einzigen Branche, so ist der Anleger der Entwicklung auf Gedeih und Verderb ausgeliefert.

Schwierig ist oftmals jedoch eine eindeutige Zuordnung, da etliche Gesellschaften ihre Geschäfte längst nicht mehr auf eine einzige Branche konzentrieren – Mannesmann beispielsweise engagiert sich nicht nur im Maschinenbausektor, sondern bietet zugleich Telekommunikationsdienste an. Die Daimler Benz AG stellt neben Personen- und Nutzfahrzeugen auch Luft- und Raumfahrttechnik her und offeriert darüber hinaus sogar Finanzdienstleistungen. Bei derlei Unternehmen läuft der Sparer also sehr viel weniger Gefahr, bestimmten Branchenrisiken besonders krass ausgesetzt zu sein.

Eine eindeutige Branchenzuordnung ist oft schwierig.

Anleger sollten sich nicht unbedingt auf heimische Werte versteifen. Viele Sparer engagieren sich an Börsen fern der Heimat. Freilich gilt auch hier die Devise, nicht blindlings nach irgendwelchen Papieren zu greifen. Wichtig ist, daß Anleger die Wertentwicklung auch verfolgen können. Deshalb nur Titel ins Depot nehmen, deren Kurse alltäglich verfügbar sind.

Ad-hoc-Publizität

Emittenten sind gesetzlich dazu verpflichtet, Tatsachen, die erheblichen Einfluß auf Wertpapierkurse haben, unverzüglich bekanntzumachen. Grund: Nur durch umgehende Veröffentlichung – Fachbezeichnung: Ad-hoc-Publizität – ist sichergestellt, daß niemand Informationsvorsprünge zum eigenen Vorteil nutzt.

Dividenden sind nur von untergeordneter Bedeutung – was zählt sind Kurssteigerungen

Eingangs ist bereits gesagt worden, daß Aktien ihren Besitzern meist laufende Erträge (Dividenden) einbringen. Daran sind die meisten Anleger allerdings weitaus weniger interessiert als an *Kursgewinnen.* Der Gesamtertrag – oder die *Performance,* wie Fachleute sagen – setzt sich bei Aktien im wesentlichen aus zwei Bestandteilen zusammen: zum einen Dividendenzahlungen, zum anderen Kursveränderungen. Während die Höhe der Dividenden vom Management der Gesellschaft beschlossen wird und hauptsächlich davon abhängt, wie üppig die Gewinne der AG ausfallen, spiegeln sich in den Kursen die Erwartungen der Anteilskäufer und -verkäufer wider.

Wie wir wissen, haben Anleger mit dem Kauf von Aktien das Anrecht erworben, Dividendenzahlungen zu kassieren. Je mehr Gewinn man in Zukunft erwarten darf, um so teurer wird ein Papier heute sein. Daß für eine bestimmte Aktie A, bei der künftig stets mit doppelt so hohen Gewinnen zu rechnen ist wie bei einer Aktie B, gegenwärtig auch ein doppelt so hoher Kurs bezahlt wird, ist nicht weiter verwunderlich.

Wenn man so will, ist der aktuelle Aktienkurs nichts weiter als der Versuch, sämtliche, mit dem Papier in Zukunft verbundenen Zahlungen vorwegzunehmen. Anleger bezahlen künftige Unternehmensgewinne. Daß derlei Größen nicht unumstößlich feststehen, bedarf wohl keiner weiteren Erläuterung. Denn wer könnte heute schon mit Sicherheit sagen, was eine AG einmal an Erträgen erwirtschaften wird. Daher müssen Aktiensparer mit Vermutungen über die künftige Gewinnentwicklung vorlieb nehmen, mit anderen Worten: sie spekulieren.

Spekulationen werden in erster Linie durch *Informationen* in Gang gesetzt. Gibt etwa der Vorstand einer Gesellschaft – nennen wir sie Auto-AG – öffentlich bekannt, daß das Unternehmen in Zukunft ein konkurrenzlos umweltschonendes Fahrzeug auf den Markt bringt, wird das sicherlich die Gewinnphantasien beflügeln. Anleger reagieren mit einer starken Nachfrage nach Aktien der Auto-AG und als Folge davon ist ein Kursanstieg zu verzeichnen. Sollte ein Kfz-Hersteller von der Konkurrenz einige Zeit später mit einer noch besseren Meldung aufwarten können, lösen sich die erträumten Gewinnerwartungen in Luft auf und die bis dato hochumjubelte Aktie gerät ins Abseits, ihre Kurse purzeln und die Papiere vom Wettbewerber sind mit einem Mal die bessere Alternative.

Die Entscheidung für Aktien ist deshalb eine Wahl mit höchst ungewissem Ausgang. Niemand ist wirklich in der Lage vorauszu-

Informationen und Kurse hängen unmittelbar zusammen.

Von Bulle und Bär, Hausse und Baisse

Für das, was an der Börse vor sich geht, haben die Fachleute ihre eigene Sprache. Sind die Kurse auf breiter Front gestiegen, so reden die Profis gern von einer »freundlichen« Börse. Sie gilt hingegen als »lustlos« bei nur geringen Umsätzen. Von einer »behaupteten« oder »festen« Börse spricht man, wenn sich die Kurse im großen und ganzen kaum verändert haben. Ist das Kursniveau insgesamt gesackt, verwenden die Experten das Bild vom »schwachen« oder »abbröckelnden« Markt.

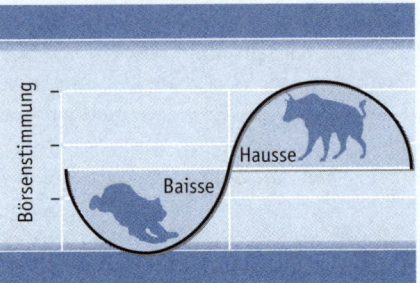

Jeder weiß, daß sich der Aktienmarkt zyklisch bewegt, mal geht es rauf, mal runter. Bei einem Anstieg der Börsenkurse über eine längere Zeit wird landläufig von einer Hausse gesprochen. Als Symbol gilt der Bulle, der Dynamik und Stärke ausstrahlt. Ganz im Gegensatz zum Bären, der Trägheit zum Ausdruck bringt und verkörpern soll, daß sich der Markt auf dem Rückzug befindet.
Damit überhaupt von einer Hausse bzw. Baisse gesprochen werden kann, reichen kurzfristige Auf- und Abschwünge nicht aus. Entscheidend ist, daß ein nachhaltiger Trend nach oben oder unten erkennbar wird.

ahnen, welche kursbeeinflussenden Informationen künftig verbreitet werden. Und selbst wenn, könnte kein Mensch die Reaktionen der Anleger vorhersehen. Das weckt nicht gerade das Vertrauen der Sparer, die auf einen ununterbrochenen Wertzuwachs ihrer Guthaben brennen und nicht auf wilde Kursschwankungen bei der kleinsten Meldung.

Aktien sind auf lange Sicht unschlagbar.

Auf den ersten Blick scheinen Aktien also eher etwas für Spielernaturen als für solide Anleger. Doch wer Aktien vom Speisezettel streicht, darf sich nicht wundern, wenn er später schmachten muß. Denn ein Blick in die Vergangenheit bestätigt, daß Unternehmensanteile auf lange Sicht alle anderen Anlagealternativen in den Schatten stellen. Zwar können sich Aktienkurse kurzfristig temperamentvoll auf und ab bewegen, dauerhaft folgt der Aktienmarkt – so lehrt es zumindest die Historie – allerdings einem steigenden Trend. Daher sollten Anleger Unternehmensanteile keinesfalls links liegen lassen. Genauso unvernünftig wäre es freilich, Anlageentscheidungen zu überstürzen und unüberlegt die nächstbesten Papiere ins Depot zu nehmen. Um Enttäuschungen zu vermeiden, sollten Anleger einige Grundregeln beherzigen. Zu den wichtigsten Prinzipien zählt eine Streuung des Anlagekapitals auf verschiedene Aktien, was auch als *Diversifikation* bezeichnet wird. Wir werden an späterer Stelle noch ausführlich darauf zu sprechen kommen.

Anleihen

Der Anleger als Gläubiger

Jeder, der sich an Unternehmen beteiligt, bekommt Triumph und Niederlage unmittelbar zu spüren. Geht es den Gesellschaften gut, können sich Aktionäre meist über hohe Dividenden und Kurse freuen. In schlechten Zeiten bleiben laufende Erträge aus, und die Papiere büßen unter Umständen deutlich an Wert ein.

Auf Anleihen wird etwas ausführlicher eingegangen, da auch Zertifikate Anleihen sind.

Vom Unternehmenserfolg weitaus weniger abhängig sind im Vergleich dazu Anleger, die ihr Geld nur leihweise zur Verfügung stellen. Sie sind nicht Miteigentümer, sondern Kreditgeber. Für das Kapital, das sie den Firmen für eine gewisse Zeit überlassen, verlangen sie in regelmäßigen Abständen Zinsen. Wie erfolgreich der Schuldner in Zukunft wirtschaftet, ist dafür im Grunde vollkommen unerheblich. Denn Kreditgeber haben, anders als Aktionäre, ein Anrecht auf feste Zahlungen, und zwar nicht nur in Gewinnjahren.

Zins- und Tilgungszahlungen bei einer Anleihe werden »Bedienung« genannt.

Deshalb können Anleihesparer für gewöhnlich weitaus sicherer in die Zukunft blicken als Aktionäre, sie müssen sich grundsätzlich jedoch mit geringeren Erträgen begnügen.

Doch wie wird ein Sparer zum Gläubiger? In der Realität ist es nicht etwa so, daß jeder Anleger mit dem Schuldner gesondert einen Kreditvertrag aushandelt. Das wäre zum einen viel zu umständlich und hätte zum anderen einen noch schwerwiegenderen Nachteil: Sollte der Gläubiger sein Geld dringend wieder benötigen, könnte er die größten Schwierigkeiten bekommen, sich von seinem Engagement zu lösen. Schließlich müßte er jemanden finden, der bereit ist, den Kredit zu übernehmen.

Wenn Wertpapiere bei Anlegern untergebracht werden, sprechen die Profis regelmäßig von »Plazierung«. Das gilt nicht nur für Anleihen, sondern auch für andere Titel.

Als weitaus sinnvoller hat sich daher die Ausgabe von Anleihen erwiesen. Wie das in der Praxis vonstatten geht, läßt sich etwa in dieser Weise skizzieren: Der Schuldner teilt die gesamte Kreditsumme (Schuldverschreibung) in kleinere Beträge auf und vermerkt sie jeweils auf einer Urkunde, die man trefflich als *Teilschuldverschreibung* bezeichnet.

Da die Gläubiger ihr Kapital nicht unentgeltlich verleihen, werden dem Dokument (Mantel) obendrein sogenannte *Zinsscheine* (Kupons) angeheftet. An festen Stichtagen (Zinsterminen) trennen

Was der Anleger über eine Anleihe wissen muß, findet er in den Emissionsbedingungen. Meist preisen die mit der Plazierung beauftragten Banken (»Emissionshäuser«) ein Papier in einschlägigen Medien in entsprechenden Anzeigen (»Finanzanzeigen«) an. Gewöhnlich enthalten sie nicht die gesamten Ausstattungsmerkmale. Die wichtigsten sind jedoch aufgeführt.

die Anleger einen Kupon ab, reichen ihn ein und erhalten vom Schuldner im Gegenzug die ihnen zustehende Zinszahlung. Ganz am Ende geben die Sparer dann den Mantel zurück und bekommen dafür den verliehenen Betrag retour.

An Anleihebesitzer werden heutzutage in den meisten Fällen indes keine wirklichen Urkunden mehr ausgehändigt. Statt dessen erfolgen nur noch Buchungen, ähnlich wie auf einem Bankkonto. Die Experten sprechen von *Girosammelverwahrung*.

Die wichtigsten Grundbegriffe	
Warum heißen Anleihen »Renten«?	Nicht selten wundern sich Anleger, warum die Profis von Renten sprechen, wenn Anleihen gemeint sind. Die Erklärung ist ziemlich einfach: Da Schuldverschreibungen in festen Abständen Zinszahlungen einbringen – etwa so, wie beim Ruhegeld eines Pensionärs –, sprechen die Experten gern von Renten.
Nennwert	Der Betrag, den der Emittent schuldet und der am Ende an den Sparer zurückfließt, heißt »Nennwert«. Geläufig sind auch die Bezeichnungen »Nominalbetrag« und »Rückzahlungskurs«.
Stückelung	Wer Anleihen kauft, kann den Nominalbetrag nicht beliebig wählen. Sparer müssen sich an die Vorgaben des Emittenten halten: zum einen den Mindestnennwert (bei Bundesanleihen 1.000 Mark), zum anderen die Stückelung (bei Bundesanleihen ebenfalls 1.000 Mark). Aufgrund der Stückelung muß der gesamte Nennbetrag immer auf volle tausend Mark lauten. Ein Rückzahlungskurs von zum Beispiel 50.500 Mark ist nicht möglich. Der Sparer muß sich in diesem Fall entweder für 50.000 oder 51.000 Mark entscheiden.
Prozentnotierung	Anleihen notieren in den meisten Fällen in Prozent. Damit kommt zum Ausdruck, wieviel Prozent des Nennwertes für das Papier gegenwärtig zu zahlen sind. Beispiel: Der Kurs einer Anleihe liegt bei 85 Prozent. Ein Anleger, der insgesamt »10.000 Mark nominal« des Papiers erwerben möchte, muß 8.500 Mark dafür ausgeben.
Was bedeutet »pari«?	Liegt der Kurs einer Anleihe exakt bei 100 %, so sprechen die Fachleute von einer pari-Notierung. Das heißt also, daß beispielshalber für 1.000 Mark Nennwert im Moment ganz genau 1.000 Mark (= Kurs) bezahlt werden müssen. Von unter- oder über-pari ist die Rede, wenn die Anleihe unter bzw. über 100 % notiert.
Nominalzins	Da sich die Zinszahlungen in den meisten Fällen auf den Nominalbetrag beziehen, spricht man in Fachkreisen auch vom Nominalzins, wenn der Kupon gemeint ist.
Stückzinsen	Die auf die Zeit zwischen letztem Kupontermin und Verkaufstag einer Anleihe entfallenden Zinsen heißen Stückzinsen. Sie werden vom Käufer an den Verkäufer gezahlt. Grund: Der neue Inhaber erhält am nächsten Zinstermin die gesamte Kuponzahlung, obwohl ihm nur Erträge ab dem Kaufzeitpunkt zustehen.

Entscheidend ist, daß Schuldner Wertpapiere ausstellen und damit die Voraussetzung für einen Börsenhandel schaffen. Sparer haben also grundsätzlich die Gewißheit, im Falle eines Falles ohne größere Schwierigkeiten schnell wieder an ihr Geld zu gelangen. Allerdings ist die Möglichkeit zur jederzeitigen Handelbarkeit nicht bei allen Emittenten gleich gut ausgeprägt.

Wer Anleihen ausgibt

Schuldverschreibungen können von nahezu allen Institutionen ausgegeben werden. In Frage kommen nicht nur öffentliche Haushalte, sondern auch private Unternehmen. Ganz besonderen Eifer zeigen dabei der Bund und die Banken.

Sparer, die ihr Geld verleihen möchten, haben die Wahl zwischen verschiedenen Schuldnern: Staat und Unternehmen.

Anleihen der öffentlichen Hand stammen zum Großteil vom Bund (*Staatspapiere*), einige auch von Ländern und Gemeinden. Das Besondere an Bundesanleihen ist, daß damit ein ausgesprochen reger Handel stattfindet. Deshalb gilt der Markt für Staatspapiere – nicht nur in Deutschland – als überaus liquide. An- und Verkäufe sind fast immer problemlos möglich. Ganz anders hingegen die Situation bei den meisten Bankschuldverschreibungen. Hier ist kaum ein Handel zu verzeichnen. Denn professionelle Rentenhändler haben gewöhnlich nur wenig Interesse daran, sich zu beteiligen. Grund: Der Markt ist wegen der Fülle unterschiedlicher Emissionen viel zu unübersichtlich geworden. Sparer, die sich für Bankpapiere – etwa *Pfandbriefe* – entscheiden, halten die Titel in vielen Fällen bis zum Laufzeitende und trennen sich zwischenzeitlich nicht wieder von ihren Papieren.

> Auch Industrieunternehmen geben manchmal Anleihen (»Industrieanleihen«) aus. Im Vergleich zu Staats- und Bankpapieren sind Industrieanleihen vor allem bei uns weithin bedeutungslos.

Die Lustlosigkeit, Pfandbriefe zu handeln, hat die Verantwortlichen an der Börse alarmiert. Damit das Interesse nicht ganz erlahmt, haben sich die Experten etwas Spezielles einfallen lassen: den *Jumbo-Pfandbrief*. Derlei Titel haben stets ein verhältnismäßig hohes Volumen – daher die Bezeichnung Jumbo. Anstelle vieler kleinerer, unübersichtlicher Pfandbriefausgaben warten die Geldhäuser mit einigen wenigen Großemissionen auf. Das steigert die Transparenz. Obendrein sorgen die Emittenten dafür, daß fortwährend mehrere Banken bereit sind, »Jumbos« auf Anfrage anzukaufen oder zu veräußern. Damit ist auch für die notwendige Liquidität gesorgt, ohne die viele Marktteilnehmer vor einem Engagement zurückschrecken würden.

Pfandbriefe und Kommunalobligationen – Anleihen mit limitiertem Risiko

Kommunalobligationen werden von speziellen Banken emittiert, meist öffentlich-rechtlichen Kreditinstituten und Hypothekenbanken. Das Kapital aus dem Verkauf der Schuldverschreibungen wird anschließend an Länder und Gemeinden (Kommunen) ausgeliehen, um damit den Bau von Schulen oder Straßen zu finanzieren. Deshalb die Bezeichnung Kommunalobligation.

Auch Pfandbriefe werden von öffentlich-rechtlichen Kreditinstituten und Hypothekenbanken ausgegeben. Das Geld aus dem Anleiheverkauf wird diesmal ausschließlich zur Finanzierung von Grundstücken und Gebäuden wieder vergeben, die gleichzeitig als Sicherheit (»Pfand«) dienen.

Nicht umsonst zählen Kommunalobligationen und Pfandbriefe zu den sichersten Anlagen. Gegenüber ähnlich risikolosen Papieren, etwa Bundesanleihen, rentieren die sogenannten Kommus und Pfandbriefe häufig etwas besser.

Wie sich Anleihen gruppieren lassen

Wie unüberschaubar die Produktvielfalt bei Anleihen im Laufe der Zeit geraten ist, bestätigt ein Blick in die Kurstabellen der großen Finanz- und Börsenzeitungen. Damit Sparer nicht die Übersicht verlieren, hier die wichtigsten Kriterien zur Eingruppierung: Verzinsung, Laufzeit und Konstruktionsprinzip.

Anleger haben grundsätzlich die Wahl zwischen Schuldverschreibungen mit einem im Zeitablauf unveränderlichen Kupon und Papieren, deren Verzinsung in bestimmten Abständen an das jeweils aktuelle Niveau angepaßt wird. Bei Anleihen mit fixiertem Kupon – also festverzinslichen – ist der Anleger bei den laufenden Erträgen auf der ganz sicheren Seite. Er weiß im voraus haargenau, was an den Kuponterminen auf ihn zukommt. Ganz anders dagegen Sparer, die sich für variabel verzinsliche Anleihen – geläufiger ist die englischsprachige Bezeichnung *Floating Rate Note* (FRN), kurz Floater – entscheiden. Denn hier richtet der Emittent regelmäßig, zum Beispiel alle sechs Monate, seinen Blick auf das aktuelle Zinsniveau.

Sind die Zinsen gerade auf niedrigem Stand, zahlt der Schuldner für die kommende Periode relativ wenig, während er sich ärgern muß, wenn ein Zinsanstieg zu verzeichnen ist. Bei Floatern stehen die Zinsausschüttungen folglich nicht für die gesamte Laufzeit fest, sondern immer nur für die just bevorstehende Zinsperiode. Daß Schuldner bei der Anpassung nicht nach Belieben schalten und walten können, wird durch die Emissionsbedingungen verhindert. Hier ist festgehalten, daß eine Angleichung nach verbindlichen Regeln vonstatten gehen muß.

Im Normalfall orientiert man sich an einem allgemein anerkannten Zinsbarometer, zum Beispiel dem *Euribor*. Er kommt in etwa so zustande: An jedem Werktag werden die wichtigsten Banken in Euroland gefragt, zu welchem Zins sie beispielsweise für drei Monate oder ein halbes Jahr einer anderen Bank Geld leihen würden. Aus sämtlichen Angaben wird anschließend der Durchschnitt gebildet. Das Ergebnis ist der 3- bzw. 6-Monats-Euribor. Diesen in der Fachwelt meist als *Referenzzinssatz* bezeichneten Wert legen Emittenten für ihre Floater zugrunde.

Daß nicht alle Anleihen zwischenzeitlich Zinszahlungen abwerfen müssen, belegen Papiere, mit denen der Anleger erst ganz zum Schluß in den Genuß von Rückflüssen kommt. Bei solchen Schuldverschreibungen leistet der Emittent zwischenzeitlich keinerlei Zinszahlungen, weshalb ganz gern von Nullkuponanleihen – englisch: Zerobonds – geredet wird. Der Sparer erhält am Ende der Laufzeit alles auf einen Schlag – sämtliche Zinszahlungen und obendrein die Tilgung. Die Vorteile liegen auf der Hand: Der Ver-

Kuponzinsen müssen nicht unbedingt im Abstand von einem Jahr gezahlt werden. Gerade bei variabel verzinslichen Anleihen sind Zinsausschüttungen jedes Halb- oder Vierteljahr anzutreffen.

Zinsen werden im übrigen immer nachschüssig gezahlt. Das heißt, daß der Anleger seinen Ertrag erst nach Ablauf der Zinsperiode erhält. Als Zinsperiode bezeichnet man den Rhythmus, in dem Zinsen gezahlt werden, beispielsweise jährlich oder halbjährlich.

Floater enthalten prinzipiell keine – besser: nur geringe – Kursrisiken.

Allgemein gilt: Je länger die Restlaufzeit, desto billiger ein Zerobond.

Hier ein typisches Bei-
spiel für eine variabel
verzinsliche Anleihe.

Neuemission 28. November 1997
Diese Anzeige erscheint nur zur Information. Die genannten Wertpapiere wurden bereits angeboten.

wüstenrot
Wüstenrot Bank AG
Ludwigsburg

DM 1.000.000.000,-
ANLEIHE MIT VARIABLER VERZINSUNG
VON 1997 / 2005

(AUFSTOCKUNG VON DM 750.000.000,- UM DM 250.000.000,-)

Zinssatz:
3-Monats-DM-LIBOR plus 0,125% p.a., zahlbar vierteljährlich
nachträglich am 29. August, 29. November, 28. Februar und
29. Mai eines jeden Jahres

DG BANK
Deutsche Genossenschaftsbank

Baden-Württembergische Bank
Aktiengesellschaft

Bankgesellschaft Berlin
Aktiengesellschaft

**Bayerische Hypotheken-
und Wechsel-Bank**
Aktiengesellschaft

Deutsche Morgan Grenfell
Deutsche Bank Aktiengesellschaft

Dresdner Kleinwort Benson
Dresdner Bank Aktiengesellschaft

GZB-Bank
Genossenschaftliche
Zentralbank AG Stuttgart

**Hamburgische Landesbank
-Girozentrale-**

Lehman Brothers Bankhaus AG

PARIBAS
Banque Paribas -
Zweigniederlassung Frankfurt am Main

**Sakura Bank
(Deutschland) GmbH**

SGZ-Bank
Aktiengesellschaft

Société Générale S.A.

**Westdeutsche Landesbank
Girozentrale**

WGZ-Bank
Westdeutsche
Genossenschafts-Zentralbank eG

braucher ist von der Last befreit, zwischenzeitlich Zinszahlungen
wieder anzulegen. Seinen Kapitalrückfluß kennt er ganz genau –
vorausgesetzt, er hält das Papier bis zum Verfalltag. Allerdings bergen Zerobonds gegenüber vergleichbaren Kuponanleihen ein höheres Kursrisiko.

Bei der Auswahl geeigneter Titel sollten Sparer ihr Augenmerk
nicht nur auf den Kupon richten. Bei verzinslichen Geldanlagen
spielt die *Laufzeit* eine ganz entscheidende Rolle. Denn die Erträge
sind im allgemeinen um so höher, je länger der Sparer sein Kapital
bindet. Daraus dürfen Anleger allerdings nicht den Schluß ziehen,
daß die Wahl stets auf die Alternative mit der höchsten Laufzeit
fällt. Nur wer entsprechend lange auf sein Geld verzichten kann,
sollte über entsprechende Anlagen nachdenken. Wird das Geld dagegen in naher Zukunft wieder benötigt, so ist der Sparer mit *Lang-
läufern*, wie sie fachmännisch genannt werden, häufig nicht

Die Zinssätze für Papiere
mit kurzer (langer) Lauf-
zeit heißen in der Fach-
welt auch Sätze am
»kurzen Ende« (»langen
Ende«).

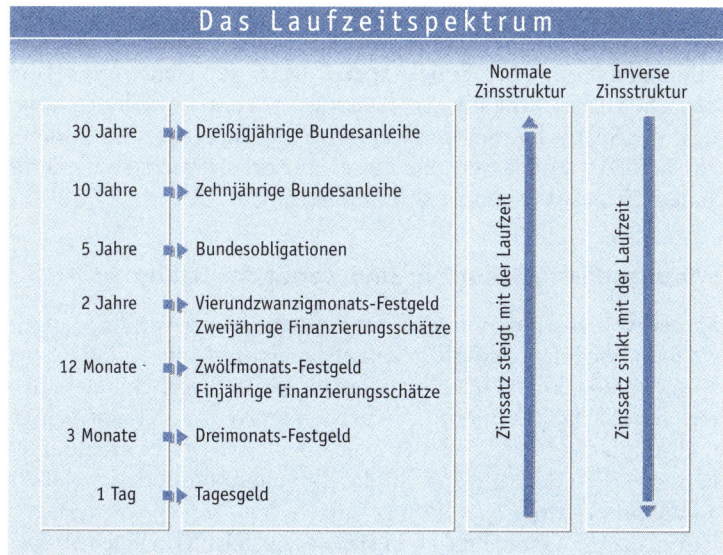

Das Laufzeitspektrum

		Normale Zinsstruktur	Inverse Zinsstruktur
30 Jahre	Dreißigjährige Bundesanleihe		
10 Jahre	Zehnjährige Bundesanleihe		
5 Jahre	Bundesobligationen		
2 Jahre	Vierundzwanzigmonats-Festgeld / Zweijährige Finanzierungsschätze		
12 Monate	Zwölfmonats-Festgeld / Einjährige Finanzierungsschätze		
3 Monate	Dreimonats-Festgeld		
1 Tag	Tagesgeld		

Zinssatz steigt mit der Laufzeit

Zinssatz sinkt mit der Laufzeit

Normalerweise bekommt man für längere Laufzeiten auch höhere Zinserträge (»normale Zinsstruktur«). Eine dreißigjährige Bundesanleihe bringt im Regelfalle also mehr ein als Tagesgeld. In Zeiten einer inversen Zinsstruktur – die man allerdings nur ganz selten antrifft – ist es genau umgekehrt.

optimal beraten. Schließlich müssen die Titel vor ihrer Fälligkeit abgestoßen werden. Welchen Kurs die Papiere dann erzielen, ist in vielen Fällen ungewiß. Wer in solch einer Situation *Kurzläufer* besitzt, braucht nicht lange auf den Kapitalrückfluß zu warten und ist deshalb nicht unbedingt auf einen Verkauf an der Börse angewiesen. Ist das Fristende erreicht, zahlt der Emittent die Wertpapiere zum Nennwert zurück.

Inzwischen können sich Anleger nahezu jeden Laufzeitwunsch erfüllen. Für Sparer, die ihr Geld nur für einen einzigen Tag binden möchten, halten die Finanzmärkte ebenso Produkte bereit wie für sehr langfristig orientierte Investoren. Selbst Anleihen mit ewiger Laufzeit sind im Angebot. Es klingt vielleicht absurd, aber es ist tatsächlich so, daß kein Rückzahlungstermin existiert. Erst wenn besondere Umstände (z.B. Auflösung des Unternehmens) eintreten, wird das Papier getilgt. Einige Emittenten – an erster Stelle öffentliche Haushalte – können mit Schuldtiteln aufwarten, die fast das gesamte Laufzeitspektrum abdecken. Bei Bundespapieren beginnt die Skala bei einem Jahr und endet bei Anleihen, die erst nach 30 Jahren fällig werden.

Anleihen – meist keine Anlage für unbestimmte Zeit

Im Vergleich zu Aktionären wollen Anleihesparer ihr Geld nicht für unbestimmte Zeit weggeben. Meist haben sie einen konkreten Zeitraum, den »Anlage-« oder »Planungshorizont«, vor Augen. Nach dessen Ablauf soll ein bestimmter Kapitalbetrag (Total Return) zur

Verfügung stehen. Wie hoch diese Summe ausfällt, hängt im wesentlichen davon ab, was mit den regelmäßig anfallenden Kuponzahlungen geschieht. Einige Sparer legen die Zinsen bis zum Erreichen ihres persönlichen Planungshorizontes wieder an. Der Rest der Sparer hat mit den Kuponzinsen hingegen etwas anderes vor. In diesem Fall werden die Zinsen nicht reinvestiert, sondern für andere Zwecke verwendet (»entnommen«).

Wie zuverlässig Schuldner sind, verrät das Rating

Sparer wollen sicher sein, daß der Emittent seinen Verpflichtungen nachkommt, also pünktlich Zinsen zahlt und am Fälligkeitstag seine Schulden tilgt. Deshalb greifen die meisten auch nur zu Papieren verläßlicher Emittenten. Woran können Anleger aufrichtige und nachlässige Kreditnehmer aber erkennen? Der Normalbürger hat nur selten die Möglichkeit, die Zahlungsmoral des Schuldners auszukundschaften.

Aus diesem Grunde haben es sich spezielle Unternehmen – sogenannte Rating-Agenturen – zur Aufgabe gemacht, die Bonität von Anleiheemittenten zu benoten. Zu den bekanntesten Gutachtern zählen *Standard & Poor's* (»S & P«) und *Moody's*. Sie nehmen kreditsuchende Unternehmen unter die Lupe, checken deren Zahlungsverhalten in der Vergangenheit, prüfen ganz sorgfältig, wie tief die Betriebe schon in der Kreide stehen und analysieren penibel, ob die Schuldner in Zukunft überhaupt genügend Erträge erwirtschaften, um ihren Verpflichtungen mit einiger Sicherheit nachkommen zu können. Je nachdem wie gut die Agenturen die Aussichten für pünktliche und vollständige Bedienung taxieren, verleihen sie sehr gute, zufriedenstellende oder schlechte Noten. Ihr Urteil – besser: Rating – bringen die Agenturen durch Buchstabenkombinationen zum Ausdruck. Ein »AAA« (»Triple A«) ist bei Standard & Poor's das Zeichen für Anleihen höchster Güte.

»Triple A« ist der Inbegriff für Anleihen höchster Güte.

Wenn sich das Rating ändert, berichtet die Presse darüber.

Standard & Poor's stuft BHF-Bank zurück

Die Ratingagentur Standard & Poor's (S&P) hat das Emittentenrating der BHF-Bank auf A2 von A1 und das Commercial-Paper-Rating der BHF Finance Inc auf A2 von A1 zurückgenommen. Der Grund: Die BHF-Bank müsse sich in einem Markt der mit Überkapazitäten und Margendruck behaupten. Die Risken der Bank hätten sich ebenso erhöht wie sich die Kernkapitalquoten verschlechtert hätten. Unklar sei auch, wie sich die Währungsunion auf die im DM-Devisenhandel starke Bank auswirken werde. Generell hätten sich das Kapital und die Ertragskraft der Bank auf bescheidenen Niveaus stabilisiert. rtr

		Rating-Symbole entschlüsseln	
S & P	**Moody's**		
AAA	**Aaa**	Höchste Qualität. Papiere bergen für Anleger ausgesprochen geringes Risiko. Emittenten besitzen absolute Zuverlässigkeit.	
AA	**Aa**	Anleihen von hoher Qualität. Die Bonität wird nicht ganz so gut eingeschätzt wie bei »Triple-A-Papieren«, insbesondere auf längere Sicht.	Investment-Grad
A	**A**	Papiere der oberen Mittelklasse. Emittenten besitzen eine Menge von Attributen, die auf hohe Bonität schließen lassen. Allerdings ist eine Anfälligkeit für Verschlechterungen nicht von der Hand zu weisen.	
BBB	**Baa**	Anleihen mittlerer Qualität. Auf kurze Sicht ist Zahlungsfähigkeit gesichert. Bestimmte Gütekriterien, die hohe Bonität signalisieren, sind aber nicht vorhanden.	
BB	**Ba**	Papiere enthalten einige spekulative Komponenten. Künftige Zahlungsfähigkeit ist nicht unbedingt gesichert, weder bei guter noch bei schlechter Entwicklung.	
B	**B**	Schuldner ist zwar gegenwärtig in der Lage, Verpflichtungen zu erfüllen. Auf längere Sicht besteht jedoch Ausfallrisiko.	
CCC	**Caa**	Anleihen von minderer Qualität; eindeutige Gefahr eines Zahlungsausfalls in der Zukunft.	
CC	**Ca**	Hochspekulative Papiere. Nicht selten befinden sich Emittenten bereits im Zahlungsverzug.	Junk Bonds
C	**C**	Papiere von geringer Güte. Für Anleger existieren relativ schlechte Aussichten, daß Zins- und Tilgungszahlungen pflichtgemäß geleistet werden.	
D		Schuldner hat Zahlungen bereits eingestellt	

Je weiter die Inspizienten im Alphabet fortschreiten, desto unsicherer wird die ganze Sache für den Anleger. Papiere mit dem Qualitätsurteil »C« und »D« sind Titel der schlimmsten Sorte. Wer sich solch eine Anleihe ins Depot legt, sollte starke Nerven haben und immer damit rechnen, daß er sein Geld nie wiedersieht.

Klassifiziert werden im übrigen nicht nur Anleihen von Industrieunternehmen oder Banken, sondern auch Staatspapiere. Im allgemeinen gilt: Je besser die Bonität eines Schuldners, desto weniger Zinsen muß er zahlen. Umgekehrt sind die Zinsen um so höher, je schlechter die Zahlungsmoral eingeschätzt wird. Grund: Die Anleger tragen bei Papieren mit schlechtem Rating eine verhältnismäßig große Verlustgefahr. Und für die Übernahme von derlei Risiken wollen sie verständlicherweise adäquat entlohnt werden. Zwischen Rating und Verzinsung besteht also ein ganz plausibler Zusammenhang. Wer hohe Renditen will, muß auch das Wagnis eingehen, sein

Je besser die Bonität, desto niedriger die Zinsen.

Je schlechter die Bonität, desto höher die Risikoprämie und darum auch die Rendite, wie folgende Beispielzahlen belegen.

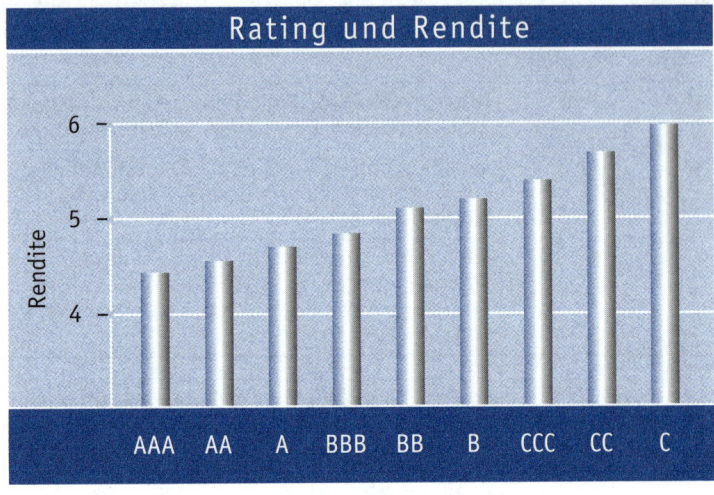

Anlaß für eine Ratingänderung ist etwa die Einschätzung, daß sich die Ertragslage des Emittenten künftig nachhaltig verändert.

Kapital für nicht ganz so vertrauenswürdige Schuldner herzugeben. Sparer, die dagegen auf der sicheren Seite stehen wollen, müssen mit relativ spärlichen Erträgen vorlieb nehmen.

Ändern Standard & Poor's oder Moody's im Laufe der Zeit ihre Meinung über einen Schuldner, so passen sich die Kurse für die Papiere an der Börse entsprechend an. Für die Sparer steigt oder sinkt das Risiko und die Ausfallprämie (und damit auch die Rendite) nimmt zu bzw. ab. Bei einer Abwertung – im Fachjargon *down-grading* – sinken also die Anleihekurse. Jeder Sparer muß sich mit der Gefahr abfinden, daß sein Papier plötzlich abgestuft wird und an Wert verliert. Schätzen die Bonitätsinspekteure die Zahlungsfähigkeit zuversichtlicher ein und werten die Unternehmung auf (»*upgrading*«), so werden die Papiere in den Augen der Anleger besser angesehen und ein Kursanstieg ist die Folge. Wenn Sparer bei einem Emittenten mit einer Aufwertung seiner Bonität rechnen, können sie infolgedessen Gewinne machen.

Optionen – Die wichtigsten Grundlagen

Kaufoptionen (Calls)

Im Verlauf dieses Buches werden wir noch sehen, daß eine Vielzahl von Zertifikaten zum Beispiel Rückzahlungsober- oder -untergrenzen aufweisen. Derlei Ausstattungsmerkmale sind im Grunde nichts anderes als im Zertifikat enthaltene Optionen. Um Funktionsweise und Bewertung solcher Produkte besser zu verstehen, wollen wir uns daher vorab etwas ausführlicher mit Optionen befassen.

Sie verdanken ihre Bezeichnung der lateinischen Vokabel »optio«, was soviel bedeutet wie »freier Wille«. Damit kommt die Wesensart von Optionen recht deutlich zum Ausdruck. Sie sind nichts weiter als Rechte, die in Zukunft ausgeübt werden können, keinesfalls aber in Anspruch genommen werden müssen. So gesehen hat der Inhaber eines Rechts eine Wahlmöglichkeit erlangt, nicht jedoch eine Erfüllungspflicht.

Ein ebensolches Recht kann nun etwa darin bestehen, künftig eine Sache oder ein Finanzinstrument – etwa eine Aktie – zu erwerben. Genausogut könnte das Recht aber auch die Möglichkeit zum Verkauf eröffnen, so daß wir grundsätzlich zwischen Kauf- und Verkaufsrechten unterscheiden können.

Optionen sind Kauf- bzw. Verkaufsrechte

Um die Übersicht nicht zu verlieren und den Leser nicht mit allzu viel Details zu überhäufen, beschränken wir uns auf Kauf- und Verkaufsrechte, die sich auf Aktien beziehen. Und der Anschaulichkeit wegen wollen wir nicht einfach irgendeine Aktie betrachten, sondern ganz konkret die Aktie der Deutschen Telekom AG, kurz T-Aktie.

Führen wir uns noch einmal die obige Definition vor Augen: Der Inhaber einer *Kaufoption auf T-Aktien* hat die Möglichkeit, derlei Wertpapiere in Zukunft zu beziehen. Nun wird mancher Leser sicherlich fragen, was daran so außergewöhnlich ist. Schließlich können Anleger T-Aktien in Zukunft ja auch dann erwerben, wenn sie nicht im Besitz von Kaufoptionen sind. Dieser Einwand ist zwar grundsätzlich angebracht. Nur darf dabei nicht übersehen werden, daß für die Aktien dann auf jeden Fall der in der Zukunft aktuelle Preis (Kurs) zu zahlen ist. Und damit sind wir bei dem entscheidenden Merkmal einer Kaufoption: Sie erlaubt es ihrem Inhaber, die T-Aktie zu einem ganz bestimmten, *im voraus* festgelegten Preis zu beziehen.

Das soll einmal anhand eines einfachen Beispiels veranschaulicht werden. Angenommen, wir besäßen eine Kaufoption, die uns das Recht verleiht, eine T-Aktie in einem halben Jahr zum Kurs von sagen wir 40 DM zu erwerben. Wir könnten später, genauer gesagt in sechs Monaten, davon Gebrauch machen, ebenso aber auf eine Inanspruchnahme verzichten. Da wir aufgrund unserer Option eine T-Aktie zum Preis von 40 DM kaufen können, aber nicht müssen, werden wir diese Möglichkeit auch nur dann beanspruchen, wenn der Kurs der T-Aktie in sechs Monaten 40 DM überschreitet. Obwohl die Aktie dann teurer sein und zum Beispiel 45 DM kosten könnte, haben wir das Recht, in diesem Fall für 40 Mark an das Papier zu kommen. Aufgrund des Kaufrechts sparen wir bei der gerade beschriebenen Konstellation 5 DM (45 DM – 40 DM). Notiert die T-Aktie in sechs Monaten hingegen unterhalb von 40 DM, wäre eine Ausübung der Option ausgesprochen unvernünftig. Wir würden für die T-Aktie dann 40 DM bezahlen, obwohl das Wertpapier für 39 DM oder vielleicht noch weniger zu haben ist. Offenkundig profitiert der Inhaber einer Kaufoption also von einem Kursanstieg, sein Erwerbsrecht ist hingegen wertlos, wenn die Marke von 40 DM – die im Fachjargon übrigens *Basispreis, Strike Price* oder schlicht *Strike* heißt – unterschritten wird.

Wir können anhand dieses Beispiels bereits einen Beweggrund für die Anschaffung von Optionen erkennen: In unserem Fall erlangt der Optionskäufer die Gewißheit, für die T-Aktie in einem halben Jahr keinesfalls mehr als 40 DM zahlen zu müssen – er sichert sich gewissermaßen gegen steigende Aktienkurse. Bevor wir allerdings weiter auf die Motive eingehen, wollen wir nochmals einen Blick auf unser Beispiel werfen. Auf der einen Seite steht der Optionsinhaber, der sein Recht in der Zukunft in Anspruch nehmen darf. Entscheidet er sich für eine Ausübung, so muß ein anderer Marktteilnehmer die Aktie zum Basispreis zur Verfügung stellen. Es muß also eine weitere Partei existieren, die dem Optionsinhaber dieses Recht verschafft.

Betrachten wir unser Fallbeispiel dazu etwas genauer, bemerken wir, daß der Optionsinhaber von einem Kursanstieg profitiert, da er in diesem Falle von seinem Recht Gebrauch macht und eine T-Aktie zum verhältnismäßig günstigen Basispreis bezieht. Bei einem Kurs von 45 DM spart der Inhaber 5 DM, was wir weiter oben bereits gesehen haben. Nun beobachten wir den Vorgang einmal aus der Perspektive der Gegenpartei. Sie muß ausharren – man könnte auch sagen »stillhalten« –, bis sich der Optionsbesitzer entschieden hat und – falls der Entschluß zur Ausübung fällt – die Aktie zum Basispreis liefern. Deshalb spricht man auch vom *Stillhalter*. Der Stillhalter muß, um beim obigen Beispiel zu bleiben, eine T-Aktie, die genaugenommen 45 DM wert ist, für 40 DM an den Optionsinhaber abgeben. Er verliert gewissermaßen 5 DM.

Die Frage, ob ein Kaufrecht kostenlos überlassen wird, läßt sich nun leicht beantworten. Da der Stillhalter bereits in dem Augenblick, in dem er ein Kaufrecht einräumt, damit rechnen muß, in der Zukunft in Anspruch genommen zu werden, verlangt er für die Option einen Preis, die sogenannte *Optionsprämie*. So haben wir einerseits den Stillhalter, der gegen Erhalt des Optionspreises ein Kaufrecht einräumt, die Entscheidung des Käufers abwarten und sich dessen Entschluß, das Recht auszuüben oder darauf zu verzichten, beugen muß. Seine Position bezeichnet man auch als *Short-Position* oder man sagt, der Stillhalter ist *short* in Optionen.

Auf der anderen Seite befindet sich der Optionskäufer, der den Preis zahlt, dafür in Zukunft das Kaufrecht behaupten darf und damit die Chance erlangt, einen Gewinn zu verbuchen. Im Gegensatz zum Stillhalter ist der Käufer *long* in Optionen (»*Long-Position*«).

Ein Optionsgeschäft setzt also stets zwei Vertragspartner voraus, die dazu bereit sein müssen, unterschiedliche Positionen einzunehmen.

Betrachten wir das obige Beispiel genauer, so entdecken wir, daß im Rahmen eines Optionsgeschäftes nicht nur der Preis, sondern eine Vielzahl weiterer Bestandteile – in der Fachsprache *Ausstattungsmerkmale* – fixiert werden müssen. Da ist zunächst der Gegenstand, auf den sich das Recht bezieht, in unserem Falle die T-Aktie. Man könnte auch sagen, die Option basiert auf der T-Aktie, so daß ganz allgemein vom *Basisgut* (englisch: *Underlying*) die Rede ist. Neben dem *Underlying* müssen sich die Vertragsparteien über die Laufzeit der Option verständigen oder, um gleich den einschlägigen Terminus zu verwenden, die *Optionsfrist*. Solche Rechte sind also immer zeitlich begrenzt, wobei die »Lebensdauer« exakt derjenigen Spanne entspricht, die zwischen dem Zeitpunkt der Entstehung und Fälligkeit des Rechts verstreicht. Außerdem muß Einigkeit über die Höhe des Strikes herrschen. Anstelle eines Basispreises von 40 DM, um an das obige Beispiel anzuknüpfen, könnte genausogut ein Strike von 30, 35 oder 50 DM sowie ein beliebiger anderweitiger Wert gewählt werden. Käufer und Verkäufer müssen darüber hinaus vereinbaren, ob der Stillhalter im Falle einer Ausübung das Underlying tatsächlich liefert, was die Fachleute auch als *effektive Andienung* bezeichnen. Dann zahlt der Optionsinhaber den Basispreis, um im Gegenzug vom Stillhalter das Underlying zu empfangen. Anstelle einer effektiven Andienung könnten sich die Vertragspartner allerdings auch für einen *Barausgleich* – englisch: *Cash Settlement* – entscheiden. Die Parteien würden in diesem Falle auf einen Austausch des Underlyings verzichten. Dafür zahlt der Stillhalter sozusagen »ersatzweise« die Differenz zwischen aktuellem Aktienkurs und Strike an den Optionsinhaber.

Nun haben wir fast sämtliche wichtigen Bestandteile einer Optionsvereinbarung kurz angesprochen, mit Ausnahme der sogenannten *Ausübungsmodalität*, womit die Möglichkeiten zur Inanspruchnahme einer Option gemeint sind. Die Vertragspartner

Oft wird bei Optionsausübung nicht effektiv angedient, sondern ein Barausgleich vorgenommen.

könnten sich darauf verständigen, eine Ausübung ausschließlich am Verfalltag zu gestatten, wofür die Bezeichnung *europäische* Option geläufig ist. Im Gegensatz dazu haben Inhaber *amerikanischer* Optionen die Möglichkeit, von ihrem Recht jederzeit während der Optionsfrist Gebrauch zu machen.

Damit sind einige wesentliche Ausstattungsmerkmale eines Optionsgeschäftes skizziert worden, die wir der Übersichtlichkeit halber noch einmal zusammenfassen:

- Underlying (zum Beispiel Aktien)
- Strike Price (zum Beispiel 40 DM)
- Optionsfrist (zum Beispiel 12 Monate)
- Andienung (zum Beispiel Cash Settlement)
- Ausübungsmodalität (zum Beispiel europäisch).

Kaufmotive: Mit Calls sichert man sich gegen steigende Preise des Underlyings. Außer zu Sicherungszwecken kann man Kaufoptionen auch zur Spekulation auf einen Preisanstieg einsetzen.

Wir sind bislang davon ausgegangen, daß eine Option ihren Inhaber dazu berechtigt, in der Zukunft das Underlying zum Strike Price zu erwerben. Genausogut könnte ein Optionskäufer aber auch das Recht erlangen, das Basisgut zu veräußern, so daß man allgemein zwischen *Kauf-* und *Verkaufsoptionen* – englisch *Calls* bzw. *Puts* – unterscheiden kann. Die bereits oben für Calls besprochenen Ausstattungsmerkmale lassen sich problemlos auch auf Puts übertragen, so daß wir hierauf zunächst nicht weiter eingehen müssen. Zur Verdeutlichung wollen wir allerdings noch einmal hervorheben, daß ein Put seinen Inhaber in die Lage versetzt, bei Ausübung das Underlying zum Basispreis verkaufen zu dürfen. Anders als ein Call-Käufer profitiert ein Put-Besitzer also von einem Preisrückgang des Underlyings.

Wir wissen, was einen Call-Käufer zu seiner Entscheidung bewegen kann. Doch was veranlaßt einen Akteur zur Veräußerung eines Kaufrechts? Rufen wir uns dafür kurz die Pflichten eines Stillhalters ins Gedächtnis. Der Verkäufer garantiert dem Call-Käufer, eine T-Aktie in der Zukunft zu einem im voraus vereinbarten Preis beziehen zu dürfen. Dieses Versprechen gibt der Stillhalter freilich nicht kostenlos ab, sondern nur gegen Zahlung der Optionsprämie. Lohnenswert ist die Veräußerung eines Kaufrechts immer dann, wenn es der Käufer nicht in Anspruch nimmt – also bei Aktienkursen, die den Basispreis nicht überschreiten. In diesem Fall hat der Stillhalter die Prämie kassiert, ohne eine Gegenleistung zu erbringen. Er verbucht die gesamte Prämie als Gewinn. Aber selbst bei einer Inanspruchnahme kann für den Stillhalter noch etwas übrigbleiben, und zwar genau dann, wenn die Differenz zwischen aktuellem Aktienkurs und Basispreis nicht größer ist als die vereinnahmte Optionsprämie. Liegt der Kurs der T-Aktie am 1.6.1998 exakt bei 45 DM, so muß der Stillhalter das Wertpapier für 40 DM abgeben und die

---

Gewinn- und Verlustsituationen beim Call

Welchen Gewinn Käufer bzw. Stillhalter mit Calls erzielen, wenn sie ihre Position bis zum Verfalltag aufrechterhalten, läßt sich sehr gut anhand von Gewinn- und Verlustdiagrammen veranschaulichen. Da der Verlauf der Profile an einen Hockey-Schläger (englisch: Hockeystick) erinnert, bezeichnet man sie auch als *Hockeystick-Diagramme.*
Im folgenden haben wir dargestellt, welchen Gewinn bzw. Verlust Call-Käufer bzw. -Verkäufer bei unterschiedlichen Aktienkursen erreichen. Die Kaufoption bezieht sich auf eine Aktie, hat einen Strike von 40 € und wurde zum Preis von 10 € ge- bzw verkauft.

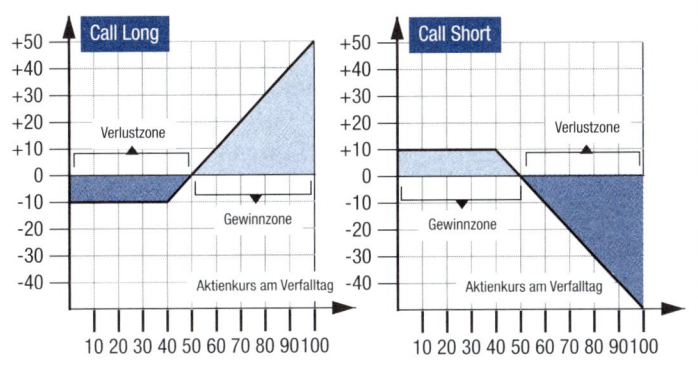

zuvor vereinnahmte Optionsprämie (5 DM) ist vollends aufgezehrt. Aktienkurse über 45 DM führen für den Stillhalter sogar zu einem Verlust.

Wir können also festhalten, daß sich die Veräußerung einer Kaufoption grundsätzlich lohnt, wenn der Aktienkurs

Ein im Zeitverlauf in etwa gleichbleibendes Kursniveau mit nur geringfügigen Schwankungen bezeichnet man auch als Seitwärtsbewegung.

- sinkt,
- unverändert bleibt oder
- nur geringfügig steigt.

Dabei wollen wir es zunächst bewenden lassen und uns nun Verkaufsoptionen zuwenden.

Verkaufsoptionen (Puts)

Während sich Calls bei zukünftigen Preissteigerungen als lukrativ erweisen, trifft für Puts genau das Gegenteil zu. Man könnte also vermuten, daß sich Verkaufsoptionen zur Sicherung gegen sinkende Preise eignen oder zur Spekulation darauf. Wir wollen das im weiteren überprüfen und greifen dafür auf ein konkretes Beispiel zurück.

Put-Option	
Underlying	T-Aktie
Strike Price	40 DM
Fälligkeit	1.6.1998
Andienung	effektiv
Typ	europäisch
Prämie	3 DM

Angenommen, wir stünden vor der Entscheidung, die soeben beschriebene Put-Option zu erwerben. Dafür müßten wir dem Stillhalter eine Prämie in Höhe von 3 DM zahlen und würden das Recht erlangen, am 1.6.1998 eine T-Aktie für 40 DM veräußern zu dürfen. Der Stillhalter müßte, sofern wir von unserem Recht Gebrauch machen, Aktien annehmen und Geld dafür abgeben.

Versicherung gegen sinkende Kurse

Dadurch kommt der Kauf des Puts einer Versicherung gegen sinkende Kurse gleich, womit wir bereits ein plausibles Kaufmotiv gefunden haben. Wir wollen diesen Aspekt ein wenig vertiefen und schauen deshalb etwas genauer auf die einzelnen Schritte. Gesetzt den Fall, wir besäßen am 1.12.1997 eine T-Aktie und planten, das Wertpapier am 1.6.1998 zu veräußern. Da wir in Zukunft mit einem Kursrückgang rechnen, entschließen wir uns zum Kauf der oben beschriebenen Put-Option. Einige Leser werden sich bestimmt fragen, warum wir die Aktie nicht sofort verkaufen und dem drohenden Verlust damit aus dem Wege gehen. Dieses Argument liegt auf Anhieb sicherlich sehr nahe – gegen eine sofortige Veräußerung sprechen allerdings einige zum Teil recht unterschiedliche Gründe. So ist es beispielsweise denkbar, daß wir gerne an der nächsten Hauptversammlung der Telekom AG teilnehmen würden, was natürlich den Besitz von T-Aktien voraussetzt, zumindest bis zum Tag der Versammlung. Ein weiteres, in der Praxis häufig ausschlaggebendes Motiv, ist die steuerliche Behandlung von Aktienkursgewinnen. Realisieren Anleger Gewinne innerhalb der vom Gesetzgeber explizit genannten Spekulationsfrist, so sind sie – abgesehen von Freigrenzen – grundsätzlich zu versteuern. Es liegt daher im Interesse vieler Investoren, einen möglicherweise innerhalb der Spekulationsfrist erzielten Kursgewinn erst nach Beendigung dieser Frist zu realisieren, um die Steuerbelastung zu reduzieren. Ein einmal erreichtes Kursniveau könnte beispielsweise mit Put-Optionen bis zum Ablauf der Spekulationsfrist gesichert werden. Liegt der Aktienkurs nach Verstreichen dieser Zeitspanne unterhalb des Basispreises, dann übt der Investor sein Verkaufsrecht aus, andernfalls verzichtet er darauf und veräußert das Wertpapier zum höheren aktuellen Preis.

Neben einer Absicherung gegen künftige Kursrückgänge eignen sich Put-Optionen ausgezeichnet zur Spekulation auf sinkende Preise in der Zukunft.

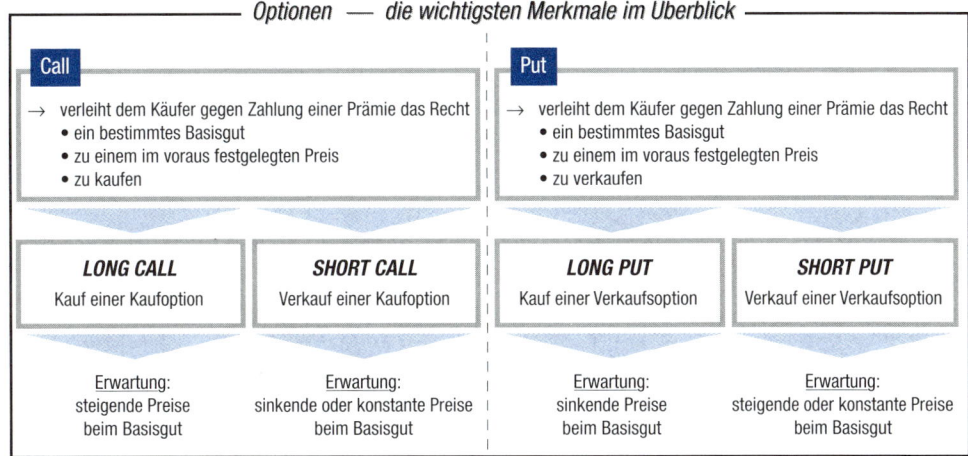

Gerade für Privatleute stellen Put-Optionen ein ausgesprochen komfortables Instrument zur Spekulation auf künftige Preisrückgänge beim Underlying dar. Eine Spekulation mit der Aktie selbst ist für Private nahezu ausgeschlossen, weil das Wertpapier dafür »leerverkauft« werden müßte. Derartige Geschäfte sind in aller Regel allerdings institutionellen Marktakteuren vorbehalten, wozu vorwiegend Banken, Fondsgesellschaften, Pensionskassen und Versicherungen zählen. Trotz allem wollen wir kurz auf das Prinzip eines Leerverkaufs eingehen, damit der Leser eine Vorstellung von derartigen Geschäften gewinnt. Allzu viele Details wollen wir allerdings nicht vertiefen, um den Faden nicht zu verlieren. Bei einem *Leerverkauf* veräußern wir eine Sache – hier die T-Aktie –, die uns in Wirklichkeit gar nicht gehört (deshalb die Bezeichnung »leer«). Dafür müssen wir uns das Wertpapier an einem bestimmten Tag, sagen wir am 1.12.1997, für einen bestimmten Zeitraum, angenommen sechs Monate, zunächst ausleihen. Nachdem wir das Wertpapier geliehen haben, verkaufen wir es sofort wieder und kassieren den aktuellen Kurs, der am 1.12.1997 bei 40 DM liegen soll. Da wir die Aktie nur entliehen haben – und zwar für sechs Monate – müssen wir sie natürlich am 1.6.1998 an den Verleiher zurückgeben. Wir kaufen also nach Ablauf der Leihfrist eine Aktie und reichen sie umgehend an den Verleiher weiter. Falls der Kurs dann geringer ist als der Preis am 1.12.1997, werden wir einen Gewinn erzielen. Nehmen wir dazu einmal an, die Aktie kostet am Ende der Leihfrist 30 DM. Dann haben wir das geliehene Wertpapier am 1.12.1997 für 40 DM verkauft und die Aktie nach sechs Monaten zu einem geringeren Preis »zurückgekauft«, so daß uns

Wir werden später noch sehen, daß einige Zertifikate Stillhalter-Positionen beinhalten.

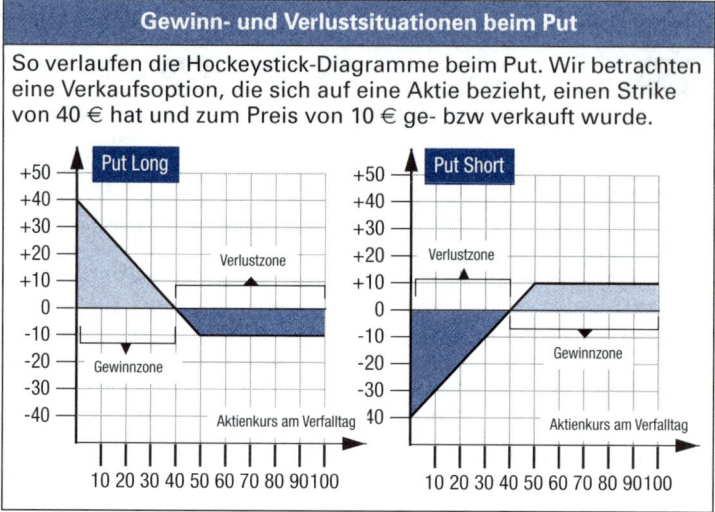

Gewinn- und Verlustsituationen beim Put

So verlaufen die Hockeystick-Diagramme beim Put. Wir betrachten eine Verkaufsoption, die sich auf eine Aktie bezieht, einen Strike von 40 € hat und zum Preis von 10 € ge- bzw verkauft wurde.

ein Gewinn in Höhe von 10 DM verbleibt. Leerverkäufer profitieren also von einem Rückgang des Preisniveaus, genauso wie Put-Käufer.

Bei der Darstellung von Calls haben wir bereits darauf hingewiesen, daß der Stillhalter das Kaufrecht nicht unentgeltlich vergibt, sondern eine Prämie dafür verlangt. Das gilt selbstverständlich auch für Puts. Lohnenswert ist eine Veräußerung immer dann, wenn der Preis für das Underlying in Zukunft

• steigt,
• unverändert bleibt oder
• nur geringfügig sinkt.

Futures

Futures zählen genau wie Optionen zur Gruppe der Termingeschäfte. Letztere bezeichnet man auch als Derivate. Der Begriff stammt vom lateinischen Verb derivare ab, was übersetzt soviel bedeutet wie »ableiten«. Damit soll zum Ausdruck kommen, daß sich der Wert derartiger Finanzinstrumente aus dem Wert des zugrunde liegenden Objekts ableitet.

Produktbeschreibung

Wenn Emittenten die Preise für Index-Zertifikate festsetzen, orientieren sie sich dabei nicht immer an Indexständen, sondern in sehr vielen Fällen an den Preisen sogenannter Index-Futures, wie wir im zweiten Teil des Buches noch sehen werden. Aus diesem Grund wollen wir derartige Finanzprodukte hier kurz vorstellen.

Im Gegensatz zu Optionen besteht bei Futures für beide Vertragsparteien eine *Erfüllungspflicht*. Am Verfalltag existiert also keine Möglichkeit der Wahl, ob das Underlying zum vorab vereinbarten Preis ge- oder verkauft werden soll. Statt dessen muß der

Käufer den vorab festgelegten Preis zahlen, während der Verkäufer dazu verpflichtet ist, im Gegenzug das Basisgut zu liefern.

Wodurch sich Futures von Forwards unterscheiden

Ein Forward ist ein Termingeschäft, bei dem Käufer und Verkäufer am Verfalltag in jedem Fall zur Erfüllung verpflichtet sind. Die Ausstattungsmerkmale – etwa Verfalltermin oder Underlying – können beim Forward zwischen den Vertragsparteien beliebig festgelegt werden, da es sich hier nicht um Börsenprodukte handelt. Futures werden im Unterschied dazu an speziellen Börsen, sogenannten Terminbörsen gehandelt, und sind deswegen standardisiert. Das bedeutet, daß man zum Beispiel die Laufzeit nicht frei wählen kann, sondern an bestimmte fest vorgegebene Verfalltermine gebunden ist.

Die Vereinheitlichung (»Standardisierung«) bewirkt, daß sehr wenige im Hinblick auf ihre Ausstattung voneinander abweichende Produkte (»Kontrakte«) existieren. Dafür ist aber das Handelsinteresse (=Angebot und Nachfrage) bei den einzelnen Kontrakten ausgesprochen hoch, so daß ein Kauf bzw. Verkauf während der Börsenzeiten fast immer ohne Probleme möglich ist.

Futures können sich auf die unterschiedlichsten Finanzobjekte beziehen, etwa Devisen, Anleihen usw. Wir beschränken uns hier allerdings auf Aktienindex-Futures und wollen anhand des an der Eurex gehandelten DAX-Futures demonstrieren, wie ein derartiges Geschäft in der Praxis abgewickelt wird.

Für DAX-Futures existieren verschiedene Laufzeiten. Der Future mit der kürzesten Restlaufzeit wird auch als *Nearby-Kontrakt* – kurz: Nearby – bezeichnet, während die Produkte, die später verfallen, häufig auch *Deferred-Futures* genannt werden. Das Handelsinteresse ist beim Nearby normalerweise am größten, wohingegen die übrigen Kontrakte kaum Umsätze zu verbuchen haben. Viele Marktakteure, die beispielshalber Futures für einen Zeitraum von sagen wir neun Monaten gebrauchen, entscheiden sich trotzdem für den Kontrakt mit der geringsten Laufzeit und wechseln meist kurz vor dessen Fälligkeit in den neuen Nearby-Kontrakt usw.

Anhand eines einfachen Fallbeispiels soll demonstriert werden, wie man sich eine Future-Transaktion in etwa vorstellen kann. Angenommen, wir kaufen am 17. Dezember 1998 einen Kontrakt des DAX-Futures (März) zum Kurs von 4.740 (=Future-Kurs). Wir verpflichten uns damit, bei Fälligkeit (=dritter Freitag im März 1999) 474.000 € (=Future-Kurs × 100) zu zahlen, um im Gegenzug vom Verkäufer ein Aktien-Portfolio zu erhalten, das in seiner Zusammensetzung dem DAX entspricht. Da die Lieferung – oder »Andienung«, wie es fachmännisch heißt – von Aktien sehr umständ-

Vom DAX-Future muß wenigstens ein Kontrakt oder ein ganzzahliges Vielfaches davon gehandelt werden.

lich ist, erfolgt ein Barausgleich (»Cash Settlement«). Ob wir vom Verkäufer eine Zahlung erhalten oder umgekehrt einen Ausgleich zu leisten haben, hängt vom DAX-Stand am Verfalltag ab. Liegt der Index über dem Future-Kurs, erhalten wir die Differenz zwischen DAX und Future-Kurs. Im umgekehrten Fall sind wir zu einer entsprechenden Ausgleichszahlung verpflichtet.

Die Kontraktspezifikationen für den DAX-Future – und sämtliche anderen Eurex-Produkte – sind im Internet unter der Adresse »http://www.exchange.de« abrufbar.

Gehen wir einmal davon aus, der DAX notiere am Verfalltag bei 5.000 Punkten. Wir müssen dann 474.000 € bezahlen für ein Aktien-Portfolio, das eigentlich 500.000 € wert ist und hätten 26.000 € gewonnen. Liegt der DAX hingegen unterhalb des Future-Kurses, sagen wir bei 4.500 Punkten, so müssen wir trotzdem 474.000 € zahlen, obwohl der Index viel weniger wert ist. In diesem Fall hat der Verkäufer einen Gewinn erzielt. Denn er hat den Index im Dezember 1998 sozusagen teurer verkauft, als er am Verfalltag wirklich ist.

In der Realität wird jedoch nicht bis zum Verfalltag gewartet, bevor Ausgleichszahlungen geleistet werden. Statt dessen wird Tag für Tag die Wertänderung ermittelt und Käufer oder Verkäufer erhalten eine Gutschrift bzw. Belastung auf einem speziell für diese Zwecke bei der Terminbörse eingerichteten Konto (*Margin-Konto*). Würde der DAX-Future am nächsten Handelstag also beispielsweise zum Kurs von 4.780 notieren, würde für uns eine Gutschrift in Höhe von 4.000 € (40 × 100), für den Verkäufer hingegen eine entsprechende Belastung verbucht.

Futures werden aus den selben Gründen verwendet wie Optionen. Sie eignen sich zur Spekulation auf steigende Preise (Kauf von Futures) genauso wie zur Spekulation auf sinkende Preise (Verkauf von Futures). Beim Kauf bzw. Verkauf muß nicht der volle Kontraktwert bezahlt werden. Statt dessen sind nur Sicherheitsleistungen – sogenannte *Margins* – zu hinterlegen, beim DAX-Future normalerweise ungefähr 12.000 €. Bei künftigen DAX-Anstiegen (Rückgängen) erhält der Käufer eine entsprechende Gutschrift (Belastung) auf seinem Margin-Konto, beim Verkäufer ist es umgekehrt. Wird ein bestimmter Mindesteinschuß unterschritten, ist der Akteur dazu verpflichtet, weitere Einzahlungen auf sein Margin-Konto vorzunehmen. Wegen des geringen Kapitaleinsatzes (Margin-Zahlungen) lassen sich Gewinne, allerdings auch Verluste, hebeln (*Hebeleffekt*). Aus diesem Grund sind Futures für Spekulanten besonders interessant.

Obwohl die im Index enthaltenen Papiere in Wirklichkeit gar nicht erworben werden, läßt sich ihre Wertentwicklung mit dem Kauf von Futures auf komfortable und kostengünstige Weise nachbilden. Hierauf kommen wir später noch zurück.

In der Praxis werden Futures auch zu *Sicherungszwecken* eingesetzt. Ein bestehendes Aktien-Portfolio wird beispielshalber durch den Verkauf von Aktienindex-Futures gegen Kursverluste abgesichert. Vor steigenden Preisen kann man sich hingegen schützen, indem man entsprechende Futures kauft.

Bewertung

Der Preis für einen Future (=*Terminpreis*) bezieht sich auf einen Zeitpunkt in der Zukunft (=*Verfalltag*), wird aber bereits im Moment des Vertragsabschlusses festgelegt. Die Frage ist, ob die Höhe eines Terminpreises beliebig sein kann oder ob bestimmte Faktoren vorhanden sind, die Einfluß darauf ausüben.

Future-Kurse entwickeln sich nicht beliebig, da sie sowohl vom aktuellen Preis – besser: Kassapreis – des Underlyings abhängig sind als auch von den Nettoaufwendungen, die für das Halten des Basisguts entstehen. Letztere werden auch als »*Cost of Carry*« (»Haltekosten«) bezeichnet.

Dahinter steckt folgende Überlegung: Um am Verfalltag in den Genuß des Basisguts zu gelangen, könnte man Futures kaufen. Dazu wären nur geringfügige Margin-Zahlungen erforderlich. Genauso könnte man das Basisgut aber bereits heute kaufen und man hätte dann ebenfalls die Gewißheit, es am Laufzeitende im Besitz zu haben. Allerdings wird dann sofort Kapital zur Finanzierung benötigt und Finanzierungskosten entstünden (z.B. Kreditzinsen). Andererseits fließen möglicherweise aber auch Erträge zu, da sich das Basisobjekt im eigenen Bestand befindet. Die Differenz zwischen Aufwendungen und Erträgen sind die Cost of Carry.

Beim Future hingegen entstehen keine vergleichbaren Erträge und Kosten und deshalb muß der Unterschiedsbetrag zwischen Future-Kurs und Kassapreis genau den Cost of Carry entsprechen. Demnach gilt:

$$\text{Future-Kurs} = \text{Kassapreis} + \text{Cost of Carry.}$$

Sollte das einmal nicht der Fall sein, bietet sich für die Marktteilnehmer die Gelegenheit, risikolos und ohne eigenen Kapitaleinsatz Gewinne zu erzielen, sogenannte *Arbitragegewinne*. Dies wollen wir nun an einem ausführlichen Fallbeispiel darlegen. Der Deutlichkeit wegen verwenden wir einen Future, der sich auf eine einzelne Aktie bezieht und nicht auf ein Portfolio (z.B. Index). Die Erläuterungen lassen sich jedoch problemlos auch auf Index-Futures übertragen.

Wir betrachten eine Aktie A, die im Augenblick (1.6.1999) zum Kurs von 50 € (=Kassakurs) gehandelt wird. Aufgrund von Erfahrungen aus der Vergangenheit können wir davon ausgehen, daß in

> Wir werden im zweiten Teil dieses Buch noch sehen, daß Future-Preise in vielen Fällen maßgebend sind für An- und Verkaufskurse bei Index-Zertifikaten.

> Da man mit Futures Finanzierungskosten umgeht, liegt der Future-Preis im Regelfall über dem Kassapreis des Basisguts.

den kommenden zwölf Monaten eine Dividende pro Aktie von einem Euro gezahlt wird. Das Zinsniveau für ein Jahr liegt gegenwärtig bei vier Prozent.

Ein Future, dem die Aktie A zugrunde liegt und der in genau einem Jahr fällig wird, notiert im Moment zu einem Kurs von 52 €. Das heißt, daß sich der Käufer dazu verpflichtet, in einem Jahr (1.6.2000) 52 € zu zahlen, während der Future-Verkäufer an diesem Tag eine A-Aktie liefern muß.

Wir wollen nun überprüfen, ob ein Terminpreis von 52 € gerechtfertigt ist oder dadurch die Möglichkeit eröffnet wird, Arbitragegewinne zu erzielen.

Am 1.6.1999 könnten wir einen einjährigen Kredit in Höhe von 50 € aufnehmen und dafür genau eine A-Aktie kaufen. Wir wären im Besitz einer Aktie, ohne eigenes Kapital eingesetzt zu haben. Die Finanzierungskosten (=Kreditzinsen) belaufen sich auf zwei Euro (50 × 4%), während wir Erträge von einem Euro (Aktiendividende) kassieren. Damit ergeben sich für eine Aktie Cost of Carry von

$$\underbrace{\overbrace{2\,\text{Euro}}^{\substack{\text{Future-Käufer}\\\text{spart}}}}_{\text{Kreditzinsen}} - \underbrace{\overbrace{1\,\text{Euro}}^{\substack{\text{Future-Käufer}\\\text{verliert}}}}_{\text{Dividenden}} = 1\,\text{Euro}.$$

Den Angaben weiter oben zufolge muß der Terminpreis folglich bei 51 € liegen, wie folgende Rechnung bestätigt:

$$\text{Future-Kurs} = \underbrace{50\,\text{Euro}}_{\text{Kassakurs}} + \underbrace{1\,\text{Euro}}_{\text{Cost of Carry}} = 51\,\text{Euro}$$

Der Future ist zu teuer und wird deshalb verkauft. Läge sein Preis unter 51 €, wäre er zu billig und würde gekauft.

Tatsächlich liegt der Future-Kurs allerdings bei 52 €, so daß sich ein Arbitragegewinn erzielen läßt. Dafür müssen wir

- am 1.6.1999 einen Kredit über 50 € aufnehmen und damit
- eine A-Aktie kaufen sowie
- zum selben Zeitpunkt einen Future zum Kurs von 52 € verkaufen.

Nach Ablauf eines Jahres (am 1.6.2000) liefern wir die A-Aktie und erfüllen damit unsere Verpflichtung aus dem Termingeschäft. Vom Future-Käufer erhalten wir im Gegenzug den vereinbarten Kaufpreis von 52 €. Für den aufgenommenen Kredit müssen wir zwei Euro Zinsen zahlen, während uns die Aktie eine Dividende von einem Euro einbrachte. Zum besseren Verständnis haben wir die einzelnen Transaktionen und Zahlungen an einem Zeitstrahl dargestellt (siehe folgende Graphik).

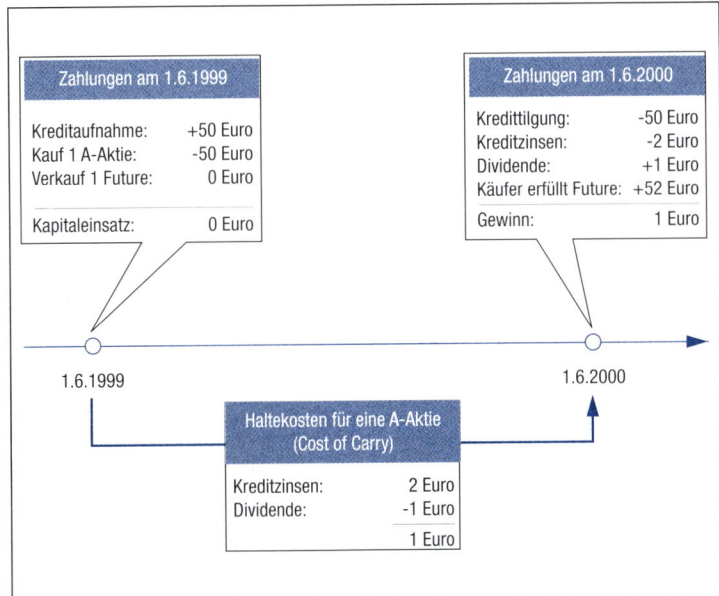

Der Einfachheit halber lassen wir Transaktionskosten (z. B. Gebühren beim Aktienkauf usw.) unberücksichtigt.

Risikolos und ohne Einsatz von eigenem Kapital läßt sich ein Profit erzielen. Dieser Arbitragegewinn ist hingegen ausgeschlossen, wenn der Kurs des Futures dem Kassapreis zuzüglich der Cost of Carry entspricht, also bei 51 € liegt. Machen wir die Probe: Wir würden am 1.6.1999 einen Kredit aufnehmen (50 €), dafür eine Aktie kaufen und außerdem einen Future zum Kurs von 51 € verkaufen. Am Verfalltermin des Futures (1.6.2000) läßt sich schließlich folgende Rechnung aufstellen:

Kredittilgung:	−50 Euro
Kreditzinsen:	− 2 Euro
Dividende:	+ 1 Euro
Käufer erfüllt Future und zahlt:	+51 Euro
Gesamt:	0 Euro

Wir sehen, daß eine Gewinnerzielung nicht möglich ist.

Sobald ein Future-Kurs von seinem *fairen Preis* (=Kassapreis plus Cost of Carry) abweicht, besteht die Möglichkeit, daraus Profit zu schlagen, was von den Marktakteuren in der Praxis auch ausgenutzt wird. In der obigen Beispielsituation hätten Händler Aktien nachgefragt, was zu einem Kursanstieg führen würde. Gleichzeitig hätten sie Futures verkauft, was sinkende Futures-Preise nach sich zieht. Irgendwann ist dann der Punkt erreicht, wo der Kurs des Futures dem Kassapreis zuzüglich der Cost of Carry entspricht. Angenommen, der Kurs der Aktie würde wegen der Aktiennachfrage auf 50,50 € klettern, der Future-Preis aufgrund des Angebots von 52 auf 51,52 € sinken. Jetzt wäre eine Situation erreicht, in der die Realisierung von Arbitragegewinnen nicht mehr möglich ist. Denn der Future-Kurs entspricht nun exakt seinem fairen Preis.

Es ist auch denkbar, daß der Future- unter dem Kassapreis liegt. Dies ist immer dann der Fall, wenn die Erträge (z. B. Dividenden) während der Haltezeit größer sind als die Finanzierungskosten.

$$\underbrace{51,52 \text{ Euro}}_{\text{Future-Kurs}} = \underbrace{50,50 \text{ Euro}}_{\text{Kassapreis}} + \underbrace{(\overbrace{2,02 \text{ Euro}}^{\text{Zinsen}} - \overbrace{1 \text{ Euro}}^{\text{Dividende}})}_{\text{Cost of Carry}}$$

Die Bewertung des DAX-Futures

Der DAX ist ein sogenannter Performance-Index. Wir werden im zweiten Teil dieses Buches noch sehen, was darunter genau zu verstehen ist. An dieser Stelle ist für uns entscheidend, daß die im Laufe der Zeit anfallenden Aktiendividenden in den Indexstand mit einfließen.

Kauft ein Anleger die im Index enthaltenen Aktien, muß er den vollen Preis dafür zahlen. In Zukunft fließen ihm die entsprechenden Aktiendividenden zu. Mit dem Kauf von DAX-Futures profitiert der Anleger in gleicher Weise von Kursveränderungen und Dividendenzahlungen, allerdings mit einem deutlich geringeren Kapitaleinsatz, da nur Marginzahlungen zu leisten sind. Das restliche Kapital könnte also verzinslich angelegt werden. Diese Möglichkeit hat ein Aktienanleger nicht. Deshalb muß der Future teurer sein als der Index, denn sonst würde jeder Futures kaufen.

Beim DAX-Future bestehen die Cost of Carry ausschließlich aus Finanzierungskosten (=Kreditzinsen). Darum läßt sich der Kurs eines DAX-Futures wie folgt bestimmen:

Future-Kurs = Aktueller DAX-Stand + Cost of Carry (=Zinsaufwand bis zum Verfalltag)

Ein Beispiel: Angenommen der DAX notiert im Moment bei 5.000 Punkten. Ein DAX-Future hat noch eine Laufzeit von genau drei Monaten. Das Zinsniveau für diesen Zeitraum liegt gegenwärtig bei 4 Prozent. Mit Hilfe dieser Angaben läßt sich der Future-Kurs kalkulieren:

$$\text{Future-Kurs} = 5.000 + \frac{5.000 \times 4 \times 90 \text{ Tage}}{100 \times 360 \text{ Tage}} = 5.050$$

Man könnte die Formel auch anders schreiben:

$$\text{Future-Kurs} = 5.000 \times \underbrace{\left[1 + \frac{4 \times 90 \,\text{Tage}}{100 \times 360 \,\text{Tage}}\right]}_{\text{Aufzinsungsfaktor}} = 5.050$$

Um den Future-Kurs zu berechnen, muß im Grunde nur der aktuelle Indexstand entsprechend aufgezinst werden.

Die Basis

In der Praxis weichen Future-Kurs und Kassapreis im Normalfall voneinander ab. Der Unterschiedsbetrag zwischen beiden wird auch als Basis bezeichnet. Greifen wir zur Veranschaulichung auf die Beispieldaten im letzten Abschnitt zurück. Zur Erinnerung: Aktie A wird zum Kurs von 50 € (=Kassakurs) gehandelt und läßt in den kommenden zwölf Monaten eine Dividende von einem Euro erwarten. Das Zinsniveau für ein Jahr liegt bei vier Prozent. Ein Future, der sich auf Aktie A bezieht, und eine Laufzeit von genau einem Jahr aufweist, notiert zum Kurs von 52 €.

Die Basis beträgt demnach zwei Euro (52 minus 50). Das bedeutet, daß der Future- um zwei Euro über dem aktuellen Kassapreis

Die Basis nimmt betragsmäßig im Laufe der Zeit immer mehr ab, bis sie am Verfalltag des Futures bei Null liegt. Fachleute sprechen auch von Basiskonvergenz. Am Laufzeitende sind Future- und Kassapreis schließlich identisch.

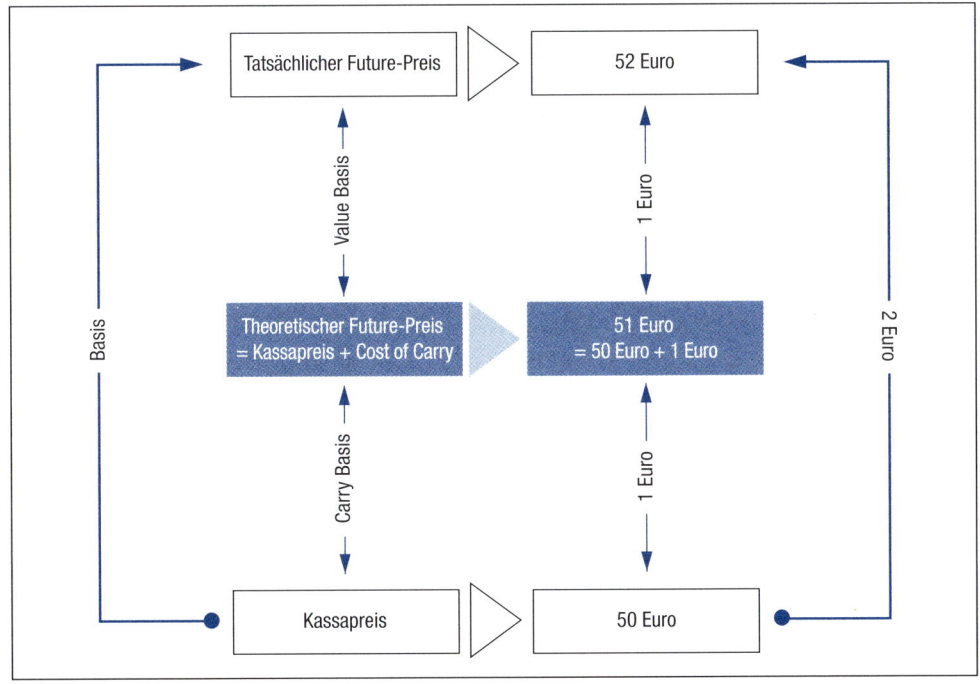

liegt. Rein theoretisch müßte er jedoch zu einem Kurs von 51 €
(= fairer Preis oder theoretischer Preis) notieren, da nur dann Möglichkeiten zur Erzielung von Arbitragewinnen ausgeschlossen sind.
Die Differenz zwischen theoretischem Future-Kurs und Kassapreis
bezeichnet man auch als *Carry Basis*, was im Prinzip nichts anderes
darstellt als die Cost of Carry. Die Abweichung des tatsächlichen
vom theoretischen Future-Kurs ist die sogenannte *Value Basis*.
Beide – Carry und Value Basis – zusammengenommen ergeben wieder die *gesamte Basis* (siehe vorherige Abbildung).

Steuern haben Einfluß
auf Future-Preise.

In der Realität weichen Future-Kurse mitunter von ihrem theoretischen Wert ab – mit anderen Worten: es existiert eine Value
Basis –, was meist zurückzuführen ist auf steuerliche Aspekte,
Transaktionskosten oder schlicht Angebots- und Nachfrageverhal-
ten der Marktakteure.

Auf die Basis und deren Zerlegung in Value und Carry Basis sind
wir ziemlich ausführlich eingegangen, da dies im Zusammenhang
mit der Quotierung von Zertifikaten eine wichtige Rolle spielt.
Hiermit beschäftigen wir uns im zweiten Teil des Buches näher.

Wonach Anlagealternativen beurteilt werden

Einführung

Ob ein bestimmtes Finanzinstrument für einen Anleger geeignet ist, hängt von verschiedenen Punkten ab. Für die meisten Sparer spielt die Ertragskraft die wichtigste Rolle. Nicht selten erhalten Anlageformen den Vorzug, die den höchsten Profit erwarten lassen (*Renditeerwartung*). Oft wird dabei allerdings übersehen, daß für hohe Erträge auch hohe Risiken in Kauf genommen werden müssen (*Risiko*). Fast völlig vernachlässigt wird von vielen Anlegern die Frage, wie schnell sich eine Anlage wieder liquidieren läßt (*Liquidität*). Doch dieser Aspekt sollte nicht unterschätzt werden: Denn nur wenn man schnell genug wieder an Bargeld kommen kann, ist eine Anlage auch tauglich als Vorsorge für unvorgesehene Fälle.

Damit haben wir die wichtigsten Eigenschaften kurz genannt, die bei jeder Anlageentscheidung näher überprüft werden sollten. Befassen wir uns mit den einzelnen Kriterien nun etwas genauer.

Renditeerwartung

Unter dem Begriff Rendite versteht man im allgemeinen den auf das eingesetzte Kapital bezogenen Ertrag, der mit einer Anlage in der Vergangenheit erzielt werden konnte. Fachleute sprechen daher auch von *historischer Rendite*. Für Anleger, die sich für Aktien, Anleihen oder andere Finanzinstrumente entscheiden müssen, hat sie jedoch nur eine untergeordnete Bedeutung. Viel wichtiger ist die Frage, welche Erträge mit der jeweiligen Anlageform in Zukunft erzielt werden. Leider kann das in den meisten Fällen nicht genau gesagt werden. Nehmen wir zum Beispiel Aktien: Hier weiß niemand im voraus, ob ein bestimmtes Papier künftig Kurssteigerungen zu verzeichnen hat oder Verluste bringt. Gewöhnlich besitzt man noch nicht einmal genaue Vorstellungen davon, wie hoch die nächste Dividendenzahlung sein könnte.

Die einzige Möglichkeit, die Anleger haben, um sich ein Bild von den zukünftigen Erträgen zu machen, sind historische Renditen. Anhand von Vergangenheitswerten werden die zukünftig zu erwartenden Renditen geschätzt.

Um den Einfluß von Ausreißerwerten zu beseitigen, wird normalerweise aus vielen verschiedenen Renditen ein Durchschnitt gebil-

Historischen Renditen kommt eine hohe praktische Bedeutung zu, da sie oft die einzige Orientierungsgröße für zukünftige Renditen sind.

> ## Von der Brutto- zur Nettorendite
>
> Werden bei der Renditeermittlung nur laufende Erträge (z. B. Dividenden) und die Marktpreisveränderungen berücksichtigt, spricht man von *Bruttorendite*. Die wirkliche Rentabilität einer Anlage zeigt sich jedoch erst, wenn neben Erträgen auch Aufwendungen einbezogen werden, die für An- und Verkauf sowie Verwaltung entstehen. Fließen diese Faktoren in die Berechnung mit ein, handelt es sich um die *Nettorendite*, genauer: die *Nettorendite vor Steuern*. Für Anleger ist sie allerdings eher von untergeordneter Bedeutung. Viel größere Beachtung wird aus verständlichen Gründen der sogenannten *Rendite nach Steuern* geschenkt. Nur diese Größe bringt zum Ausdruck, was dem Anleger tatsächlich zur freien Verfügung bleibt.
>
> Häufig wird die Rendite nach Steuern noch um die Inflation (Änderung des Preisniveaus) während der Haltezeit einer Anlage bereinigt, so daß man zur *Realrendite* gelangt. Vergleicht man die Kaufkraft des Geldbetrages, der zum Zeitpunkt der Anlage investiert wird, mit der Kaufkraft des an den Investor zurückgeflossenen Betrages, so gibt die Realrendite die gewonnene bzw. verlorene Kaufkraft an.

Von der Vergangenheit in die Zukunft schauen.

det, der dann als Schätzwert verwendet wird. Wenig sinnvoll ist es etwa, die im vergangenen Jahr erzielte Aktienrendite als Schätzwert zu verwenden, wenn das letzte Jahr außerordentlich gut oder ausgesprochen schlecht verlief. Besser ist es beispielsweise, einen Mittelwert aus den Renditen der zurückliegenden fünf Jahre zu bilden. Anhand solcher Durchschnittsgrößen läßt sich dann abschätzen, mit welchen Erträgen bei welcher Anlageform in Zukunft gerechnet werden kann. Ob sich in Zukunft mit einer bestimmten Aktie dieselbe Durchschnittsrendite erzielen läßt wie in der Vergangenheit, kann niemand mit Sicherheit sagen. Deshalb kann der Mittelwert allenfalls als Orientierungspunkt dienen.

Als alleiniges Entscheidungskriterium sollte er allerdings nicht verwendet werden, wie wir im folgenden Kapitel sehen werden.

Risiko

Was bedeutet Risiko für Anleger?

Bei jeder Anlageauswahl sollte der Blick nicht nur auf die zu erwartende Rendite fallen, sondern auch auf das in Kauf genommene Risiko. Obwohl der Begriff Risiko fast schon zum Alltagsvokabular gehört, fällt eine Definition sehr schwer.

Einige verbinden mit dem Risiko die Gefahr, daß der eingesetzte Geldbetrag nicht oder nicht vollständig zurückgezahlt wird (Gefahr eines Kapitalverlustes), während andere darunter die Unsicherheit verstehen, daß ein angestrebtes Anlageziel wie zum Beispiel eine bestimmte Mindestrendite nicht erreicht wird (Gefahr einer Zielverfehlung). Wieder andere fassen die im Zeitablauf zu beobachtenden Schwankungen (Rendite- und Kursschwankungen) als Risiko auf. In der Praxis hat sich die letzte Sichtweise weitgehend durchgesetzt. Dazu ein kleines Fallbeispiel: Wir haben zwei Aktien (Aktie A und Aktie B) herausgepickt, die in den zurückliegenden fünf Jahren die in folgender Übersicht aufgeführten Renditen erwirtschaften konnten:

	1994	1995	1996	1997	1998
Aktie A	10 %	2 %	10 %	2 %	10 %
Aktie B	7 %	5 %	7 %	5 %	7 %

Um zu verdeutlichen, mit welcher Intensität die Renditen im Zeitablauf schwankten, tragen wir sie in ein Diagramm ein und verbinden die dabei entstehenden Punkte miteinander. Daran läßt sich die Schwankungsbreite sehr gut erkennen.

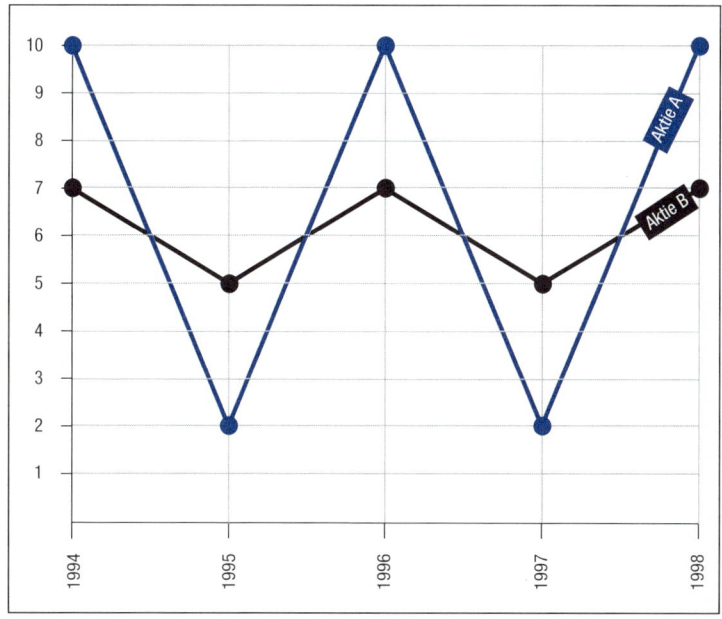

Je stärker die Schwankungen, desto höher das Risiko.

Aus dem Linienverlauf ist klar zu sehen, daß die Renditen bei Aktie A im Zeitablauf stärker schwankten als bei B. Mit anderen Worten: Die Ausschläge nach oben sowie unten sind bei Aktie A erheblich stärker als bei Aktie B; und damit ist auch das Risiko bei A am größten. Das heißt aber nicht, daß Aktie A deswegen unbedingt das Wertpapier mit den größten Nachteilen sein muß. Denn Risiko beinhaltet neben der Gefahr relativ geringer Renditen gleichzeitig die Chance auf verhältnismäßig hohe Erträge. So muß ein Anleger bei A einerseits zwar in Kauf nehmen, in einem Jahr möglicherweise nur 2 % an Rendite zu erzielen. Aber dafür besteht auch die Aussicht, einen sehr hohen Profit (10 %) zu verbuchen. Dagegen liegen die Renditen in den einzelnen Jahren bei Aktie B erheblich dichter beieinander. Hier ist die Gefahr für sehr niedrige Erträge ebenso wenig vorhanden wie die Chance auf hohe Rückflüsse.

Standardabweichung der Renditen

Eine graphische Darstellung der Renditeschwankungen (siehe Abbildung oben) ist zwar besonders anschaulich, aber bedauerlicherweise auch sehr umständlich. Aus diesem Grund versucht man, die Fülle an Einzelinformationen – bei jeder Aktie im obigen Fallbeispiel immerhin fünf einzelne Renditen – zu einer einzigen Kennzahl zusammenzufassen. Besonders geeignet für derartige Zwecke ist die sogenannte Standardabweichung. Sie bringt zum Ausdruck, wie weit die einzelnen Renditen im Durchschnitt von ihrem Mittelwert abweichen. Zum besseren Verständnis zeigen wir zunächst auf, welche Einzelschritte zur Berechnung der Kennziffer erforderlich sind (siehe Kasten), bevor wir ein konkretes Beispiel betrachten.

Die Standardabweichung zählt zu den gebräuchlichsten Risikomaßen.

Vier Schritte zur Bestimmung der Standardabweichung
1. Aus den Renditen wird der Mittelwert gebildet.
2. Von jeder Einzelrendite wird der Durchschnittswert subtrahiert. Das Ergebnis wird anschließend quadriert.
3. Aus den einzelnen quadrierten Abweichungen wird erneut ein Mittelwert gebildet.
4. Schließlich wird aus dem im dritten Schritt ermittelten Wert die Quadratwurzel gezogen.

Dazu ein einfaches Zahlenbeispiel: In den zurückliegenden sechs Jahren konnten mit einer Aktie die in folgender Übersicht enthaltenen Renditen erzielt werden.

1993	1994	1995	1996	1997	1998
3	8	1	7	2	9

In den oben beschriebenen vier Schritten berechnen wir nun die Standardabweichung der Renditen.

1. Schritt: Bestimmung des Mittelwerts

$$\frac{3 + 8 + 1 + 7 + 2 + 9}{6} = 5$$

2. Schritt: Quadrierung der Abweichungen vom Mittelwert

Abweichung vom Mittelwert	Quadrierung
(3 − 5) = −2	$(-2)^2 = 4$
(8 − 5) = +3	$(+3)^2 = 9$
(1 − 5) = −4	$(-4)^2 = 16$
(7 − 5) = +2	$(+2)^2 = 4$
(2 − 5) = −3	$(-3)^2 = 9$
(9 − 5) = +4	$(+4)^2 = 16$

3. Schritt: Mittelwert der quadrierten Abweichungen

$$\frac{4 + 9 + 16 + 4 + 9 + 16}{6} = 9,67$$

4. Schritt: Quadratwurzel ziehen

$$\sqrt{9,67} = 3,11$$

Der Wert von 3,11 bringt zum Ausdruck, daß die Renditen der Aktie in den vergangenen sechs Jahren im Durchschnitt um 3,11 Prozentpunkte um ihren Mittelwert schwankten. Was damit genau gemeint ist, läßt sich an der Graphik auf der nächsten Seite erkennen.

Mit der Standardabweichung werden sowohl Abweichungen nach oben als auch unten erfaßt. Man sieht, daß die meisten Renditen in den grau gefärbten Korridor (=Schwankungsbreite) fallen, der sich von 1,89 Prozent (=Durchschnittsrendite minus Standardabweichung) bis 8,11 Prozent (=Durchschnittsrendite plus Standardabweichung) erstreckt. Eine Daumenregel besagt, daß ungefähr Zweidrittel der Renditen innerhalb dieser Bandbreite liegen. Nehmen wir an, mit einer anderen Aktie wurde in den letzten zehn Jahren eine mittlere Rendite von 10 Prozent erzielt bei einer Standardabweichung von 6 Prozentpunkten. Die Erträge schwankten dann überwiegend im Bereich von 4 (10 − 6) und 16 (10 + 6) Pro-

Je höher die Standardabweichung, desto größer die Schwankungsbreite

Standardabweichung spiegelt Vergangenheit wider
Anleger sollten bedenken, daß die Standardabweichung – genau wie die Durchschnittsrendite – lediglich die Entwicklung in der Vergangenheit widergibt. Man darf sich deshalb nicht darauf verlassen, daß die Renditen in Zukunft genauso schwanken.

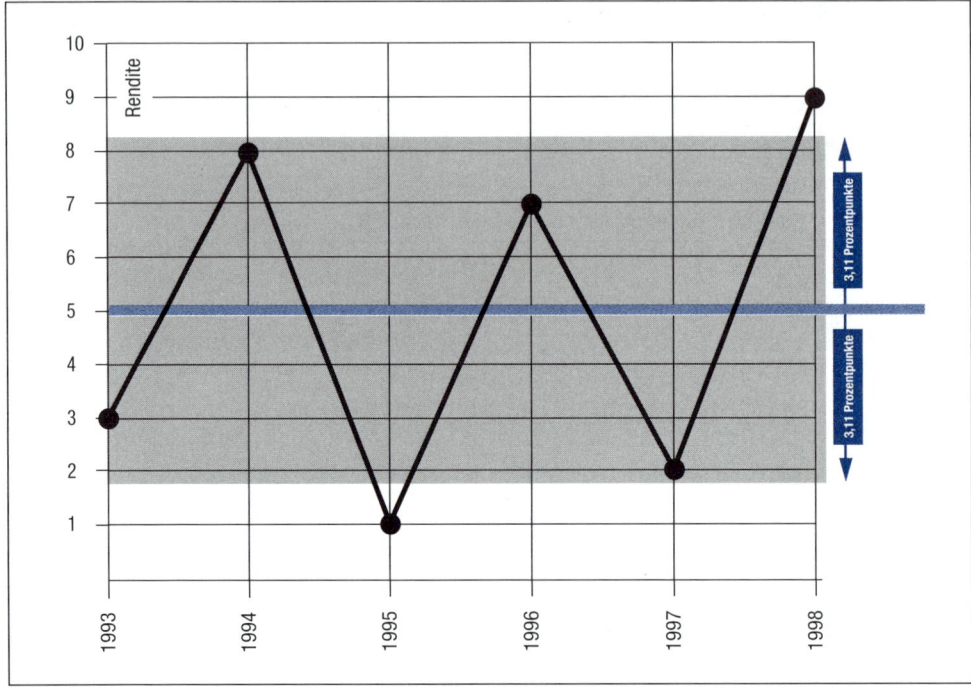

zent. Zwei Kennziffern – Rendite und Standardabweichung – reichen im Normalfall also aus, um sich ein recht aussagekräftiges Bild vom Ertrag und den Schwankungen in der Vergangenheit zu machen.

Volatilität

Eine der wichtigsten Risikokennziffern in der Finanzwelt basiert auf der Standardabweichung. Die Rede ist von der Volatilität, was eng mit dem italienischen Begriff »volare« (=fliegen) verwandt ist und übersetzt etwa soviel bedeutet wie »Flatterhaftigkeit« oder »Auf und Ab«. Mittlerweile ist Volatilität – oder »*Vola*«, wie Fachleute sagen – fester Bestandteil der Börsensprache geworden und gilt als Bezeichnung für die Stärke, mit der Renditen im Zeitablauf schwanken.

Volatilitäten muß kein Anleger selbst berechnen, denn die Kennzahlen werden regelmäßig veröffentlicht, etwa im Handelsblatt.

Zur Berechnung werden im Regelfall Tagesrenditen verwendet, wobei mit *Tagesrendite* die Wertänderung von einem auf den nächsten Börsentag gemeint ist. Genau genommen werden logarithmierte Preisveränderungen berücksichtigt, da derartige Größen ganz bestimmte statistische Eigenschaften aufweisen, was für uns allerdings keine weitere Bedeutung hat. Daher verzichten wir hier auf nähere Erläuterungen.

Von der Deutschen Börse in Frankfurt werden sogenannte 250- und 30-Tage-Volatilitäten für den DAX und für sämtliche im DAX enthaltenen Aktien berechnet. Die Werte werden auf ein Jahr bezogen (p.a. = per annum), damit sie sich direkt miteinander vergleichen lassen.

In der Fachpresse (z.B. Handelsblatt) kann man regelmäßig nachlesen, welche Volatilität etwa der DAX im zurückliegenden Jahr (=250 Tage) oder den vergangenen 30 Tagen hatte. Diese Daten lassen sich als Schätzwerte für die zukünftige Entwicklung verwenden. Wer meint, daß die Schwankungen der jüngsten Vergangenheit die Zukunft am besten widerspiegeln, verwendet die 30-Tage-Vola. Ansonsten zieht man den 250-Tage-Wert heran.

Wie sich die Zahlen nutzen lassen, demonstrieren wir anhand der Werte, die der unten abgebildeten Tabelle aus dem Handelsblatt entstammen. Wir wollen anhand der historischen Volatilität einmal abschätzen, in welchem Intervall der DAX in den kommenden zwölf Monaten höchstwahrscheinlich liegen wird. Als geeigneten Schätzwert betrachten wir die 250-Tage-Vola, die laut der Tabelle einen Wert von 30,20 % hat.

> Diese Vola wird als »historische Vola« bezeichnet, da sie aus Vergangenheitsdaten hervorgeht.
>
> Ein Börsenjahr hat nur etwa 250 Tage, da an Wochenden und Feiertagen kein Börsenhandel stattfindet.

Dax-Kennzahlen

| Kürzel | Volatilität | | Korrelation | | Beta |
	30 Tage p. a.	250 Tage p. a.	30 Tage	250 Tage	250 Tage
DAX	31.98 %	30.20 %	1.0000	1.0000	1.0000

Ausgehend vom DAX-Schlußkurs am 17. Dezember 1998, der bei 4.723,81 Punkten notiert und den wir ebenfalls dem Handelsblatt entnehmen, bestimmen wir den Schwankungsbereich, innerhalb dessen der Index im kommenden Jahr höchstwahrscheinlich in Zweidrittel aller Fälle liegen wird.

Es ist zu erwarten, daß sich der DAX im kommenden Jahr im Bereich von circa 3.297 bis 6.150 Punkten bewegt – vorausgesetzt, die historischen Schwankungen sind ein guter Gradmesser für die Zukunft. In der Praxis hat sich dies allerdings nicht immer bestätigt.

Das größte Problem bei der Verwendung historischer Volatilitäten ist darin zu sehen, daß aktuelle Entwicklungen – insbesondere die Erwartungen der Marktteilnehmer – kaum Beachtung finden. Deshalb wird häufig ein anderer Weg eingeschlagen, um an einen halbwegs zuverlässigen Schätzwert zu gelangen.

> Da wir die Zukunftsentwicklung mit der historischen Vola taxieren, unterstellen wir, daß sich die vergangene Entwicklung wiederholt. Außerdem wird dabei vorausgesetzt, daß die Renditen normalverteilt sind.

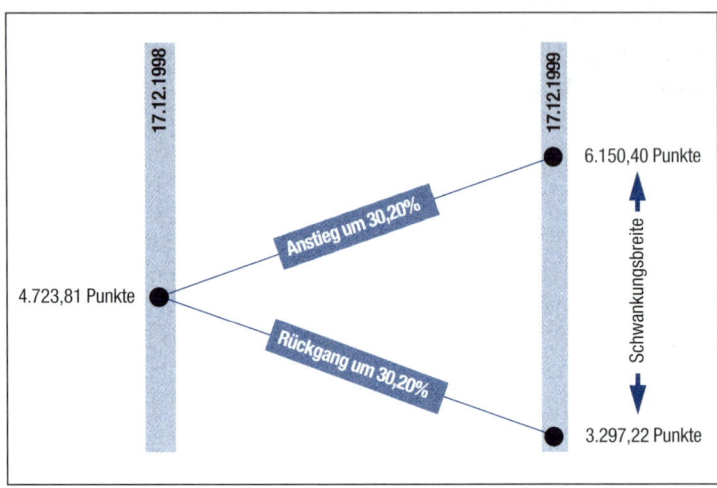

Eine Möglichkeit bestünde etwa darin, eine Umfrage unter verschiedenen Finanzmarktakteuren (»Experten«) vorzunehmen und sie um ihre Einschätzung in bezug auf die künftigen DAX-Schwankungen zu bitten. Dies ist aber sehr umständlich und deshalb kaum praktikabel, ganz abgesehen davon, daß die Expertenurteile vermutlich stark voneinander abweichen. Eine bessere Alternative ist es, bestimmte Preise zu nehmen, in denen eine Beurteilung des künftigen Schwankungsausmaßes zum Ausdruck kommt. Dafür eignen sich *Optionsprämien* besonders gut.

Ein Optionsgeschäft kommt nur zustande, wenn der Stillhalter bereit ist, das Recht zu einem bestimmten Preis zu veräußern und sich bei diesem Kurs gleichzeitig ein Käufer findet. Je höher die Schwankungen in der Zukunft taxiert werden, um so höher ist auch die Optionsprämie. Kaum jemand wird sich dabei ausschließlich auf historische Volatilitäten verlassen. Vielmehr ist die aktuelle Situation (z. B. Asien-Krise) ausschlaggebend und historische Schwankungen werden nicht selten nur am Rande berücksichtigt.

Aus Optionspreisen lassen sich nun Rückschlüsse auf die Volatilität ziehen, die beim Abschluß eines Optionsgeschäfts von den Marktpartnern angenommen wurde. Derlei Volatilität ist wenn man so will im Preis inbegriffen – fachmännisch: *implizit* –, weshalb man auch von *impliziter Volatilität* spricht. Wie ein solcher Wert in der Praxis bestimmt wird, wollen wir an einem einfachen Fallbeispiel zeigen.

Die beim Abschluß von DAX-Optionsgeschäften zustande gekommenen Preise lassen sich direkt beobachten. Nehmen wir an, daß ein DAX-Call im Moment für 300 € verkauft worden ist. Auf den Preis haben neben dem aktuellen DAX-Stand (»Dax-Spot«)

Der gerade aktuelle Preis wird fachmännisch »Spot-Preis« oder schlicht »Spot« genannt.

auch Strike, Restlaufzeit, Ausübungsmodalität, Zinsniveau und natürlich die zukünftige Volatilität Einfluß. Die Werte für die folgenden Preiseinflußgrößen lassen sich direkt beobachten:

- Dax-Spot = 5.000 Punkte
- Strike = 4.800 Euro
- Restlaufzeit = 45 Tage
- Ausübungsmodalität = europäisch
- Zinsniveau für 45 Tage = 3,25 %

Außerdem wissen wir, daß das Optionsgeschäft zum Preis von
300 € zustande kam. Die einzige Unbekannte, die verbleibt, ist die
beim Abschluß von den Marktakteuren unterstellte Volatilität. Da
ein eindeutiger Zusammenhang zwischen Preiseinflußgrößen und
Optionspreis existiert – oder einfacher: eine *Optionspreisformel*, in
die man die Werte für DAX-Spot, Strike usw. einsetzen kann –, muß
man die Formel im Grunde »nur« noch nach der (impliziten) Volatilität umstellen. Das klingt zwar einfach, ist in der Praxis allerdings recht schwierig. Auf derlei technische Feinheiten wollen wir
hier jedoch nicht eingehen. In folgender Abbildung ist schematisch
dargestellt, wie man sich die Auflösung nach der impliziten Volatilität in etwa vorstellen kann.

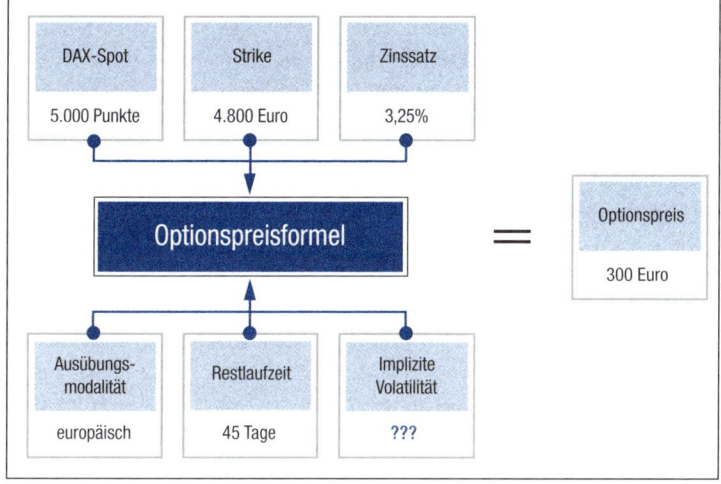

Die implizite Volatilität ist
die einzige Unbekannte

Anleger müssen implizite Volatilitäten nicht selbst berechnen, da
derlei Werte in der Fachpresse (z. B. im *Optionsschein-Magazin*) regelmäßig publiziert werden. Außerdem besteht die Möglichkeit,
mit Hilfe eines *Optionspreisrechners* implizite Volatilitäten zu bestimmen. So bietet beispielsweise die Dresdner Bank im Internet

Options-Rechner

European Style Call					▼
Spotpreis:	5000.0				
Strikepreis:	4800.0				
Volatilität (%):	24.594847			Vola berechnen	
risikofreier Zins (%):	3.25				
Heutiges Datum:	15 ▼	Dez ▼	1998 ▼		
Fälligkeitsdatum:	29 ▼	Jan ▼	1999 ▼		
Dividende:	0.0				
Datum Dividendenz.:	27 ▼	Dez ▼	1998 ▼		
Delta:	0.7127865				
Preis der Option:	300.0			Preis berechnen	

Die in diesem Buch vor-
gestellten Internetseiten
werden von den An-
bietern unentgeltlich zur
Verfügung gestellt.
Kostenlos sind sie den-
noch nicht, denn bei Ab-
ruf sind normalerweise
Telefongebühren fällig.

unter der Adresse »http://www.mis.dresdner-bank.de« einen derartigen Rechner an (siehe obige Abbildung). Der Anwender kann
zum einen den Preis für einen Call oder Put kalkulieren lassen, indem er sämtliche Preiseinflußgrößen eingibt – inklusive der für die
Zukunft geschätzten Volatilität. Beim Dresdner-Bank-Rechner
wird anschließend die Schaltfläche »Preis berechnen« aktiviert und
die Optionsprämie erscheint im entsprechenden Feld. Ist der Optionspreis hingegen bekannt und soll die dazu korrespondierende
implizite Volatilität berechnet werden, gibt man die Werte für die
Preiseinflußgrößen und den Optionspreis selbst in die jeweiligen
Spalten ein und betätigt danach den Button »Vola berechnen«. Zur
Demonstration haben wir die Werte aus dem obigen Fallbeispiel
einmal eingegeben. Als Ergebnis liefert der Rechner eine implizite
Vola in Höhe von 24,59 %.

Was wir gerade besprochen haben, unternimmt auch die Deutsche Börse in Frankfurt börsentäglich. Sie zieht dafür DAX-Optio-
nen heran, die an der Terminbörse Eurex gehandelt werden und
ganz bestimmten Anforderungen im Hinblick auf die Restlaufzeit
genügen. Konkret werden Optionen berücksichtigt, deren Restlaufzeit bei 45 Tagen liegt, oder – sofern derlei Produkte nicht existieren – ein wenig unter- und oberhalb dieser Marke liegen. Für jeden
Optionspreis wird dann die implizite Volatilität und aus den Ergeb-
nissen anschließend eine Art Mittelwert gebildet. Das Resultat
stellt schließlich den sogenannten *Volatilitäts-DAX* dar, kurz:

VDAX

VDAX. Er wird genau wie die historischen Volatilitäten täglich im

Dax-Indizes

17.12.98	Xetra					Präsenzbörse									
	Anfang	Hoch	Tief	Schluß	Vortag	Anfang	Kassa	Hoch	Tief	Schluß	Vortag	Hoch (am)	Tief (am)	40 Tage	200 Tage
DAX	4688,26	4742,11	4652,14	4732,11	4686,74	4664,52	4721,83	4731,32	4657,93	4723,81	4663,45	6217,83 (21.07.98)	931,18 (28.01.88)	4740,99	5144,48
MDax	3863,41	3885,61	3861,10	3883,12	3877,85	3871,16	3880,77	3889,97	3866,07	3883,21	3868,76	4874,57 (20.07.98)	914,47 (29.01.88)	3878,37	4245,63
Dax 100	2291,21	2321,44	2282,73	2317,66	2298,42	2290,98	2313,19	2317,36	2285,72	2314,24	2287,95	3006,26 (20.07.98)	464,95 (28.01.88)	2320,88	2521,91
Automobil	2104,47	2137,71	2099,10	2126,08	2101,68	2098,78	2122,69	2136,04	2097,66	2124,91	2097,99	2972,77 (08.07.98)	466,97 (04.01.88)	2076,64	2352,86
Bau	1397,71	1404,08	1388,26	1394,39	1396,44	1394,17	1401,78	1406,17	1391,15	1403,66	1394,17	2310,25 (31.07.90)	457,33 (20.01.88)	1409,59	1659,13
Chemie	2000,12	2024,72	1986,51	2023,98	2000,27	1988,64	2009,38	2019,17	1985,23	2016,03	1984,06	2693,37 (03.07.98)	456,08 (29.01.88)	2015,07	2201,25
Elektro	3400,25	3435,32	3368,50	3422,53	3407,16	3394,45	3419,69	3432,11	3373,27	3424,90	3393,59	5229,12 (31.07.98)	448,97 (28.01.88)	3646,60	3983,22
Banken	1964,36	1984,26	1932,74	1961,22	1964,83	1959,07	1976,95	1984,83	1935,01	1949,17	1951,35	2890,77 (22.07.98)	457,70 (28.01.88)	1975,83	2304,02
Maschinenbau	3224,59	3280,17	3198,84	3267,10	3240,51	3210,28	3239,87	3277,93	3203,65	3271,36	3221,71	3853,49 (17.07.98)	471,68 (04.01.88)	3058,33	3131,06
Versorger	2863,63	2894,44	2847,44	2877,75	2876,81	2870,09	2876,93	2896,86	2855,82	2885,00	2878,60	3489,95 (29.06.98)	472,41 (11.05.88)	2907,08	3091,36
Eisen u. Stahl	1784,73	1843,96	1783,98	1835,34	1768,26	1765,29	1820,18	1834,93	1765,29	1833,61	1769,65	2603,16 (09.07.98)	468,31 (04.01.88)	1730,50	2062,82
Versicherung	3291,88	3334,15	3261,33	3328,15	3279,43	3267,14	3321,39	3335,31	3256,39	3323,58	3255,93	4123,41 (20.07.98)	441,27 (04.01.88)	3421,02	3485,96
Konsum	1419,50	1448,56	1417,22	1448,08	1429,71	1425,16	1436,30	1441,40	1416,45	1438,66	1428,64	1706,17 (10.06.98)	421,64 (28.01.88)	1386,91	1447,67
Comp. Dax	405,78	409,21	403,28	408,77	405,66	405,68	409,09	409,62	404,96	409,22	405,23	521,07 (20.07.98)	94,02 (29.01.88)	408,85	442,05
VDax (% p.a.)	37,88	38,02	37,68	37,86	37,35							52,39 (21.09.98)	9,36 (29.06.92)	33,81	31,17
Rex	118,16	118,30	118,07	118,19	118,16		118,25				116,67	118,59 (11.12.98)	93,12 (28.09.90)	117,18	114,80
Jex	116,96	117,07	116,95	116,98	116,95		116,97				116,92	117,33 (11.12.98)	108,80 (22.10.97)	115,89	113,84

Quelle: Deutsche Börse AG (ohne Gewähr)

Volatilitäts-Dax (VDAX)

Handelsblatt veröffentlicht, und zwar in der Tabelle DAX-Indizes (siehe oben) oder kann im Internet abgerufen werden.

Am 17. Dezember 1998 lag der VDAX (Schluß) zum Beispiel bei 37,86 % und damit um knapp acht Prozentpunkte über der historischen Volatilität (siehe Handelsblatt-Ausschnitt Seite 45). Die Marktakteure gehen also davon aus, daß der DAX in Zukunft deutlich stärker schwanken wird als in der Vergangenheit. Auch auf Basis des VDAX können wir einen Schwankungsbereich für den DAX ausrechnen. Er ist nun deutlich weiter und reicht von 2.935,38 bis 6.512,24 Punkten. Zur Erinnerung: Der DAX-Spot liegt bei 4.723,81.

> Der VDAX bezieht sich – genau wie historische Volatilitäten – auf ein Jahr (p.a.)

Risikoreduktion durch Diversifikation

In den vorangegangenen Abschnitten haben wir gesehen, daß die Renditen einzelner Aktien Schwankungen ausgesetzt sind.

Die mitunter heftigen Bewegungen lassen sich jedoch dämpfen, wenn man sein Kapital anstatt auf eine einzelne Aktie auf mehrere verschiedene Papiere aufteilt. Daß diese auf den ersten Blick verblüffende Behauptung ganz plausibel ist, wird an einem konkreten Beispiel schnell klar. Betrachten wir einen Anleger, der insgesamt 10.000 € anlegen möchte. Als Alternative stehen ihm Aktien eines Bademodenherstellers (»Badeaktien«) und eines Regenschirmproduzenten (»Regenaktien«) zur Auswahl. Der Investor überlegt sich, daß eine Anlage des gesamten Geldbetrages in Badeaktien in Jahren mit einem verregneten Sommer zu einer geringen Rendite führen

> Nicht nur Aktien-, sondern auch Anleihekurse sind Schwankungen ausgesetzt. Auch bei Anleihen kann sich eine breite Streuung auszahlen.

wird, da der Bademodenhersteller vermutlich relativ wenig Produkte verkaufen wird und folglich nur einen geringen Gewinn in Form einer Dividende an seine Aktionäre ausschütten kann. Bei einer Geldanlage in Regenaktien verhält es sich dagegen genau umgekehrt. Jahre mit einem verregneten Sommer führen vermutlich zu hohen Gewinnen, weil verhältnismäßig viele Regenschirme verkauft werden können. Daher kommt der Anleger zu dem Schluß, daß eine Kapitalaufteilung auf beide Aktien am sinnvollsten wäre. Zur Orientierung beschafft er sich für die Wertpapiere die Renditen der zurückliegenden vier Jahre.

Man sieht, daß die Renditen in der Vergangenheit stark schwankten.

	1995 (verregnet)	1996 (sonnig)	1997 (verregnet)	1998 (sonnig)
Badeaktie	2%	10%	2%	10%
Regenaktie	10%	2%	10%	2%

Mit Badeaktien konnte in der Vergangenheit eine Durchschnittsrendite von 6% erzielt werden, das Risiko – gemessen durch die Standardabweichung – lag bei 4%. Das Gleiche gilt für Regenaktien.

Teilt der Anleger sein Kapital jeweils zur Hälfte auf Bade- und Regenaktien auf, so beläuft sich der Ertrag im Jahre 1995 auf

$$5.000 \,€ \times 2\% \text{ (Badeaktie)} + 5.000 \,€ \times 10\% \text{ (Regenaktie)} = 600 \,€,$$

oder ausgedrückt in Form eines Prozentwertes auf 6 Prozent. Im nachfolgenden Jahr ist es umgekehrt. Aufgrund des guten Wetters erwirtschaftet die Badeaktie die höhere Rendite, während die Regenaktie deutlich schlechter abschneidet:

$$5.000 \times 10\% \text{ (Badeaktie)} + 5.000 \times 2\% \text{ (Regenaktie)} = 600 \,€$$

Anschließend ist es wieder umgekehrt und im letzten Jahr liegt die Badeaktie erneut vorn. Mit dem aus Bade- und Regenaktien bestehenden Portfolio ließen sich demnach folgende Renditen erzielen:

Die Portfolio-Rendite unterlag keinerlei Schwankungen.

	1995 (verregnet)	1996 (sonnig)	1997 (verregnet)	1998 (sonnig)
Portfolio	6%	6%	6%	6%

Schon allein durch bloße Betrachtung der Werte läßt sich erkennen, daß die Renditen im Zeitablauf keinerlei Schwankungen mehr ausgesetzt waren. Die Standardabweichung lag deshalb bei Null. Am

Durchschnittsertrag hat das jedoch nichts geändert, denn die mittlere Rendite beim Portfolio betrug ebenfalls sechs Prozent. Die Erklärung: Mit der einen Hälfte seines Kapitals hat der Investor stets relativ hohe Renditen erzielt, mit dem Rest dagegen geringe, so daß er im Durchschnitt in jedem Jahr auf einen Wert von sechs Prozent kam. Zwischen den Renditen besteht also eine Wechselbeziehung – fachmännisch: *Korrelation* – dergestalt, daß in Jahren geringer Erträge bei der einen Aktie die Renditen bei der anderen hoch sind und umgekehrt.

Korrelation

Der Zusammenhang muß im übrigen nicht unbedingt negativ ausgeprägt sein, so wie in unserem Fall. Nimmt man etwa Badeaktien und die Aktien eines Herstellers von Speiseeis, so wird der Zusammenhang vermutlich positiv sein. Denn in Jahren mit einem schönen Sommer erzielt nicht nur der Produzent von Bademoden gute Erträge, sondern auch der Eishersteller. Bei Regen verkaufen beide hingegen relativ wenig von ihren Produkten und die Erträge fallen bei beiden entsprechend gering aus.

Wovon Aktienrenditen abhängen

Im obigen Fallbeispiel haben wir die Realität stark vereinfacht dargestellt. In Wirklichkeit hängen Aktienrenditen von einer Vielzahl unterschiedlicher Faktoren ab (z. B. Zinsniveau, Wechselkurse, Bautätigkeit, Ölpreisentwicklung usw.), die sich in ihrer ganzen Fülle kaum erfassen lassen. Die Renditen einiger Anlagen reagieren auf bestimmte Faktoren gar nicht oder nur schwach, auf andere Faktoren dagegen weitaus sensibler. Bei ein und demselben Einflußfaktor können sich Renditen verschiedener Anlagen auch völlig unterschiedlich auswirken. Dies wird am Beispiel der Bade- und Regenaktien (vgl. Beispiel oben) sehr deutlich. Auf den Faktor »Wetter« reagiert die Rendite der Badeaktie entgegengesetzt zur Rendite der Regenaktie.

Doch nun zurück zum Fallbeispiel: Die Kapitalaufteilung auf mehrere (»diverse«) Aktien hat eine Risikoreduktion bewirkt. Diesen Effekt bezeichnet man daher auch als *Diversifikationseffekt*. Zur Verdeutlichung haben wir den Sachverhalt anhand einer Graphik dargestellt (siehe unten).

Diversifikationseffekt

Nun stellt sich die Frage, welche Folgen die Beseitigung des Risikos für einen Anleger hat. Bei einer Kapitalaufteilung je zur Hälfte auf Bade- und Regenaktien kann ein Investor sicher sein, eine Rendite von sechs Prozent zu erzielen, unabhängig davon, wann er mit der Geldanlage beginnt und aufhört. Diese Gewißheit besteht bei einem einzelnen Wertpapier dagegen nicht. Nehmen wir als Beispiel die Badeaktie. Möchte der Anleger sein Kapital nur für ein Jahr binden, so läuft er Gefahr, daß der Sommer verregnet ist und seine Rendite karg ausfällt. Auf der anderen Seite besteht natürlich auch

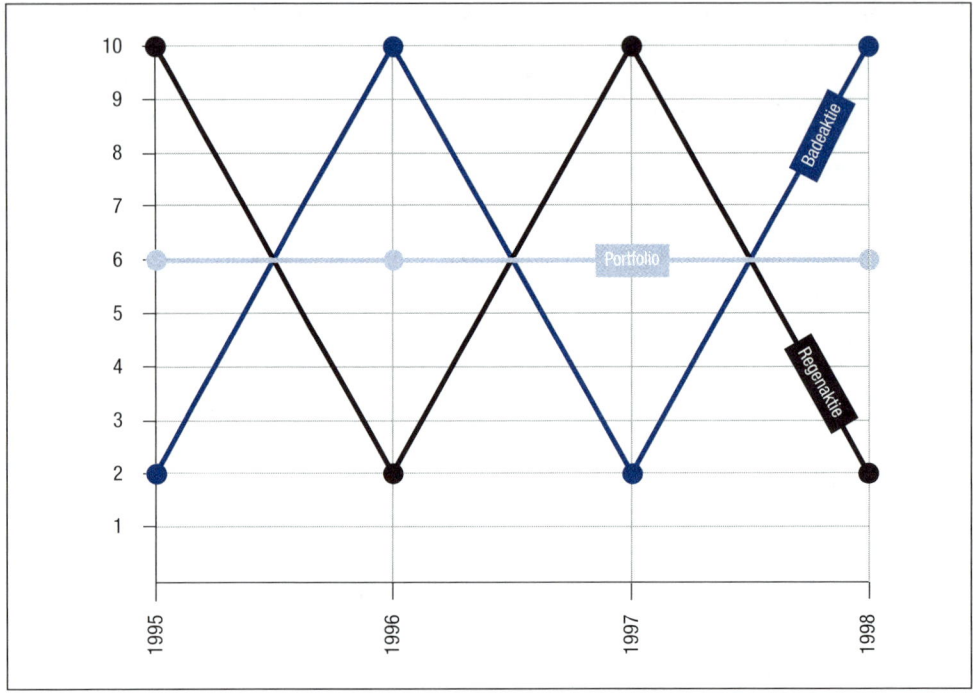

die Chance auf einen ziemlich hohen Ertrag, und zwar dann, wenn das Wetter entsprechend schön ist. Risiko hat – wie wir in einem der vorhergehenden Abschnitte bereits festgestellt haben – eben zwei Seiten. Dadurch, daß der Anleger Risiko beseitigt, verschwindet zum einen zwar die Gefahr verhältnismäßig geringer Renditen, zum anderen ist aber auch keine Chance mehr vorhanden, überdurchschnittlich hohe Erträge zu erzielen.

In der Realität lassen sich Renditeschwankungen durch eine breite Streuung auf unterschiedliche Aktien zwar reduzieren. Anders als im Fallbeispiel in eine vollständige Risikobeseitigung im Normalfall jedoch nicht möglich. Denn durch eine breite Streuung lassen sich nur sogenannte *unsystematische Risiken* reduzieren, während *systematische Risiken* weiter bestehen bleiben.

Systematische und unsystematische Risiken.

Als unsystematisch – oder titelspezifisch – bezeichnet man Risiken, die nur ein einziges Unternehmen oder einige wenige Gesellschaften betreffen. Sie werden hervorgerufen durch Ereignisse in einer Aktiengesellschaft oder etwa einer Branche. Treffen beispielshalber die Manager der Bademoden AG eine Fehlentscheidung, so wirkt sich das auch nur auf die Erträge dieses Unternehmens aus, hat im Regelfall jedoch keine Konsequenzen für andere Aktiengesellschaften. Wer sein Kapital auf sehr viele unterschiedliche Unternehmen aufteilt – also diversifiziert –, wird kaum befürchten

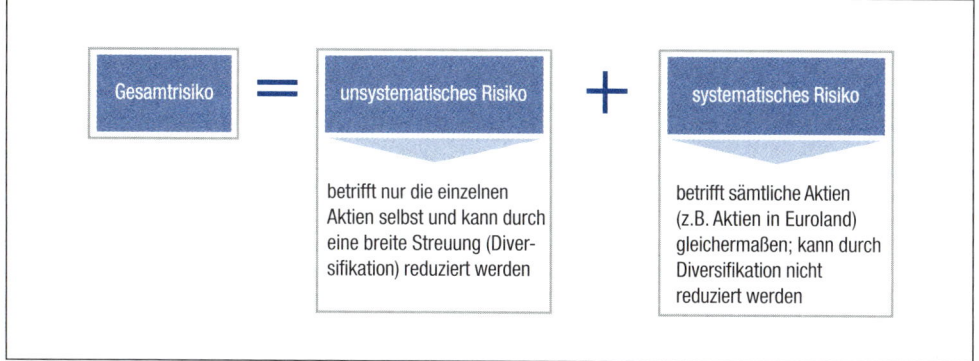

müssen, daß überall Entscheidungen zum Nachteil der Anleger getroffen werden. In Wirklichkeit ist es eher so, daß nachteilige Entwicklungen bei einigen Gesellschaften durch besonders positive bei anderen quasi aufgefangen werden und sich die Extremausschläge dadurch in etwa ausgleichen.

Zur Reduktion von systematischen Risiken nützt eine breite Streuung hingegen wenig. Denn systematische Risiken sind auf Faktoren zurückzuführen, die sämtliche Unternehmen gleichermaßen berühren. Nehmen wir als Beispiel einen Anstieg des Euro/US-Dollar-Wechselkurses. Er hat für sämtliche Unternehmen in Euroland, die Güter aus dem Ausland importieren, einen Preisanstieg und – sofern die höheren Kosten nicht auf die Verbraucher abgewälzt werden können – einen Gewinn- und damit Renditerückgang zur Folge.

Wir werden später noch sehen, daß sich Zertifikate auf Aktienindizes beziehen und Aktienindizes wie der DAX nichts anderes sind als sehr gut diversifizierte Aktienportfolios. Sie weisen aufgrund der breiten Streuung fast nur systematische und kaum noch titelspezifische Risiken auf.

Liquidität

Für Anleger sind nicht nur Rendite und Risiko von Interesse, sondern auch die Möglichkeit, ein Finanzinstrument in angemessener Zeit und vor allem zu einem akzeptablen Preis verkaufen zu können, um wieder über Geld zu verfügen. Die Schnelligkeit und Leichtigkeit, mit der sich eine Anlage zu einem fairen Preis veräußern und damit wieder in Geld verwandeln läßt, bezeichnet man als Liquidität.

Zwischen Liquidität und Ertrag existiert ein Zusammenhang – grundsätzlich gilt: Je weniger liquide ein Anlageobjekt ist, um so höher ist seine Rendite. Anleger, die bereit sind, ihr Kapital lange zu binden, erhalten im Regelfall eine um so höhere Rendite. Das kommt mit dem Sprichwort »Zeit ist Geld« besonders gut zum Ausdruck. Je mehr Zeit vergeht, bis ein Investor wieder über sein angelegtes Geld verfügen kann, desto höher wird er hierfür entlohnt. Bargeld (Geldscheine und Münzen) stellt zum Beispiel eine Anlageform mit höchster Liquidität dar. Zwar ist Bargeld ausgesprochen liquide; dafür können damit keine Zinserträge erwirtschaftet werden.

Anlagen mit langer Laufzeit müssen allerdings nicht unbedingt illiquide sein, vorausgesetzt sie sind standardisiert, wie etwa Börsenprodukte, z. B. zum Börsenhandel zugelassene Aktien. Derlei Titel sind bis ins kleinste Detail vereinheitlicht (»standardisiert«), so daß sie sich gleichen wie ein Ei dem anderen.

Fungibilität

Die Standardisierung und die damit verbundene Handelbarkeit an Börsen bewirkt eine jederzeitige Veräußerbarkeit (*Fungibilität*). Anlagen, deren Ausstattung im Gegensatz dazu nicht so stark genormt ist (z. B. Gemälde), lassen sich auch nicht problemlos jederzeit wieder verkaufen.

Standardisierte Finanzinstrumente sind im Regelfall ausgesprochen liquide, denn die Vereinheitlichung bewirkt, daß sehr viele Anleger über das gleiche Objekt verfügen. Dadurch wächst die Wahrscheinlichkeit, daß genau zu dem Zeitpunkt, zu dem ein Anleger etwa seine Aktien verkaufen möchte, ein anderer zum Kauf derselben bereit ist. Nicht standardisierte Assets zeichnen sich dagegen durch ihre zum Teil höchst individuellen Merkmale aus, z. B. ein Bungalow mit Tennisplatz auf einer Nordseeinsel, die das Auffinden eines Interessenten, der eben diese spezifischen Charakteristika sucht, erschweren. Das kann dann dazu führen, daß lange nach einem Käufer gesucht und damit lange auf eine Umwandlung in liquide Mittel gewartet werden muß.

Standardisierte Anlagen mit langer Laufzeit versprechen in aller Regel zwar eine entsprechend hohe Rendite; doch diese wird nur dann mit Sicherheit erzielt, wenn das Anlageobjekt auch lang genug gehalten wird. Bei vorzeitiger Veräußerung besteht hingegen die Gefahr, einen Kursverlust hinnehmen zu müssen. Die hohe Ren-

---

Das magische Dreieck

Nach den Wünschen vieler Sparer sollten Anlagen eine möglichst hohe Rendite erwarten lassen, kein Risiko beinhalten und jederzeit zum fairen Preis veräußert werden können. Finanzinstrumente mit solchen geradezu idealen Eigenschaften existieren allerdings nicht. Denn zwischen Rendite, Risiko und Liquidität besteht – wie in diesen und den vorangegangen Kapiteln beschrieben – ein Spannungsverhältnis. Eine verhältnismäßig hohe Rendite darf nur der Anleger erwarten, der auch bereit ist, ein gewisses Risiko zu tragen. Wer dagegen eine sehr liquide Anlage wünscht, muß ebenfalls Risiken tragen oder sich von vornherein mit einer geringeren Rendite begnügen. Diesen Zusammenhang zwischen Rendite, Risiko und Liquidität bezeichnet man auch als »magisches Dreieck« der Geldanlage.

dite und die gleichzeitig hohe Fungibilität langlaufender standardi-
sierter Anlagen wird quasi mit dem Risiko erkauft, im Falle einer
vorzeitigen Veräußerung Kursverluste zu erleiden.

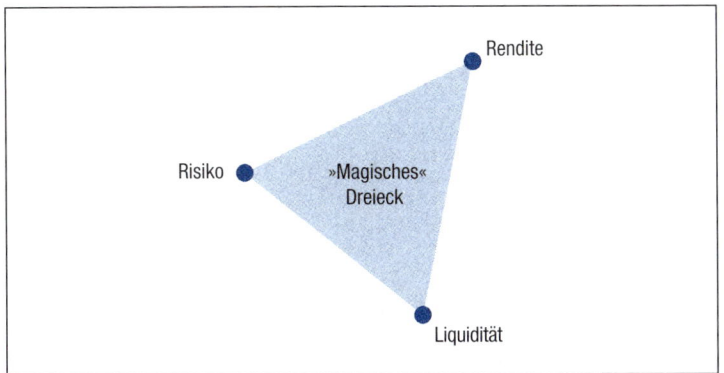

Zwischen Rendite, Risiko
und Liquidität besteht ein
Spannungsverhältnis

Produkte und Bewertung

Indizes – Barometer für die Gesamtmarktentwicklung

Das Prinzip

Wir haben bereits im ersten Teil erwähnt, daß sich Zertifikate in vielen Fällen auf Indizes beziehen. Darum wollen wir uns an dieser Stelle ein wenig ausführlicher damit beschäftigen.

Viele von uns werden tagtäglich mit Indizes konfrontiert. Immer dann nämlich, wenn das Geschehen an der Börse im Fernsehen oder in der Presse dargestellt wird, ist auch von Indizes die Rede. Dann hört man zum Beispiel von der guten Stimmung auf dem Parkett und davon, daß Aktienindizes wie DAX oder Dow Jones an Wert gewonnen haben. Doch wozu dient ein Index wie der DAX eigentlich und was bringt er zum Ausdruck?

Ein Index ist eine Verhältniszahl, die angibt, wie sich der Wert einer bestimmten Sache im Vergleich zu einem bestimmten Zeitpunkt in der Vergangenheit entwickelt hat. Dazu ein einfaches Beispiel: Angenommen, wir hätten am 5. Januar 1998 die in folgender Tabelle aufgeführten Aktien gekauft.

Der Anleger teilt den Betrag (8.400 DM) im Verhältnis 1:2:9 auf Telekom-, VW- und Mannesmann-Aktien auf.

Aktie	Kurs am 5.1.98	Anlagebetrag	Gekaufte Stückzahl
Deutsche Telekom	35 DM	700 DM	20
Volkswagen	140 DM	1.400 DM	10
Mannesmann	210 DM	6.300 DM	30
		Gesamtwert	8.400 DM

Genau ein Jahr später, am 5. Januar 1999, möchten wir gerne erfahren, was aus dem Aktienvermögen wurde. Deshalb wird jedes einzelne Papier mit seinem aktuellen Börsenkurs bewertet. Der Preis einer Telekom-Aktie ist um 15 DM gestiegen, während das Papier der Volkswagen AG 10 DM an Wert verloren hat. Die Mannesmann-Aktie notiert hingegen unverändert zu einem Kurs von 210 DM. Für jede einzelne Position kann nun problemlos eine Angabe über deren Wertveränderung gemacht werden, indem der augenblickliche mit dem damaligen Börsenkurs verglichen wird (siehe nachstehende Übersicht).

T-Aktien haben fast 43 Prozent an Wert zugelegt, Volkswagen gut 7 Prozent eingebüßt und Mannesmann-Aktien notieren genau wie vor einem Jahr bei 210 Mark.

Aktie	Kurs am 5.1.99	Gekaufte Stückzahl	Wert
Deutsche Telekom	50 DM	20	1.000 DM
Volkswagen	130 DM	10	1.300 DM
Mannesmann	210 DM	30	6.300 DM
		Gesamtwert	8.600 DM

Häufig ist eine derartige Einzelanalyse allerdings recht unpraktisch. Erstens wird damit noch nichts über die Wertentwicklung des gesamten Portfolios ausgesagt und zweitens ist eine Betrachtung jedes einzelnen Papiers ziemlich umständlich. Dies gilt um so mehr, je höher die Anzahl unterschiedlicher Aktien ist. Bei 30, 50 oder gar 100 verschiedenen Titeln wird eine Einzelanalyse zu einer langwierigen Prozedur, ohne daß Anleger am Ende einen Eindruck von der Gesamtveränderung gewonnen hätten.

Daher konzentriert man sich darauf, Gesamt- und nicht Einzelwerte miteinander zu vergleichen. Hierfür wird der aktuelle Gesamtwert (8.600 DM) durch den Gesamtwert vor einem Jahr (8.400 DM) geteilt – Ergebnis: 1,024. Nun läßt sich sagen, daß der aktuelle Wert der Aktien im Vergleich zum Ausgangszeitpunkt (5.1.1998) um das 1,024fache höher liegt.

Damit das Ganze ein wenig plastischer wirkt, multiplizieren wir das Ergebnis mit 1.000 und erhalten 1.024. Damit haben wir den Wert zu Beginn gewissermaßen mit 1.000 gleichgesetzt. Experten sprechen auch von *Normierung* oder *Indexierung*. Das Aktien-Portfolio (=Index-Portfolio) hat zum Ausgangszeitpunkt – besser: *Basiszeitpunkt* – einen Wert von 1.000 Punkten (=Indexstand zum Basiszeitpunkt) und notiert ein Jahr danach bei 1.024 Punkten (=aktueller Indexstand).

> Eine Multiplikation mit 1.000 ist in der Praxis beliebt. Allerdings wäre es auch denkbar, mit 100 oder 10 zu multiplizieren!

Wie sich der aktuelle Indexstand berechnet, kann auch durch eine Formel angegeben werden (siehe folgende Graphik). Man sieht deutlich, daß die Portfolio-Zusammensetzung im Zeitablauf unverändert bleibt (blaue Zahlen), während die zur Bewertung herangezogenen Kurse natürlich Schwankungen unterliegen können.

Am Indexstand läßt sich nun mühelos ablesen, welche Wertentwicklung unsere Aktien vom Basiszeitpunkt an gerechnet verzeichnen konnten. Befindet sich der Index oberhalb von 1.000 Punkten, sind die Aktien zum Betrachtungszeitpunkt insgesamt mehr wert als am Basistag. Umgekehrt ist es, wenn der Index unter 1.000 notiert. Überhaupt keine Wertveränderung hat das gesamte Portfolio hingegen erfahren, wenn der Indexstand genau 1.000 beträgt.

> Trotz unverändertem Stand können die Kurse der Index-Aktien gestiegen oder gesunken sein. Die Wertschwankungen haben sich dann jedoch kompensiert, so daß insgesamt keine Veränderung sichtbar ist.

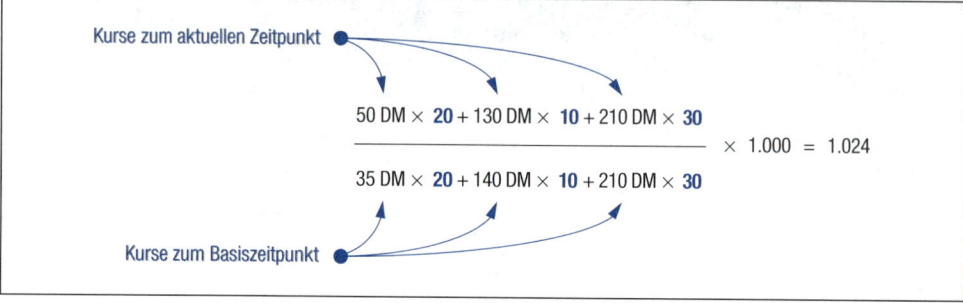

Um einen bestimmten Indexstand deuten zu können, sind zwei Informationen unbedingt erforderlich: Zum einen muß der Basiszeitpunkt bekannt sein; zum anderen der Indexstand zum Basiszeitpunkt.

Warum normiert man?

Der eine oder andere wird sich gewiß darüber wundern, warum wir den Aktienwert zum Basiszeitpunkt – im obigen Fallbeispiel 8.400 DM – normieren, indem wir den Wert gleich 1.000 setzen. Man könnte doch genauso gut die Größe von 8.400 als Ausgangsbasis verwenden, den Gesamtwert von 8.600 DM am 5.1.1999 damit vergleichen und daran die Wertentwicklung ablesen. Dies ist grundsätzlich richtig, allerdings recht schwierig. Im Gegensatz dazu läßt sich an einem Indexstand von 1.024 Punkten viel leichter erkennen, daß der Wert der Aktien insgesamt um 2,4 Prozent zugenommen hat. In der Praxis spielt noch ein weiterer, viel wichtigerer Grund eine Rolle für Normierungen, und zwar die Möglichkeit, unmittelbare Vergleiche unterschiedlicher Portfolios anstellen zu können. Zur Verdeutlichung betrachten wir zusätzlich zum weiter oben vorgestellten Depot (=Portfolio A) ein weiteres (=Portfolio B), das sich aus den Aktien in der folgenden Tabelle zusammensetzt.

Der Indexstand von 1.024 läßt sich auch so interpretieren: Wer im Januar 1.000 DM in das Portfolio investiert hat, erzielt beim Verkauf nach einem Jahr einen Erlös von 1.024 DM.

Wie man aus der Übersicht entnehmen kann, hat das Aktiendepot im Januar 1998 einen Wert in Höhe von 7.015 Mark, der ein

Aktie	Kurs am		Gekaufte	Wert am	
	5.1.98	5.1.99	Stückzahl	5.1.98	5.1.99
BASF	75 DM	70 DM	15	1.125 DM	1.050 DM
DaimlerChrysler	170 DM	182 DM	25	4.250 DM	4.550 DM
Dresdner Bank	82 DM	80 DM	20	1.640 DM	1.600 DM
			Gesamtwert	7.015 DM	7.200 DM

Darstellung	Portfolio	Stand am 5.1.98	Stand am 5.1.99	
nicht-indexiert	A	8.400	8.600	Hier ist ein direkter Vergleich schwierig
	B	7.015	7.200	
indexiert	A	**1.000**	1.024	Erst bei Indexierung läßt sich auf Anhieb erkennen, welches Portfolio besser abgeschnitten hat
	B	**1.000**	1.026	

Jahr danach auf 7.200 Mark geklettert ist. Ein unmittelbarer Vergleich mit der Wertentwicklung bei Portfolio A ist ohne weiteres nicht möglich. Erst wenn auf eine einheitliche Bezugsbasis umgerechnet wird (=Indexierung), kann man sofort erkennen, welches Portfolio besser abgeschnitten hat (siehe oben).

Kurs- und Performance-Indizes

Wenn wir unseren Index näher betrachten, stellen wir fest, daß sich sein Stand nur bei Kursanstiegen oder -rückgängen verändert. Deswegen spricht man bei solchen Konstruktionen treffenderweise von *Kursindizes*. Wie man weiß, schlagen bei Wertpapieren im Regelfall allerdings nicht nur Kursveränderungen zu Buche, sondern auch andere Erträge (bei Aktien etwa Dividendenzahlungen).

Sollen neben der reinen Kursentwicklung auch die übrigen Ertragskomponenten – anders gesagt: alle *Performancebestandteile* – miteinbezogen werden, dann handelt es sich um einen sogenannten Performance-Index. Nun ist zu überlegen, wie der Aktienkursindex erweitert werden kann, damit neben Kurs- auch Dividendenzahlungen berücksichtigt werden.

Kursveränderungen lassen sich ziemlich einfach erfassen, da nur der Wert am Ende mit dem am Anfang verglichen werden muß. Nicht ganz so einfach ist es hingegen mit Dividendenzahlungen. Denn die Zuflüsse können auf höchst unterschiedliche Art weiterverwendet werden. In der Realität ist es nämlich so, daß jeder Anleger mit seinen Dividendenzahlungen etwas anderes macht. Der eine verbraucht das Geld vielleicht für Konsumzwecke (z.B. Urlaubsreise), während andere ihre Dividenden möglicherweise wieder anlegen und neue Wertpapiere dafür kaufen. Bei der Anfertigung eines Performance-Indexes muß man sich natürlich auf eine

Performance-
bestandteile

Alternative einigen und daher ganz konkrete Annahmen treffen, was mit zwischenzeitlich zufließenden Erträgen passieren soll. Die meisten Indexkonstrukteure (Banken, Börsen usw.) unterstellen, daß die im Laufe der Zeit gezahlten Dividenden sofort wieder angelegt werden, und zwar jeweils in diejenigen Aktien, von denen die Dividenden stammen. Verdeutlichen wir das einmal anhand eines konkreten Fallbeispiels, wobei wir als Ausgangsbasis das bekannte Portfolio A verwenden (siehe letztes Kapitel). Für jedes der drei Wertpapiere ist in folgender Übersicht aufgeführt,

- an welchem Tag Dividenden gezahlt wurden (»Dividendentermin«),
- wie hoch die Dividendenzahlung pro Aktie war (»Dividendenhöhe«) und
- zu welchem Kurs die Aktie am Dividendentermin notierte.

Aktie	Dividenden-termin	Dividenden-höhe	Aktienkurs am Dividenden-termin
Deutsche Telekom	2.4.1998	3,00 DM	30 DM
Volkswagen	4.5.1998	6,00 DM	120 DM
Mannesmann	20.5.1998	8,00 DM	240 DM

Ein Anleger etwa, der Telekom-Aktien besitzt, erhält am 2.4.1998 für jede Aktie eine Dividendenzahlung in Höhe von 3 Mark. Legt er den Betrag unmittelbar wieder in T-Aktien an, könnte er rein rechnerisch für jede einzelne Dividendenzahlung ein Zehntel Aktie erwerben. Im Index-Portfolio befinden sich 20 Papiere der Telekom AG, so daß insgesamt 60 DM an Dividenden zufließen, wofür genau zwei Aktien gekauft werden können. Die gleichen Überlegungen können wir natürlich auch für die übrigen Aktien anstellen (siehe folgende Tabelle).

Früher war der Kauf (Verkauf) von Aktienbruchteilen (z. B. 1/4 Aktie) nicht denkbar. Bei einigen Banken ist dies mittlerweile allerdings problemlos möglich!

Aktie	Anzahl Aktien am 5.1.98	Dividende pro Aktie	Gesamt-dividende	Aktienkurs am Dividen-dentermin	Soviel Aktien können für die Dividende gekauft werden	Anzahl Aktien am 5.1.99
Deutsche Telekom	20	3 DM	60 DM	30 DM	2	22
Volkswagen	10	6 DM	60 DM	120 DM	0,5	10,5
Mannesmann	30	8 DM	240 DM	240 DM	1	31

Nach Ablauf eines Jahres befinden sich 22 T-Aktien, 10,5 Volks-
wagen- und 31 Mannesmann-Aktien im Bestand. Um den Gesamtwert nach Ablauf eines Jahres zu bestimmen, erfolgt wie gewohnt
eine Bewertung anhand des jeweils aktuellen Aktienkurses. Dafür
greifen wir auf unsere Ursprungsdaten zurück und stellen folgende
Rechnung auf:

Aktie	Anzahl Aktien im Depot	Kurs am 5.1.99	Betrag
Deutsche Telekom	22	50 DM	1.100 DM
Volkswagen	10,5	130 DM	1.365 DM
Mannesmann	31	210 DM	6.510 DM
		Gesamtwert	8.975 DM

Im nächsten Schritt setzen wir den Gesamtwert ins Verhältnis zum
Ausgangswert am 5.1.1998 und multiplizieren das Ergebnis wiederum mit 1.000. Wir erhalten:

$$\frac{8.975}{8.400} \times 1.000 = 1,068 \times 1.000 = 1.068$$

Dieser Wert (»Indexstand«) läßt sich so deuten: Ein Anleger, der im
Januar 1998 insgesamt 1.000 DM investiert hat und sein Kapital
im Verhältnis 1 zu 2 zu 9 auf Telekom-, Volkswagen und Mannesmann-Aktien aufteilt, hat ein Jahr später ein Vermögen von 1.068
Mark – vorausgesetzt, für die zwischenzeitlich zugeflossenen Dividenden wurden sofort wieder entsprechende Aktien gekauft.

Damit spiegelt der Index nicht nur die Kursentwicklung wider,
sondern obendrein die mit den Aktien erzielten laufenden Erträge.
Performance-Indizes in der Praxis (z. B. DAX) werden in etwa genauso berechnet. Auf Feinheiten gehen wir hier jedoch nicht ein,
sondern verweisen auf entsprechende Literatur.

Die wichtigsten Unterschiede zwischen Kurs- und Performance-
Indizes haben wir in folgender Graphik noch einmal zusammengefaßt.

Indizes sind »griffige«
Kennziffern, die in kom-
primierter Form eine Ge-
samtmarktentwicklung
darstellen.

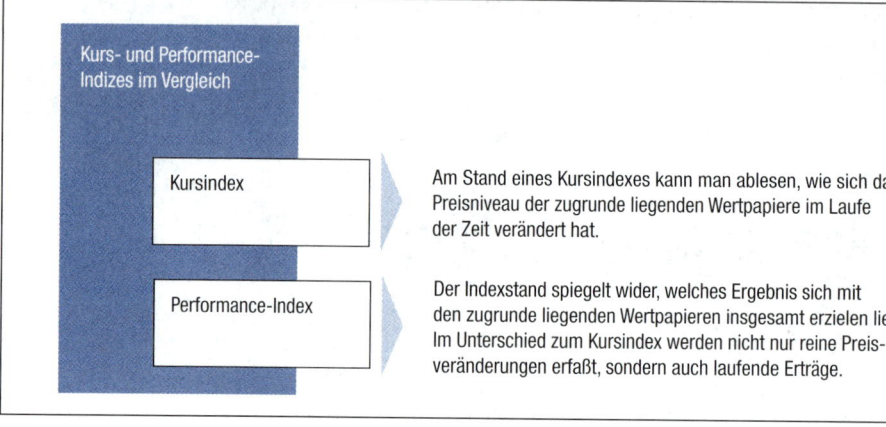

Kurs- und Performance-Indizes im Vergleich

Kursindex

Am Stand eines Kursindexes kann man ablesen, wie sich das Preisniveau der zugrunde liegenden Wertpapiere im Laufe der Zeit verändert hat.

Performance-Index

Der Indexstand spiegelt wider, welches Ergebnis sich mit den zugrunde liegenden Wertpapieren insgesamt erzielen ließ. Im Unterschied zum Kursindex werden nicht nur reine Preisveränderungen erfaßt, sondern auch laufende Erträge.

Worauf es in der Praxis ankommt

Neben Finanzmarktexistieren weitere Indizes. Zu den bekanntesten zählt hierzulande wohl der Lebenshaltungskostenindex. Geläufig sind außerdem Mietpreis- und Rohstoffpreisindizes.

Bislang haben wir uns hauptsächlich mit einigen eher theoretischen Aspekten beschäftigt, wollen nun jedoch ausführlich auf die Praxis eingehen. Dabei beschränken wir uns auf Finanzmarktindizes und wollen folgenden Fragen nachgehen:

1. Welche Ziele werden in der Praxis mit Indizes verfolgt?
2. Auf welche Finanzobjekte beziehen sich Indizes üblicherweise?
3. Wie werden die jeweils erfaßten Objekte (z. B. Aktien) gewichtet?

Wenden wir uns zunächst der ersten Frage zu: Wie eingangs bereits angedeutet, liegt einer der Hauptgründe für die Berechnung von Indizes darin, rasch einen Eindruck von der Wertentwicklung einer Vielzahl unterschiedlicher Finanzinstrumente (in erster Linie Aktien und Anleihen) zu vermitteln.

Eine Betrachtung einzelner Papiere ist dafür viel zu zeitaufwendig. Man kann sich kaum vorstellen, daß der Sprecher in einer Nachrichtensendung am Abend von der Börse berichtet, indem er die Kursveränderungen einzelner Aktien aufzählt! Und selbst wenn, würde das in vielen Fällen kaum weiterhelfen. Denn an einem Tag sind von 30 wichtigen Papieren vielleicht 14 im Kurs gesunken, 4 nahezu unverändert geblieben, während 12 Gewinne zu verzeichnen hatten. Ob die Börse insgesamt eher gestiegen, gesunken oder möglicherweise auf dem Niveau vom Vortag geblieben ist, vermag niemand genau zu sagen. Vergleicht man dagegen den aktuellen Indexstand mit dem vom Vortag, wird sofort klar, wie die Börse sich insgesamt bewegt hat. Durch den Index wird eine Fülle von einzelnen Kursen quasi zu einer einzigen Zahl zusammengefaßt.

Genauso wie ein Barometer die Wetterlage widerspiegelt, bringt der Indexstand die Stimmung an der Börse zum Ausdruck. Nicht umsonst wird Indizes die Funktion eines Börsenbarometers zugeschrieben!

Benchmark – Ein Index als Orientierungsgröße

Beim Lesen in Wirtschaftszeitungen oder Finanzmagazinen aber auch in den Rechenschaftsberichten von Investmentgesellschaften stoßen Anleger des öfteren auf den Begriff »Benchmark«.
Ursprünglich stammt der Ausdruck aus der Fachsprache amerikanischer Landvermesser, wo er für Höhenmarke, Lattenpunkt oder Nivellierungszeichen steht. Für US-Bahn- und Straßenbauingenieure ist eine Benchmark eine bestimmte Höhe über dem Meeresspiegel, die als Ausgangspunkt zur Festlegung aller anderen Höhen dient und daher auf Meßlatten besonders markiert ist. Auch die Finanzindustrie hat sich diesen Begriff inzwischen zunutze gemacht.
Um die Leistung von Vermögensverwaltern (z. B. Fondsmanager) zu überprüfen, werden regelmäßig Vergleiche mit einem entsprechenden Index angestellt. Durch Gegenüberstellung mit der Benchmark ist erkennbar, ob ein Manager besser oder schlechter abgeschnitten hat als der Markt. Wurde die Indexentwicklung übertroffen, spricht man von »Outperformance«, im umgekehrten Fall von »Underperformance«.

Die Erfahrung zeigt, daß sehr viele Anleger ihr Kapital breit streuen und die Depots von ihrer Struktur her häufig dem Gesamtmarkt sehr nahe kommen. Es verwundert daher nicht, daß das Interesse an der Entwicklung des Gesamtmarktes oftmals größer ist als an Wertveränderungen einzelner Papiere.

Von allen Finanzinstrumenten besitzen Aktien – und damit Aktienindizes – die mit Abstand größte Bedeutung. In Deutschland genießt bislang der *Deutsche Aktienindex* – besser bekannt unter der Abkürzung *DAX* – die höchste Aufmerksamkeit. Er umfaßt die wichtigsten Aktien hierzulande und wird von der Deutschen Börse AG in Frankfurt am Main berechnet. Der DAX existiert in den unterschiedlichsten Varianten. Am bekanntesten ist der 30 Blue-Chips umfassende Performance-Index, dessen Stand mittlerweile in fast allen Tageszeitungen zu finden ist und über den laufend im Rundfunk und Fernsehen berichtet wird. Nicht ganz so vertraut sind den meisten die »Geschwister« des DAX. Hierzu zählen der MDAX, CDAX oder DAX 100. Was sich dahinter im einzelnen verbirgt, werden wir im Anschluß an diesen Abschnitt noch näher erläutern.

Das bekannteste Barometer für die Entwicklung der Aktienmärkte Europas stammt aus der sogenannten STOXX-Familie. Dagegen gilt der Dow Jones Industrial Average (DJIA) – kurz *Dow Jones* – als wichtigster Maßstab für die Aktienmarktentwicklung in den USA. Sowohl auf STOXX-Indizes als auch den DJIA gehen wir später noch ausführlicher ein.

Indizes besitzen außerdem eine hohe Bedeutung, weil sie als Basisobjekt für bestimmte Finanzinstrumente – insbesondere Derivate – verwendet werden.

Bei der Bezeichnung DAX handelt es sich um ein eingetragenes Warenzeichen.

Indizes, die von einer neutralen Stelle – etwa der Deutschen Börse – berechnet werden, spiegeln im Normalfall die tatsächliche Marktentwicklung korrekt wider. Bei Barometern bestimmter Einzelinstitute – beispielsweise Geschäftsbanken – besteht generell Manipulationsgefahr.

Indexstände existieren in vielen Varianten

Wer sich über den Stand eines Indexes informiert, wird erstaunt sein, wie viele verschiedene Sorten von Indexständen veröffentlicht werden. Der Stand zu Handelsbeginn (Börsenbeginn) ist der *Eröffnungskurs*. Das gerade aktuelle Niveau bezeichnet man auch als *Spot-Kurs*, kurz Spot (z. B. DAX Spot), während der höchste Stand innerhalb einer bestimmten Zeitspanne *Höchst-Kurs* – oder schlicht Höchst – genannt wird. Dies kann der höchste Kurs vom jeweiligen Börsentag sein (Tages-Hoch), oder der Wochen-, Monats- oder Jahres-Höchststand. Das Gleiche gilt für den niedrigsten Wert: Hier lassen sich ebenso Tages-, Wochen-, Monats- und Jahrestiefstände unterscheiden.

Manchmal stößt man auch auf historische Höchst- bzw. Tiefststände. Das sind dann die höchsten bzw. geringsten Indexstände, die jemals zustande kamen.

Für jeden bedeutenden Index wird an jedem Börsentag auch ein sogenannter *Schlußstand* verbreitet. Damit bezeichnet man das Niveau, das der Index bei Handelsschluß (Börsenschluß) hatte.

In aller Regel ist es so, daß sich Indizes auf jeweils einheitliche Produkte beziehen. Entweder liegen ausschließlich Aktien zugrunde oder beispielsweise Anleihen; üblicherweise jedoch nicht gleichzeitig Aktien und Anleihen.

Außer Aktien- und Rentenindizes existieren auch Währungs- und Fondsindizes. Allerdings wird diesen Produkten in der Praxis nur geringe Bedeutung zuteil.

Wir wollen uns zunächst von Aktien abwenden und auf die zweitwichtigsten Bezugsgrößen zu sprechen kommen: die Anleihen. Zwar existiert weltweit eine Fülle unterschiedlicher Rentenmarktbarometer – auf breite Aufmerksamkeit stoßen im Normalfall allerdings nur einige wenige. In Deutschland wird beispielsweise dem ebenfalls von der Deutschen Börse AG geschaffenen REX (=Kursindex) bzw. REXP (=Performance-Index) die größte Beachtung geschenkt. Sie spiegeln die Kursentwicklung (REX) respektive die gesamte Wertentwicklung (REXP) von Bundesanleihen wider. Auf Details gehen wir im folgenden Kapitel näher ein.

Wir wollen uns nun der letzten noch offenen Frage zuwenden und herausfinden, nach welchem Schema die in einem bestimmten Index erfaßten Objekte gewichtet werden. Wir beschränken uns auf Aktienindizes.

Im Eingangsbeispiel waren wir von einem Depot ausgegangen, bei dem das Kapital zum Basiszeitpunkt (»5.1.1998«) im Verhältnis 1 zu 2 zu 9 auf Telekom-, Volkswagen- und Mannesmann-Aktien entfiel. Diese Aufteilung war mehr oder weniger willkürlich. In der Praxis setzt man die Portfolios freilich nicht nach Belieben zusammen, doch ein einheitliches Muster, nach dem man verfährt, existiert auch nicht. Vielmehr stehen verschiedene Wege offen.

So könnte man zum Beispiel sämtliche Papiere gleich gewichten, was zwar einfach, aber nicht unbedingt sinnvoll ist. Vergegenwärtigen wir uns zur Erklärung noch einmal den wichtigsten Zweck, für den Indizes gebraucht werden. Sie sollen in komprimierter Form einen zuverlässigen Eindruck vom Gesamtmarkt vermitteln. Dies läßt sich wiederum nur erreichen, wenn das Marktgeschehen möglichst wirklichkeitsnah abgebildet wird.

Papiere mit einem höheren Einfluß auf den Gesamtmarkt müssen folglich ein größeres Gewicht erhalten als relativ unwichtige Papiere. Doch woran kann man den Stellenwert für den Gesamtmarkt ablesen? Ein probates Merkmal ist die sogenannte Börsenkapitalisierung. Hierunter versteht man die von einer Aktiengesellschaft insgesamt ausgegebenen Aktien, multipliziert mit ihrem aktuell

Die Bedeutung erkennt man anhand der Börsenkapitalisierung.

Indizes spiegeln diversifizierte Portfolios wider

Indizes wie der DAX geben die Wertentwicklung eines sehr gut diversifizierten Portfolios wider. Das erkennt man zum einen an der Zusammensetzung (breite Streuung über sämtliche Branchen) und zum anderen an den verhältnismäßig geringen Schwankungen, die die Indexrenditen im Zeitablauf aufweisen. Ein Blick auf die Tabelle »DAX-Kennzahlen« aus dem Handelsblatt bestätigt zum Beispiel, daß der Deutsche Aktienindex – abgesehen von einer Ausnahme – die geringsten Schwankungen sowohl in den zurückliegenden 30 als auch 250 Börsentagen zu verzeichnen hatte.

Dax-Kennzahlen

Kürzel	Volatilität 30 Tage p. a.	Volatilität 250 Tage p. a.	Korrelation 30 Tage	Korrelation 250 Tage	Beta 250 Tage
DAX	28.85 %	29.28 %	1.0000	1.0000	1.0000
ADS	34.39 %	44.35 %	0.2852	0.5424	0.8200
ALV	37.68 %	40.93 %	0.7953	0.7833	1.0900
BAS	32.38 %	33.40 %	0.7353	0.7202	0.8200
BAY	36.05 %	35.01 %	0.6962	0.6772	0.8100
BMW	51.22 %	51.30 %	0.7571	0.6831	1.2000
CBK	41.58 %	39.77 %	0.6251	0.7177	0.9700
DCX	43.22 %	41.80 %	0.7725	0.7662	1.0900
DGS	27.09 %	40.43 %	0.2785	0.4233	0.5800
DBK	45.00 %	40.39 %	0.6366	0.6953	0.9600
DRB	55.77 %	45.39 %	0.8040	0.6609	1.0200
DTE	45.47 %	42.84 %	0.6974	0.6953	1.0200
HEN3	48.52 %	37.12 %	0.6799	0.5621	0.7100
HOE	48.29 %	43.74 %	0.6957	0.5991	0.8900
HVM	56.98 %	53.26 %	0.6460	0.6585	1.2000
KAR	36.69 %	37.31 %	0.4737	0.4187	0.5300
LIN	49.23 %	39.43 %	0.6127	0.5481	0.7400
LHA	46.41 %	45.74 %	0.6671	0.6712	1.0500
MAN	39.54 %	41.48 %	0.3737	0.5867	0.8300
MEO	46.56 %	39.51 %	0.2622	0.4794	0.6500
MMW	40.65 %	50.74 %	0.8010	0.6984	1.2100
MUV2	33.74 %	42.77 %	0.7597	0.7493	1.0900
PRS	33.61 %	36.40 %	0.3324	0.4598	0.5700
RWE	35.61 %	36.02 %	0.6942	0.4918	0.6100
SAP3	39.77 %	54.57 %	0.8068	0.7621	1.4200
SCH	33.89 %	32.71 %	0.5840	0.5892	0.6600
SIE	34.53 %	42.38 %	0.5966	0.6284	0.9100
THY	38.40 %	33.39 %	0.5637	0.6720	0.7700
VEB	43.01 %	34.88 %	0.6563	0.5960	0.7100
VIA	45.08 %	41.79 %	0.4408	0.5685	0.8100
VOW	40.52 %	45.71 %	0.8479	0.7601	1.1900

Mitgeteilt am 17.12.98 ; Quelle: Deutsche Börse AG (ohne Gewähr)

Neben der Kapitalisierung wird der Markteinfluß noch anhand des Börsenumsatzes gemessen. Danach ist das Gewicht einer Aktie um so größer, je höher ihr Börsenumsatz ist.

gültigen Kurs. Ein Beispiel: Hat ein Unternehmen 1.000.000 Aktien emittiert und notieren die Titel momentan zu einem Kurs von sagen wir 75 DM, dann beläuft sich die Börsenkapitalisierung auf

$$1.000.000 \text{ Aktien} \times 75 \text{ DM/Aktie} = 75.000.000 \text{ DM}.$$

Die Zahl bringt zum Ausdruck, welchen Wert die Börse dem Unternehmen beimißt. Daß die Bedeutung einer Aktiengesellschaft für den Gesamtmarkt um so höher eingeschätzt wird, je größer die Börsenkapitalisierung ausfällt, ist verständlich.

In einem Index wie dem DAX sind zum Beispiel die dreißig größten deutschen Aktiengesellschaften vertreten. Um festzustellen, welches Papier überhaupt berücksichtigt wird, könnte man für jede börsennotierte deutsche Gesellschaft die Börsenkapitalisierung bestimmen und anschließend die dreißig Unternehmen mit den höchsten Werten einbeziehen. Welches Gewicht ein Unternehmen innerhalb des Indexes zuteil wird, läßt sich ebenfalls anhand der Börsenkapitalisierung entscheiden: Je höher die Kapitalisierung, um so stärker ist das Gewicht der jeweiligen Aktie. Nimmt die Bedeutung aufgrund einer im Verhältnis zu anderen Gesellschaften geringeren Börsenkapitalisierung im Laufe der Zeit ab, kann es durchaus vorkommen, daß bestimmte Gesellschaften aus einem Index entfernt und durch andere, bedeutendere ersetzt werden.

Viele Indizes kann man mittels Zertifikaten inzwischen direkt kaufen.

Mittlerweile werden viele der weltweit verfügbaren Aktienindizes als Bezugsobjekte für Zertifikate verwendet, zum Teil selbst so unbekannte wie der ungarische HTX (Hungarian Traded Index) oder der russische RTS (Russian Trading System-Index). Wir würden jedoch den Rahmen dieses Buches überschreiten, wenn jedes dieser Marktbarometer im einzelnen vorgestellt würde. Daher liegt der Schwerpunkt auf den am häufigsten genutzten Indizes.

Die wichtigsten Indizes

Produkte aus der »DAX-Familie«

Den in Deutschland am meisten beachteten Aktienindex haben wir bereits mehrfach erwähnt. Es handelt sich um den Deutschen Aktienindex – kurz DAX –, der von der Deutschen Börse in Frankfurt seit Mitte 1988 offiziell berechnet und veröffentlicht wird. Sein Basisdatum ist der 31.12.1987 (Indexstand an diesem Tag: 1.000 Punkte). Obwohl der DAX erst seit Ende der 80er Jahre zur Verfügung steht, können Anleger seine Wertentwicklung bis ins Jahr 1959 zurückverfolgen. Denn anhand von Daten aus der Zeit vor dem 31.12.1987 lassen sich die Indexstände rekonstruieren.

Zur Berechnung dienen die Kurse von insgesamt 30 deutschen Aktien. Die Papiere werden nicht etwa willkürlich, sondern ganz bewußt ausgewählt. Um die Entwicklung am deutschen Aktienmarkt möglichst gut zu erfassen, nimmt die Börse nur solche Gesellschaften in den DAX auf, die das Geschehen an der Börse auch maßgeblich beeinflussen – mit anderen Worten: die gemessen an Börsenumsatz und -kapitalisierung größten Werte (»Blue Chips«).

Derzeit repräsentieren die dreißig DAX-Aktien ungefähr 85 Prozent des hierzulande insgesamt zum Börsenhandel zugelassenen Kapitals. Abgesehen von der Baubranche sind alle bedeutenden Wirtschaftszweige vertreten.

Aktiengesellschaft	Gewicht in %	Aktiengesellschaft	Gewicht in %
Adidas-Salomon	0,51	Lufthansa AG (StA)	1,08
Allianz AG Holding (NA)	10,79	Linde AG	0,59
BASF AG	2,97	MAN AG (StA)	0,55
Bayer AG	3,66	Metro AG	3,18
BMW AG	2,29	Mannesmann AG	6,77
Commerzbank AG	2,06	Münchener Rück-vers. AG	5,25
DaimlerChrysler AG	12,18	Preussag AG	1,09
Degussa AG	0,45	RWE AG (StA)	3,67
Deutsche Bank AG	4,01	SAP AG	4,41
Deutsche Telekom AG	5,53	Schering AG	1,10
Dresdner Bank AG	2,92	Siemens AG	5,10
Henkel KGaA (VA)	1,65	Thyssen AG	1,32
Hoechst AG	3,61	Veba AG	3,81
HypoVereinsbank	3,46	VIAG AG	2,00
Karstadt AG	0,43	Volkswagen AG (StA)	3,54

Zusammensetzung des DAX Ende März 1999

Der DAX ist ein Performance-Index, der jede Minute während des Börsenhandels berechnet wird. Zwar existiert zugleich ein reiner Kursindex (»DAX Kursindex«) – bei den Marktakteuren findet er allerdings kaum Gefallen. Denn der Performance-Index bildet die Wertentwicklung viel vollständiger ab, da er wie erwähnt nicht nur

Wenn vom DAX die Rede ist, ist stets der Performance-Index gemeint.

Detaillierte Angaben zu den DAX- und MDAX-Werten findet man täglich etwa im Handelsblatt.

Dax-30 Angaben in Euro

3.2.99 17:00	WPKN	Letzte Div.	Div.-Sch. für 1999	Börsenkap. in Mill. Euro	Anfang	Tages H/T	Kassa	Frankfurter Kurse Schluß	+/-
Adidas-Salomon(5)	500340	0,84	0,84	3328,6	74,00 b	77,50 72,00	73,50 b	73,40 b	- 0,60
Allianz NA vink.(o.N.) ³)	840400	0,97	1,02	77007,0	324,00 b	24,50 12,00	316,00 b	314,70 b	- 9,50
BASF (o.N.)	515100	1,02	1,07	20349,3	32,60 b	33,33 32,10	32,95 b	32,45 b	- 0,30
Bayer (o.N.) ³) ♣	575200	0,97	1,02	24064,7	32,80 b	33,45 32,55	33,35 b	32,95 b	+ 0,25
Bay.Hypo-Vbk.(o.N.) ♣	802200	0,82	1,02	22910,0	55,60 b	59,00 55,60	58,70 b	58,20 b	+ 2,60
BMW StA	519000	10,23	10,21	15802,6	615,00 b	23,00 13,00	617,00 b	614,00 b	- 13,00
Commerzbank (o.N.)	803200	0,77	0,77	13328,7	25,60 b	26,00 25,35	25,80 b	25,80 b	± 0
DaimlerChr.(o.N.) ³)	710000		2,35	89016,1	90,20 b	90,75 89,40	90,25 b	89,80 b	- 1,30
Degussa U.A. (5)	551200	0,92	0,87	3234,5	36,65 b	36,80 34,20	35,70 bB	34,30 b	- 2,00
Deutsche Bank (o.N.) ³)	804010	0,92	k.A.	25680,8	49,00 b	49,25 47,55	49,00 b	47,95 b	- 1,05
Dt. Telekom (o.N.) ³)	555700	0,61	0,61	38250,0	38,80 b	38,80 37,80	38,70 b	38,25 b	- 1,15
Dresdner Bank (o.N.)	804610	0,79	0,82	18590,6	35,10 b	35,50 33,80	34,90 b	34,00 b	- 1,40
Henkel VA (o.N.)	604843	0,74	0,82	9065,7	60,00 b	62,20 60,00	61,90 b	62,10 b	+ 1,90
Hoechst (o.N.)	575800	0,77	0,77	22959,5	39,70 b	39,80 39,00	39,75 b	39,05 b	- 0,70
Karstadt	627500	5,11	5,11	3015,6	372,00 b	75,00 59,00	372,50 b	359,00 b	- 19,00
Linde	648300	9,97	11,24	3933,7	453,00 b	73,00 53,00	467,00 b	468,00 b	+ 9,00
Lufthansa NA vink.(o.N.) ²)	823212	0,46	0,51	7288,5	19,20 b	19,60 18,70	19,35 b	19,10 b	- 0,50
MAN StA	593700	8,18	7,15	3885,8	240,00 b	55,00 40,00	250,50 b	252,00 b	+ 8,00
Mannesmann (o.N.) ³)	656000	0,51	0,61	48618,5	128,00 b	29,00 24,00	127,50 b	124,70 b	- 6,50
Metro StA (o.N.) ²)	725750	1,02	1,02	24997,0	72,50 b	73,00 71,00	71,75 b	72,50 b	+ 0,10
MünchnerR.vink.NA(o.N.)♣	843002	0,92	0,46	38786,7	221,00 b	24,50 18,00	224,00 b	219,50 bB	- 1,50
Preussag	695200	7,67	6,13	7243,0	454,00 b	70,00 43,00	457,50 b	449,00 b	- 2,00
RWE StA (5) ³) ♣	703700	0,92	0,97	22628,5	41,50 b	41,50 40,10	41,00 b	40,75 b	- 1,05
SAP VA (o.N.)	716463	1,46	1,66	34469,3	334,00 b	34,00 24,00	333,00 b	327,50 b	- 5,50
Schering (o.N.)	717200	1,28	1,38	8529,0	122,50 b	25,00 22,25	124,50 b	124,80 b	+ 0,40
Siemens (5) ³)	723600	0,77	0,77	36601,4	63,50 b	63,70 61,60	63,20 b	62,50 b	- 1,40
Thyssen A.A.	748500	8,18	7,15	8170,0	155,00 b	59,00 55,00	158,40 b	158,80 b	+ 4,00
Veba (5) ³) ♣	761440	1,07	1,07	25340,6	50,50 b	50,75 49,50	50,50 b	50,40 b	- 0,10
Viag ♣	762620	7,16	7,15	12455,6	466,00 b	79,00 64,00	475,50 b	468,00 b	- 3,00
VW StA (o.N.)	766400	0,61	0,71	27871,5	66,80 b	67,50 65,60	67,00 b	65,70 b	- 1,30

MDax Angaben in Euro

3.2.99 17:00	WPKN	Letzte Div.	Div.-Sch. für 1999	Börsenkap. in Mill. Euro	Anfang	Tages H/T	Kassa	Frankfurter Kurse Schluß	+/-
Agiv (o.N.) ♣	502820	0,51	0,77	810,0	19,80 b	20,40 19,80	20,00 b	20,25 b	+ 0,40
Altana (5)	760080	0,84	0,94	2154,7	53,00 b	56,50 53,00	55,50 b	55,25 b	+ 3,25
AMB vink. NA (o.N.)	840000	0,87	0,92	5852,4	108,00 b	09,00 08,00	108,00 b	108,00 b	- 2,00
AVA	508850		k. A.	1078,1	-	45,00 45,00	345,00 bG	345,00 G	± 0
Axa Colonia StA (o.N.)	841000	1,02	1,23	2998,1	99,50 b	99,50 96,00	96,00 b	96,00 b	+ 0,50
Bankges.Berlin (o.N.)	802322	0,56	k. A.	2191,0	12,30 b	12,40 12,00	12,00 b	12,10 b	- 0,20
Beiersdorf (o.N.)	520000	0,51	0,56	5208,0	58,00 b	62,50 58,00	60,50 b	62,00 b	+ 3,00
Bekula (Bewag) (5)	530300	0,51	0,56	3216,7	21,50 b	21,50 21,35	21,50 b	21,35 b	- 0,65
BHF-Bank (o.N.)	802500	0,74	0,82	3059,7	32,90 b	33,20 32,30	32,60 b	33,10 b	+ 0,90
BHW Hold. (o.N.)	522390	0,49	0,51	2700,0	14,75 b	15,10 14,75	15,00 bG	15,00 b	+ 0,25
Bilfinger+Berger (5)	590900	0,51	0,56	635,3	16,90 b	17,80 16,60	17,55 bB	17,60 G	+ 0,78
Brau.u.Brunnen(o.N.) ♣	555030		k. A.	255,8	55,60 b	59,00 55,60	58,00 b	57,00 bG	+ 0,50
Buderus	527800	11,25	10,21	733,3	280,00 b	94,00 80,00	288,00 b	289,00 b	+ 9,00
Continental (o.N.)	543900	0,36	0,45	2955,9	23,00 b	25,50 23,00	24,05 b	24,30 b	+ 1,90
DBV Winterth. Hold.	841690	6,14	6,64	1157,5	340,00 bG	40,00 40,00	340,00 bG	340,00 bG	± 0
Deutz (5)	630500		k. A.	489,7	7,30 b	8,00 7,30	7,90 b	7,95 B	+ 0,85
Dt. Babcock StA	550700		k. A.	395,5	58,00 b	58,00 55,20	56,00 b	56,50 b	- 2,50
DePfa (o.N.)	804700	0,77	0,87	2790,0	77,50 b	77,50 76,50	77,00 b	77,50 b	- 0,40
Douglas Hold. (o.N.)	609900	3,78	0,82	1557,3	47,50 b	48,50 46,60	48,00 b	47,00 bB	- 0,90
Dürr (o.N.) ♣	556520	0,77	0,87	288,6	22,20 bB	22,20 22,15	22,20 b	22,20 b	+ 0,20

Kursveränderungen erfaßt, sondern auch andere Ertragsbestandteile wie etwa Dividenden.

Der DAX wird während der Handelszeit minütlich berechnet, was nicht unbedingt selbstverständlich ist. Bei ausländischen und

Xetra (E)	Tages H/T		Xetra (S)	52 Wochen		Ergebnis je Aktie			KGV		Div.-Rend.	Umsatz 3.2.99		
				Hoch	Tief	1998	1999s	2000s	1999	2000		Stück	Tsd. Euro	Stück (F)
75,20	78,00	72,00	73,00	168,62	70,00	-2,96s	5,83	7,36	12,6	10,0	1,6	473827	35108	429417
322,90	24,50	11,50	311,50	354,84	186,62	5,81s	6,67	7,25	47,4	43,6	0,5	574209	181542	544115
32,60	33,40	32,16	32,60	48,01	29,09	2,57s	2,19	2,07	15,0	15,9	4,7	1531592	50222	1356888
32,75	33,50	32,40	33,02	49,57	29,68	2,07s	2,23	2,45	15,0	13,6	4,4	1879546	62277	1781295
56,50	59,30	55,02	58,63	95,36	36,33	2,23s	2,96	3,63	19,9	16,2	2,5	1506257	87383	1462590
613,05	23,10	12,15	620,00	1037,92	462,72	26,06s	29,67	30,69	20,8	20,1	2,4	63637	39221	60579
25,68	26,00	25,35	25,93	39,01	19,68	1,68s	1,78	2,24	14,5	11,5	4,2	1596485	41027	1510442
90,43	90,89	89,40	90,25	94,00	65,45	5,57s	7,07	7,42	12,8	12,2	3,7	2521992	226940	2252567
36,50	36,50	34,10	34,35	62,63	30,68	2,72s	2,29	2,57	15,6	13,9	2,4	339837	11941	296365
48,61	49,25	47,57	47,96	84,16	38,76	k. A.	k. A.	k. A.	k. A.	k. A.	k. A.	1973901	95535	1837228
38,87	38,87	37,62	37,62	41,40	16,57	0,82s	0,80	1,02	48,4	38,1	2,3	3238397	123672	3068657
35,00	35,60	33,63	34,25	59,05	25,56	1,33s	1,80	2,07	19,4	16,9	3,3	1023797	35188	979754
59,80	62,40	59,20	62,38	95,10	49,65	3,13s	3,57	4,00	17,3	15,5	1,9	341631	20957	330476
39,75	39,95	38,90	39,75	49,24	29,40	1,35s	1,67	2,03	23,9	19,6	2,8	1483549	58422	1415515
371,00	75,41	56,00	363,00	508,74	302,68	8,17s	12,79	17,90	29,1	20,8	2,0	22461	8255	21490
461,30	73,00	52,00	469,50	710,70	411,08	29,37s	32,56	35,18	14,3	13,3	3,4	42482	19809	37037
19,40	19,55	18,70	19,25	28,84	13,70	1,62s	1,48	1,64	13,1	11,8	3,2	1529867	29337	1376297
238,00	58,00	34,00	252,00	398,81	206,00	23,02s	20,59	19,60	12,2	12,8	2,9	97346	24450	86523
128,19	28,80	23,60	124,50	132,80	39,55	1,42s	2,07	2,50	61,7	51,1	0,7	1341547	168583	1275319
72,95	73,10	70,90	72,60	78,30	35,02	1,70s	2,05	2,49	34,9	28,8	1,4	643174	46246	600094
223,00	24,40	17,00	219,95	253,09	122,96	4,98s	5,16	5,50	43,4	40,8	0,3	202848	44654	197528
457,00	73,00	40,00	452,00	495,00	255,29	16,40s	22,50	25,00	20,3	18,3	2,9	150203	68311	133504
41,45	41,50	40,01	41,00	56,75	37,50	2,04s	2,30	2,56	17,8	16,0	3,4	835325	33993	797003
334,50	34,50	24,00	328,50	677,46	181,10	5,12s	6,43	8,94	51,8	37,3	0,7	392140	129002	344313
122,50	25,40	21,80	125,40	128,50	79,76	4,12s	4,50	5,17	27,7	24,1	1,6	308358	38206	288210
63,50	63,80	61,45	62,50	71,73	38,09	2,24	2,67	3,32	23,7	19,1	1,7	3082609	192351	2948424
156,00	59,89	56,00	158,80	252,32	126,29	28,60s	13,50	11,00	11,7	14,4	6,5	161071	25479	146603
50,80	50,80	49,45	50,00	67,54	40,90	2,45s	3,04	3,38	16,6	15,0	3,0	1499731	75327	1442322
465,00	81,00	63,10	468,50	710,18	404,43	22,46s	24,04	27,61	19,8	17,2	2,2	74519	35037	70911
67,10	67,50	65,25	66,10	102,00	49,08	5,04s	5,76	6,80	11,6	9,9	1,5	1108092	73458	1034043

Xetra (E)	Tages H/T		Xetra (S)	52 Wochen		Ergebnis je Aktie			KGV		Div.-Rend.	Umsatz 3.2.99		
				Hoch	Tief	1998	1999s	2000s	1999	2000		Stück	Tsd. Euro	Stück (F)
20,00	20,40	20,00	20,40	28,17	14,32	1,77s	2,01	2,27	9,9	8,8	4,5	42910	866	41190
52,00	56,50	52,00	56,00	95,61	46,53	3,02s	3,40	4,11	16,3	13,5	2,4	73028	4062	68994
109,00	09,00	08,00	108,00	151,34	77,72	4,49s	4,70	5,01	23,1	21,7	1,2	6777	733	6762
			345,00	373,24	253,09	7,31s	13,21	18,18	26,1	19,0	k. A.	121	42	10
97,92	99,30	95,00	95,20	143,42	70,05	5,35s	5,68	6,03	16,9	15,9	1,8	64944	6242	63800
12,20	12,20	11,90	12,00	25,16	12,00	0,45s	0,67	0,99	17,8	12,2	k. A.	106838	1289	80070
59,00	62,90	59,00	62,90	66,47	42,44	1,60s	1,82	2,07	33,3	29,2	1,3	66757	4072	59645
			22,70	27,50	13,17	0,76s	0,87	0,99	24,9	21,8	3,7	4892	105	1800
33,10	33,50	32,09	33,50	44,48	22,75	1,27s	1,93	2,07	16,9	15,8	3,6	200012	6564	191784
14,85	15,10	14,85	15,00	17,46	12,17	0,79s	0,94	1,07	15,9	14,0	4,7	140843	2115	93500
16,80	17,75	16,60	17,75	38,35	15,95	1,10s	1,41	1,64	12,5	10,7	4,6	78874	1360	56435
58,32	58,32	58,32	58,32	136,00	55,60	2,20s	4,52	6,92	12,8	8,4	k. A.	8530	489	6765
280,50	94,75	80,50	291,00	506,18	272,00	27,07s	28,89	29,96	10,0	9,6	5,1	36624	10616	32527
22,80	26,00	22,80	24,50	32,36	15,85	1,63s	2,34	2,68	10,3	9,0	1,9	857833	20924	782981
343,00	43,00	42,00	342,00	421,82	265,87	27,57s	26,96	28,27	12,6	12,0	2,8	1950	664	1895
7,26	8,00	7,25	7,95	14,16	6,40	0,41s	0,84	1,37	9,4	5,8	k. A.	476515	3681	294878
59,50	59,50	55,00	56,00	72,09	38,35	1,09s	4,75	7,09	11,8	7,9	k. A.	63922	3609	41947
77,10	77,50	76,50	77,50	88,00	46,02	3,92s	4,82	5,59	16,0	13,8	1,6	29409	2270	28389
48,00	48,10	47,00	47,00	56,75	30,68	1,65s	1,96	2,21	24,5	21,7	2,4	44386	2107	41730
22,30	22,30	22,30	22,30	41,16	21,47	2,10s	2,43	2,43	9,1	9,1	4,4	10144	226	6869

länderübergreifenden Kursbarometern wird der Performance- im Gegensatz zum Kursindex normalerweise nur einmal am Tag berechnet – mitunter gar nur wöchentlich oder einmal pro Monat – und nicht fortlaufend. In solchen Fällen genießt der Kursindex die

Oft werden Performance-Indizes nicht laufend berechnet.

größere Aufmerksamkeit. Auch Indexzertifikate werden dann oftmals auf den Kursindex bezogen, obwohl ein Performance-Index vorhanden ist.

Neben dem DAX, der ausschließlich Blue-Chips umfaßt, berechnet die Deutsche Börse auch Indizes für Mid- und Small-Cap-Aktien. Im Marktbarometer für mittelgroße Gesellschaften, dem MDAX, sind insgesamt 70 deutsche Dividendentitel vertreten. Gemessen an ihrer Börsenkapitalisierung rangieren sie direkt hinter den dreißig Gesellschaften im DAX, was man auch in Finanzzeitungen (z. B. Handelsblatt) wahrnehmen kann (siehe vorhergehende Seite).

Der MDAX ist genau wie der DAX ein minütlich berechneter Performance-Index. Startzeitpunkt und Basis stimmen mit dem »großen Bruder« überein. Daneben wird es künftig zwei Indizes für Gesellschaften mit relativ kleiner Marktkapitalisierung geben, und zwar

- den *SMAX-All-Share-Index*, der alle Aktien im Marktsegment für kleine Gesellschaften an der Deutschen Börse, dem sogenannten SMAX, erfaßt, und
- den SDAX, in den wiederum die Kurse der 100 größten inländischen AGs aus SMAX einfließen.

Während der All-Share-Index bereits ab 26. April 1999 zur Verfügung steht, folgt der SDAX voraussichtlich einige Zeit später. Um eine direkte Vergleichbarkeit zu ermöglichen, werden Startzeitpunkt und Basis der Small-Cap-Indizes wahrscheinlich mit denen des DAX und MDAX identisch sein.

DAX- und MDAX-Aktien faßt die Deutsche Börse noch einmal im sogenannten DAX 100 zusammen, der auch »HDAX« genannt wird.

DAX, MDAX und SDAX stoßen nicht nur in der Fachwelt, sondern auch bei der breiten Öffentlichkeit auf goßes Interesse. Doch die Deutsche Börse hat was Indizes anbelangt noch mehr zu bieten. Am bekanntesten ist wohl der CDAX als Abkürzung für Composite DAX (=zusammengesetzter Index). Er wird minütlich nach dem gleichen Schema berechnet wie der DAX, und zwar aus Kursen, die

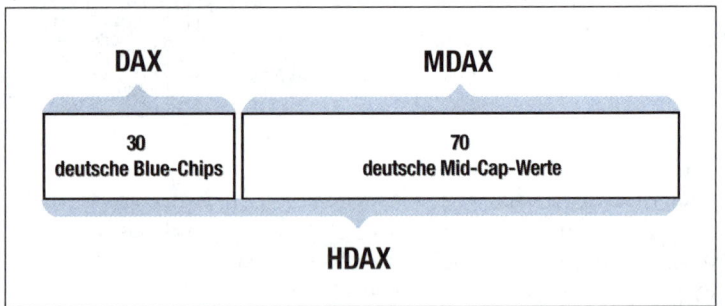

auf dem Parkett der Frankfurter Wertpapierbörse (FWB) zustande kommen (8.30 Uhr – 17.00 Uhr). Zusätzlich wird der CDAX während des XETRA-Handels (8.30 Uhr – 17.15 Uhr) aus den dort festgestellten Preisen ermittelt. Als Basiswert dienen – im Unterschied zum Beispiel zum DAX – nicht 1.000, sondern 100 Indexpunkte. Startzeitpunkt ist aber ebenfalls der 30.12.1987.

Einmal täglich bestimmt die Deutsche Börse ausgehend von den Schlußkursen die sogenannten CDAX-Branchenindizes – zur Zeit für folgende Zweige: Automobil, Bau, Beteiligung, Brauerei, Chemie, Eisen und Stahl, Elektro, Hypobanken, Konsum, Kreditbanken, Maschinenbau, Papier, Textil, Verkehr, Versicherung und Versorgung. Dies gibt den Marktteilnehmern die Möglichkeit,

Wer nur in Aktien einer bestimmten Branche investieren will, kann »Branchenzertifikate« kaufen.

• einzelne Branchen untereinander zu vergleichen,
• die Wertentwicklung eines bestimmten Wirtschaftszweiges dem Gesamtmarkt gegenüberzustellen,
• bestimmte Einzelwerte (z.B. Bayer-Aktie) mit der betreffenden Branche (hier: Chemie) zu vergleichen oder
• die Konjunkturanfälligkeit einzelner Branchen zu ermitteln, indem man die Branchenindizes über längere Zeit mit der Gesamtmarktentwicklung mißt.

Im Internet können, zum Beispiel unter der Adresse der Dresdner Bank (http://www.mis.dresdner-bank.de) – die Stände von DAX, MDAX oder CDAX laufend abgerufen werden, so daß es inzwischen selbst Privatleuten keinerlei Probleme mehr bereitet, über aktuelle Informationen zu verfügen.

Indizes Deutschland

	Index	Börse	Letzter	Eröffnung	Höchst	Tiefst	Vortag	Veränd. in %	Veränd. absolut	Chart	Uhrzeit (GMT)	Datum
DAX 30	DT. AKTIEN INDEX	FRA	5080.77	5024.47	5091.22	4996.03	5077.85	+0.06	+2.92	go	16:05	05 FEB 1999
	XETRA DAX INDEX	GER	5097.48	5027.82	5100.11	4981.69	5061.28	+0.72	+36.20	go	16:15	05 FEB 1999
	EURO NM DE Net	FRA	3886.98	3892.74	3915.22	3835.03	3920.54	-0.86	-33.56	go	16:15	05 FEB 1999
	EURO NM XETRA NT	GER	3894.02	3869.25	3921.17	3831.37	3910.72	-0.43	-16.70	go	16:15	05 FEB 1999
MDAX	MID CAP INDEX	FRA	3800.46	3750.12	3809.18	3745.04	3748.46	+1.39	+52.00	go	16:05	05 FEB 1999
	XETRA MIDCAP IDX	GER	3800.94	3752.23	3803.87	3749.43	3755.22	+1.22	+45.72	go	16:15	05 FEB 1999
CDAX	DAX · COMPOSITE	FRA	437.87	433.30	438.75	431.45	437.04	+0.19	+0.83	go	16:05	05 FEB 1999
	DAXH AUTOMOBIL	FRA	2352.22	2333.70	2370.65	2321.11	2355.28	-0.13	-3.06	go	16:05	05 FEB 1999
	DAXH BANKEN INDX	FRA	1879.60	1856.84	1889.45	1835.24	1865.18	+0.77	+14.42	go	16:05	05 FEB 1999
	DAXH BAU INDEX	FRA	1375.85	1349.71	1385.06	1349.71	1349.71	+1.94	+26.14	go	16:05	05 FEB 1999
	DAXH CHEMIE/PHAR	FRA	2058.59	1997.66	2059.26	1988.86	2004.96	+2.67	+53.63	go	16:05	05 FEB 1999
	DAXH EISEN/STAHL	FRA	2116.67	2035.62	2116.67	2032.78	2052.05	+3.15	+64.62	go	16:05	05 FEB 1999
	DAXH ELEKTRO IND	FRA	3456.30	3340.26	3484.05	3340.26	3401.53	+1.61	+54.77	go	16:05	05 FEB 1999
	DAXH HANDEL/KONS	FRA	1497.12	1506.62	1506.62	1489.49	1510.10	-0.86	-12.98	go	16:05	05 FEB 1999
	DAXH MASCHINENB	FRA	3695.10	3625.87	3703.80	3625.01	3720.03	-0.67	-24.93	go	16:05	05 FEB 1999

US-amerikanische Aktienindizes mit Weltruf

Der weltweit populärste US-amerikanische Aktienindex ist der *Dow Jones Industrial Average* (DJIA), den man umgangssprachlich »Dow Jones« oder schlicht »Dow« nennt. Er wird seit 1884 vom US-amerikanischen Verlagshaus Dow Jones & Co berechnet, das unter anderem das Wall Street Journal herausgibt.

Berücksichtigt wurden zunächst 11 Aktien, bevor im Jahre 1928 auf insgesamt 30 Standardwerte aus der Industrie aufgestockt wurde. Mittlerweile sind allerdings auch bedeutende andere Branchen (z. B. Dienstleistung) im Index vertreten. Die Zusammensetzung hat sich im Laufe der Zeit mehr als 40mal geändert.

Der Dow Jones wird laufend während der Handelszeit an der New York Stock Exchange (»Wall Street«) ermittelt. Bemerkenswert ist die Berechnungsmethode, die sich grundlegend von der des DAX unterscheidet: Während beim deutschen Pendant die einzelnen Index-Titel mit ihrem Börsenkapital gewichtet werden, bestimmt sich der Anteil einer Aktie im Dow Jones einzig und allein nach ihrem Kurs. Anders gesagt entspricht der Dow Jones dem arithmetischen Mittelwert der Aktienkurse zu einem bestimmten Zeitpunkt. Bereinigungen finden nur bei Aktienteilungen, sogenannten stock splits, statt und bei einer Veränderung der Indexzusammensetzung. Anders als beim DAX werden außerdem keine Dividendenzahlungen berücksichtigt. Aufgrund seines einfachen Konstruktionsprinzips und seiner schmalen Basis – der Index umfaßt nur 30 von annähernd 3.000 an der NYSE gehandelten Aktien – ist der Dow Jones sehr umstritten. Nach unserer Kenntnis werden bislang keine Zertifikate angeboten, die sich auf den Dow Jones beziehen.

Mehr Anerkennung als der »Dow« genießt der S & P 500, den die Rating-Agentur Standard & Poor's (New York) – daher die Kürzel »S« und »P« – seit Anfang der zwanziger Jahre berechnet. Er enthält insgesamt 500 an der New York Stock Exchange notierte Werte und wird jede Sekunde während der NYSE-Handelszeit ermittelt.

Der S & P 500 umfaßt neben Industrieaktien, die den größten Anteil ausmachen, auch Versorgungs-, Finanz- und Transportwerte. Am 31.8.1998 waren beispielsweise 376 Industrie-, 37 Versorgungs-, 77 Finanz- sowie 10 Transportunternehmen vertreten. Die einzelnen Gesellschaften werden entsprechend ihrer Börsenkapitalisierung gewichtet. Dividenden und sonstige Erträge fließen jedoch nicht ein, da es sich beim S & P um einen Kursindex handelt.

Das geläufige Kürzel für New York Stock Exchange ist NYSE

Der Basiszeitpunkt dieses ausgesprochen marktbreiten Kursbarometers wurde im Laufe der Zeit mehrfach geändert. Der Basiswert von 10, auf den sich der Index heute bezieht, wurde am 1.3.1957 fixiert.

Indexname	Beschreibung	Performance-Index vorhanden?
AEX-Index	Niederländischer Aktienindex, der 25 bedeutende, an der Aktienbörse zu Amsterdam (Amsterdam Stock Exchange) gehandelte Aktien umfaßt. Die Titel werden anhand ihrer Börsenkapitalisierung gewichtet (Basis: 100 am 1.5.83)	Nein
Hang Seng	Aktienindex, der von der gleichnamigen Hang Seng Index Services Ltd. berechnet wird. Er basiert auf ca. 35 bedeutenden Aktientiteln, die an der Börse in Hongkong notieren. Die Titel repräsentieren ca. 75% des gesamten Börsenkapitals und werden mittels der Kapitalisierung zum Basiszeitpunkt gewichtet (Basis: 100 am 31.7.1964).	Nein
FT.SE 100	Dem von der Financial Times und der London Stock Exchange berechneten FT.SE 100 (»Footsie«) liegen die 100 Aktien der größten börsennotierten Unternehmen Großbritanniens zugrunde. Der Index ist börsenkapitalgewichtet und wird minütlich im Börsenverlauf berechnet (Basis: 1.000 am 31.12.1983).	Nein
Ibex	Spanischer Aktienindex, der auf 35 bedeutenden, an den vier spanischen Wertpapierbörsen notierten Aktien baisert. Der Ibex, offiziell IBEX–35 genannt, ist börsenkapitalgewichtet (Basis: 3.000 am 29.12.1989).	Nein
CAC 40	Bedeutender französischer Aktienindex, der die 40 umsatzstärksten an der Pariser Börse gehandelten Aktien umfaßt. Der CAC 40 ist börsenkapitalgewichtet und wird jede Minute im Handelsverlauf berechnet (Basis: 1.000 am 31.12.1987).	Nein

Einige ausländische Indizes im Überblick

All ordinaries	Australischer Aktienindex, der von der Australian Stock Exchange (ASX) berechnet wird und den Durchschnittskurs von ca. 300 Aktien abbildet. Die im All Ordinaries Share Price Index vertretenen Papiere werden entsprechend ihrer Börsenkapitalisierung gewichtet (Basis: 500 im Jahre 1968).	Nein
Nikkei Index	Japanischer Aktienindex, der seit dem 16.5.1949 von der japanischen Finanzzeitung Nihon Keizai Shimbun veröffentlicht wird. Dem Nikkei liegen 225 an der Tokioter Börse notierte Aktien zugrunde. Er wird minütlich während der Börsenzeit ermittelt. Die Berechnungsmethode entspricht derjenigen beim Dow Jones Industrial Average, weshalb auch der Nikkei als aussagekräftiges Marktbarometer umstritten ist.	Nein
ATX	Österreichischer Aktienindex (Austrian Traded Index), der 18 an der Wiener Börse notierte Aktien umfaßt und seit 2.1.1991 minütlich im Handelsverlauf berechnet wird. Der Index ist börsenkapitalgewichtet (Basis: 1.000 am 2.1.1991).	Nein
SMI	Schweizerischer Aktienindex (Swiss Market Index), der marktbreite, an den Wertpapierbörsen in Zürich, Genf und Basel gehandelte Aktien abbildet und laufend während der Börsenzeit berechnet wird. Die Titel werden mittels ihrer Börsenkapitalisierung gewichtet.	Nein

Länderübergreifende Aktienindizes

Nationale Aktienindizes wie der DAX, der CAC 40 oder der Nikkei spiegeln nur die Entwicklung in einzelnen Ländern wieder. Sehr häufig unterscheiden sie sich in ihren Berechnungsmethoden, Gewichtungskriterien und oft noch in weiteren Punkten. Dadurch wird ein direkter Vergleich zwischen einzelnen Ländern zum Teil erheblich erschwert.

Um dieses Manko zu beseitigen, wurden länderübergreifende Indizes geschaffen. Am bekanntesten sind wohl die MSCI-, FTSE- und Dow Jones-Indizes.

Die Kursbarometer von Morgan Stanley Capital International – kurz *MSCI* – genießen weltweite Anerkennung. Sie lassen sich in

• Regionen- und Länderindizes,
• Aktienindizes für Schwellenmärkte und
• Branchenindizes

unterteilen. Die Aktien für jeden einzelnen Index werden so zusammengestellt, daß ungefähr 60 Prozent des Börsenkapitals innerhalb des betreffenden Marktsegments abgedeckt werden. Dabei finden sowohl Blue Chips als auch Mid- und Small-Caps Beachtung.

Ein MSCI-Index wird stets in zwei Ausführungen angeboten, nämlich als Kurs- und gleichzeitig als Performance-Index. Letzterer wird allerdings nur einmal im Monat berechnet, so daß es sich bei aktuellen Ständen normalerweise um den Kursindex handelt. Jede Aktie bekommt die Bedeutung, die ihr auch im Markt zuteil wird, da zur Gewichtung die aktuelle Marktkapitalisierung herangezogen wird.

Land	Indexgewicht in %
Österreich	0,58
Belgien	2,61
Dänemark	1,16
Finnland	1,74
Frankreich	13,04
Deutschland	15,07
Irland	0,58
Italien	6,96
Niederlande	7,25
Norwegen	0,58
Portugal	0,87
Spanien	4,64
Schweden	4,06
Schweiz	11,30
Großbritannien	29,57

Ländergewichtung des MSCI-Europa auf Basis der Marktkapitalisierung (Stand: Januar 1999)

Einer der bekanntesten Indizes aus der *MSCI-Familie* ist der *MSCI-Europa*. Er umfaßt mehrere hundert europäische Aktien, unter anderem mehrere DAX-Gesellschaften. Wie sich die Bedeutung einzelner Länder gegenwärtig im Index niederschlägt, läßt sich vorhergehender Tabelle entnehmen.

Die MSCI-Indizes sind nicht ganz unumstritten, da es keine eindeutig abgegrenzten Kriterien für die Aktienauswahl gibt. Dies ist bei den Dow Jones STOXX-Indizes anders, wie wir gleich sehen werden.

Die STOXX-Familie besteht aus 42 Kursindizes, die sich hauptsächlich durch ihre Struktur unterscheiden. Aus einem Gesamtindex für ganz Europa, dem »Dow Jones STOXX« mit über 660 Aktiengesellschaften, leitet man einen weiteren Index ab, der für die elf Euroländer gültig ist, ca. 320 Aktien enthält und die Bezeichnung »Dow Jones *Euro* STOXX« trägt.

Zusammensetzung der STOXX-Index-Familie

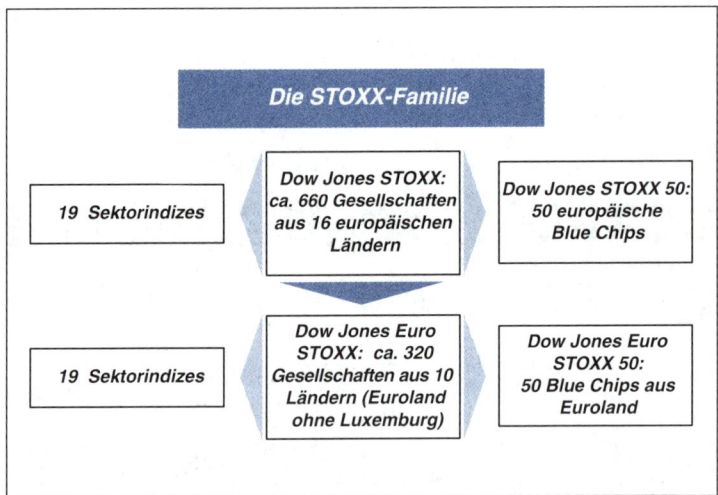

Zusätzlich zu diesen beiden Gesamtindizes existieren jeweils spezielle Sektor- und Blue-Chip-Indizes (vgl. obige Abbildung). Aber das ist nicht alles: Da für jeden Kurs- auch noch ein Performance-Index berechnet wird, kommt man im ganzen auf über 80 verschiedene Marktbarometer.

Dow Jones STOXX 50

Die bedeutendsten sind zweifelsohne die Blue-Chip-Indizes, genauer: der »Dow Jones STOXX 50« und der »Dow Jones *Euro* STOXX 50«. Die »50« im Namen steht für die Anzahl erstklassiger Aktien, deren Wertentwicklung durch den Index jeweils reflektiert wird. Wer genauer wissen will, welche Gesellschaften im einzelnen hinter den Indizes stecken und wie die Ländergewichtung oder die Branchenstruktur ausfällt, kann dies per Faxabruf erfahren. Auch ein Blick ins *Wall Street Journal Europe (WSJE)* kann hilfreich sein.

Allerdings finden Leser hier nur die Zusammensetzung des »Dow Jones Stoxx 50«.

Sämtliche STOXX-Indizes sind kapitalgewichtet, wobei jedoch nicht die wirkliche Börsenkapitalisierung der einzelnen Gesellschaften zum Tragen kommt. Denn während etwa beim DAX nur die zum Handel zugelassenen Aktien berücksichtigt werden, sind es bei STOXX alle Beteiligungspapiere eines Unternehmens. Und das können sowohl Stammaktien einer Gesellschaft (egal ob börsennotiert oder nicht) als auch Vorzugsaktien sein, soweit sie in gleicher Weise am Unternehmenserfolg teilhaben wie die Stämme. Obendrein werden auch Aktienäquivalente einbezogen, beispielsweise die Partizipationsscheine Schweizer Gesellschaften.

aktuelle Gesellschaften im europäischen Blue-Chip-Index

»DAX-Gesellschaften« im Blue-Chip-Index

Heimatland der jeweiligen Gesellschaft

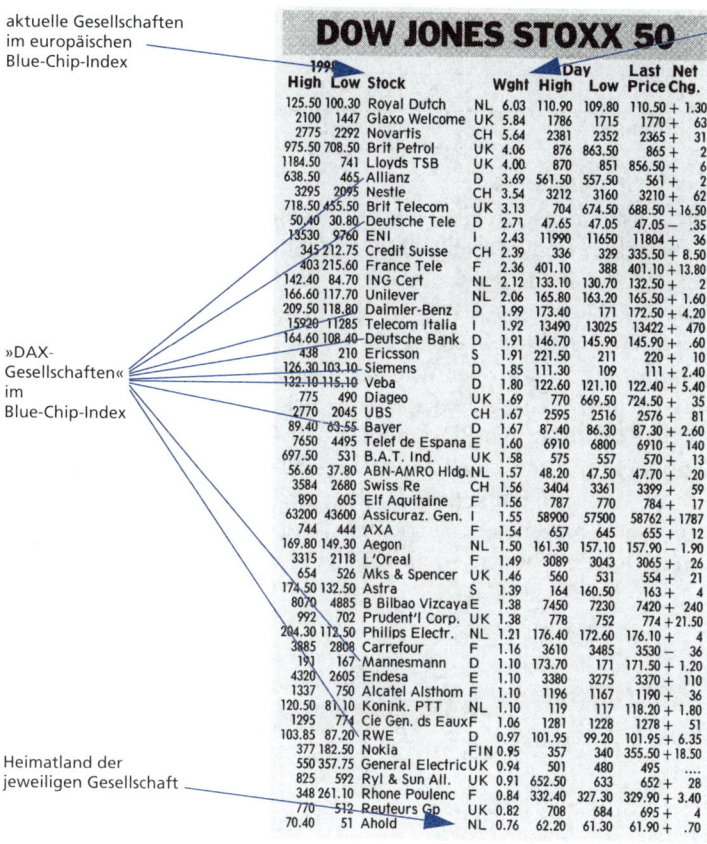

Die Gewichtung schwankt täglich, wird aber nur im Abstand von mehreren Monaten vom Wall Street Journal Europe angepaßt. Am 18.6.1998 werden die Gewichte gezeigt, die am 17.2.1998 gültig waren.

DOW JONES STOXX 50

	1998				Day		Last	Net
High	Low	Stock		Wght	High	Low	Price	Chg.
125.50	100.30	Royal Dutch	NL	6.03	110.90	109.80	110.50	+ 1.30
2100	1447	Glaxo Welcome	UK	5.84	1786	1715	1770	+ 63
2775	2292	Novartis	CH	5.64	2381	2352	2365	+ 31
975.50	708.50	Brit Petrol	UK	4.06	876	863.50	865	+ 2
1184.50	741	Lloyds TSB	UK	4.00	870	851	856.50	+ 6
638.50	465	Allianz	D	3.69	561.50	557.50	561	+ 2
3295	2095	Nestle	CH	3.54	3212	3160	3210	+ 62
718.50	455.50	Brit Telecom	UK	3.13	704	674.50	688.50	+16.50
50.40	30.80	Deutsche Tele	D	2.71	47.65	47.05	47.05	− .35
13530	9760	ENI	I	2.43	11990	11650	11804	+ 36
345	212.75	Credit Suisse	CH	2.39	336	329	335.50	+ 8.50
403	215.60	France Tele	F	2.36	401.10	388	401.10	+13.80
142.40	84.70	ING Cert	NL	2.12	133.10	130.70	132.50	+ 2
166.60	117.70	Unilever	NL	2.06	165.80	163.20	165.50	+ 1.60
209.50	118.80	Daimler-Benz	D	1.99	173.40	171	172.50	+ 4.20
15920	11285	Telecom Italia	I	1.92	13490	13025	13422	+ 470
164.60	108.40	Deutsche Bank	D	1.91	146.70	145.90	145.90	+ .60
438	210	Ericsson	S	1.91	221.50	211	220	+ 10
126.30	103.10	Siemens	D	1.85	111.30	109	111	+ 2.40
132.10	115.10	Veba	D	1.80	122.60	121.10	122.40	+ 5.40
775	490	Diageo	UK	1.69	770	669.50	724.50	+ 35
2770	2045	UBS	CH	1.67	2595	2516	2576	+ 81
89.40	63.55	Bayer	D	1.67	87.40	86.30	87.30	+ 2.60
7650	4495	Telef de Espana	E	1.60	6910	6800	6910	+ 140
697.50	531	B.A.T. Ind.	UK	1.58	575	557	570	+ 13
56.60	37.80	ABN-AMRO Hldg.	NL	1.57	48.20	47.50	47.70	+ .20
3584	2680	Swiss Re	CH	1.56	3404	3361	3399	+ 59
890	605	Elf Aquitaine	F	1.56	787	770	784	+ 17
63200	43600	Assicuraz. Gen.	I	1.55	58900	57500	58762	+1787
744	444	AXA	F	1.54	657	645	655	+ 12
169.80	149.30	Aegon	NL	1.50	161.30	157.10	157.90	− 1.90
3315	2118	L'Oreal	F	1.49	3089	3043	3065	+ 26
654	526	Mks & Spencer	UK	1.46	560	531	554	+ 21
174.50	132.50	Astra	S	1.39	164	160.50	163	+ 4
8070	4885	B Bilbao Vizcaya	E	1.38	7450	7230	7420	+ 240
992	702	Prudent'l Corp.	UK	1.38	778	752	774	+21.50
204.30	112.50	Philips Electr.	NL	1.21	176.40	172.60	176.10	+ 4
3885	2808	Carrefour	F	1.16	3610	3485	3530	− 36
191	167	Mannesmann	D	1.10	173.70	171	171.50	+ 1.20
4320	2605	Endesa	E	1.10	3380	3275	3370	+ 110
1337	750	Alcatel Alsthom	F	1.10	1196	1167	1190	+ 36
120.50	81.10	Konink. PTT	NL	1.10	119	117	118.20	+ 1.80
1295	774	Cie Gen. ds Eaux	F	1.06	1281	1228	1278	+ 51
103.85	87.20	RWE	D	0.97	101.95	99.20	101.95	+ 6.35
377	182.50	Nokia	FIN	0.95	357	340	355.50	+18.50
550	357.75	General Electric	UK	0.94	501	480	495	....
825	592	Ryl & Sun All.	UK	0.91	652.50	633	652	+ 28
348	261.10	Rhone Poulenc	F	0.84	332.40	327.30	329.90	+ 3.40
770	512	Reuters Gp	UK	0.82	708	684	695	+ 4
70.40	51	Ahold	NL	0.76	62.20	61.30	61.90	+ .70

Durch die Berücksichtigung des gesamten Aktienkapitals fällt die Rangfolge deutscher Unternehmen im Blue-Chip-Index »Euro STOXX 50« ganz anders aus als beim DAX (vgl. nachstehende Abbildung). Markantes Beispiel: Die Deutsche Telekom rangiert im Deutschen Aktienindex im Mittelfeld, steht aber im Dow Jones Euro STOXX an dritter Position.

Stand: Juli 1998
(in Klammern der Rang-
listenplatz im Index)

Gesellschaft	Gewicht im Dow Jones Euro STOXX 50	Gewicht im DAX
Allianz	5,03% (2)	10,40% (1)
Deutsche Telekom	4,57% (3)	3,44% (15)
Daimler-Benz	3,59% (4)	7,44% (2)
Deutsche Bank	3,02% (9)	6,33% (4)
Siemens	2,39% (15)	5,03% (6)
Veba	2,16% (20)	4,49% (8)
Bayer	2,11% (21)	4,50% (7)
Mannesmann	1,99% (23)	4,15% (10)
RWE	1,06% (36)	3,69% (12)
Metro	0,85% (43)	1,92% (20)
Lufthansa	0,61% (50)	1,27% (23)

Die Zusammensetzung des Indexes wurde in der Vergangenheit mehrfach in Frage gestellt. Den größten Automobilkonzern Europas, die VW-Aktie, etwa sucht man im »Dow Jones Euro STOXX 50« vergeblich.

Trotz aller Kritik werden die »Dow Jones STOXX-Indizes« in Zukunft mit sehr großer Wahrscheinlichkeit die wichtigsten Maßstäbe sein. Dies ist schon daran zu erkennen, daß die Eurex am 22.6.1998 die ersten Terminkontrakte (sowohl Futures als auch Optionen) auf die Blue-Chip-Indizes aus der STOXX-Familie einführte. Auch Investmentfonds, die sich bei der Aktienauswahl an den neuen Barometern ausrichten, sind – ebenso wie STOXX-Indexzertifikate – bereits erhältlich.

»Euroland-Blue-Chip-Index« graphisch

STOXX Indexes
im WSJ Europe

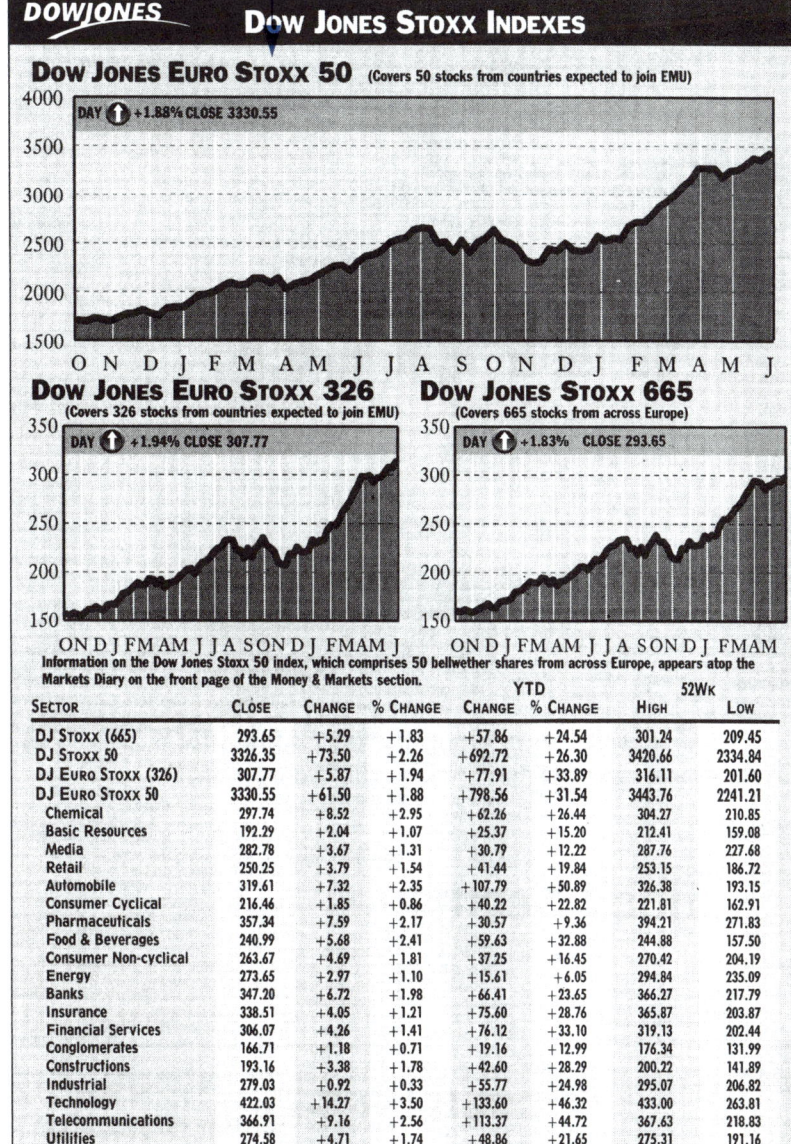

DOWJONES — **DOW JONES STOXX INDEXES**

DOW JONES EURO STOXX 50 (Covers 50 stocks from countries expected to join EMU)

DAY +1.88% CLOSE 3330.55

DOW JONES EURO STOXX 326
(Covers 326 stocks from countries expected to join EMU)
DAY +1.94% CLOSE 307.77

DOW JONES STOXX 665
(Covers 665 stocks from across Europe)
DAY +1.83% CLOSE 293.65

Information on the Dow Jones Stoxx 50 index, which comprises 50 bellwether shares from across Europe, appears atop the Markets Diary on the front page of the Money & Markets section.

Gesamt- und
Blue-Chip-
Indizes

Branchen-
indizes

SECTOR	CLOSE	CHANGE	% CHANGE	YTD CHANGE	YTD % CHANGE	52WK HIGH	52WK LOW
DJ STOXX (665)	293.65	+5.29	+1.83	+57.86	+24.54	301.24	209.45
DJ STOXX 50	3326.35	+73.50	+2.26	+692.72	+26.30	3420.66	2334.84
DJ EURO STOXX (326)	307.77	+5.87	+1.94	+77.91	+33.89	316.11	201.60
DJ EURO STOXX 50	3330.55	+61.50	+1.88	+798.56	+31.54	3443.76	2241.21
Chemical	297.74	+8.52	+2.95	+62.26	+26.44	304.27	210.85
Basic Resources	192.29	+2.04	+1.07	+25.37	+15.20	212.41	159.08
Media	282.78	+3.67	+1.31	+30.79	+12.22	287.76	227.68
Retail	250.25	+3.79	+1.54	+41.44	+19.84	253.15	186.72
Automobile	319.61	+7.32	+2.35	+107.79	+50.89	326.38	193.15
Consumer Cyclical	216.46	+1.85	+0.86	+40.22	+22.82	221.81	162.91
Pharmaceuticals	357.34	+7.59	+2.17	+30.57	+9.36	394.21	271.83
Food & Beverages	240.99	+5.68	+2.41	+59.63	+32.88	244.88	157.50
Consumer Non-cyclical	263.67	+4.69	+1.81	+37.25	+16.45	270.42	204.19
Energy	273.65	+2.97	+1.10	+15.61	+6.05	294.84	235.09
Banks	347.20	+6.72	+1.98	+66.41	+23.65	366.27	217.79
Insurance	338.51	+4.05	+1.21	+75.60	+28.76	365.87	203.87
Financial Services	306.07	+4.26	+1.41	+76.12	+33.10	319.13	202.44
Conglomerates	166.71	+1.18	+0.71	+19.16	+12.99	176.34	131.99
Constructions	193.16	+3.38	+1.78	+42.60	+28.29	200.22	141.89
Industrial	279.03	+0.92	+0.33	+55.77	+24.98	295.07	206.82
Technology	422.03	+14.27	+3.50	+133.60	+46.32	433.00	263.81
Telecommunications	366.91	+9.16	+2.56	+113.37	+44.72	367.63	218.83
Utilities	274.58	+4.71	+1.74	+48.86	+21.65	275.31	191.16

Konzept der
STOXX-Indizes

Das Indexkonzept auf einen Blick	
Basiswert und -datum:	Sämtliche Indizes starten am 31.12.1991. Der Basis-Wert für die Blue-Chip-Indizes ist 1.000, der für die breiten Marktbarometer und Sektor-Indizes 100.
Preise und Wechselkurse:	Die Indizes werden auf Basis der jeweils aktuellen Börsenkurse berechnet. Alle Kurse werden in ECU umgerechnet, später in Euro.
Gewichtung:	Gewichtungsfaktor ist die Kapitalisierung. Berücksichtigt werden sämtliche Aktien einer Unternehmung, nicht nur die zum Börsenhandel zugelassenen.
Berechnungszeitpunkt:	Die Kursindizes werden fortlaufend alle 15 Sekunden berechnet, die Performance-Indizes einmal täglich nach Börsenschluß. Die Indexermittlung erfolgt an jedem Tag, an dem eine der einbezogenen Börsen geöffnet ist.
Anpassung (planmäßig):	Die Blue-Chip-Indizes werden einmal jährlich hinsichtlich ihrer Zusammensetzung überprüft, die breiten Marktbarometer und die Sektorindizes jedes Vierteljahr. Neuaufnahmen, Ausschlüsse oder Ersetzungen werden spätestens vier Wochen vorm dritten Freitag im September (Blue-Chip-Indizes) bzw. vorm dritten Freitag im März, Juni, September und Dezember bekanntgegeben.
Anpassung (außerplanmäßig):	Zusätzlich zu den Indexanpassungen, die eventuell nach den turnusgemäßen Überprüfungen notwendig werden, kann es zu außerplanmäßigen Änderungen der Zusammensetzung kommen. Beispiele: Firmenübernahmen oder -zusammenschlüsse, Konkurs, Ausschluß von der Börsennotierung etc.
Bereinigung:	Die Indizes werden bei Kapitalmaßnahmen (Kapitalerhöhungen oder -herabsetzungen, Rückkauf eigener Aktien etc.) bereinigt. Bei Stock dividends und splits finden indes keine Anpassungen statt, da die Börsenkapitalisierung unverändert bleibt. Dividendenausschüttungen in bar werden verständlicherweise nur bei den Performance-Indizes berücksichtigt.

Lange Zeit nahmen die sogenannten »FTSE Eurotrack Indizes« eine herausragende Stellung ein. Diese Kursbarometer wurden seit 1992 von der britischen Finanzzeitung Financial Times in Kooperation mit der London Stock Exchange berechnet, Anfang 1998 aber durch die sogenannten »FTSE Eurotop Indizes« ersetzt. Sie wiederum entstanden in enger Zusammenarbeit zwischen den vorgenannten Institutionen – genauer: deren gemeinsamer Tochter »FTSE International« – und der Amsterdam Stock Exchange (AEX). Die Börse in Amsterdam ist alleine für die Berechnung verantwortlich.

Wie der Name bereits vermuten läßt, berücksichtigen die neuen Kursbarometer ausschließlich erstklassige Dividendentitel (»Top-Aktien«). Beim breitesten Index, dem sogenannten »FTSE Eurotop 300«, befinden sich die insgesamt 300 größten Aktiengesellschaften aus 14 europäischen Ländern im Portefeuille (vgl. Abbildung unten). Ausschlaggebend für eine Indexerfassung ist die Marktkapitalisierung eines Unternehmens, hier: die Zahl der tatsächlich zum Börsenhandel zugelassenen Aktien multipliziert mit ihrem Kurs. Völlig unabhängig davon werden Gesellschaften aber nur dann aufgenommen, wenn sich ihre Beteiligungstitel zu mindestens 25 % in Streubesitz befinden. Außerdem scheiden Papiere aus, wenn das Handelsvolumen pro Jahr nicht mindestens 10 % ihres gesamten Emissionsvolumens beträgt.

FTSE
Eurotop 300

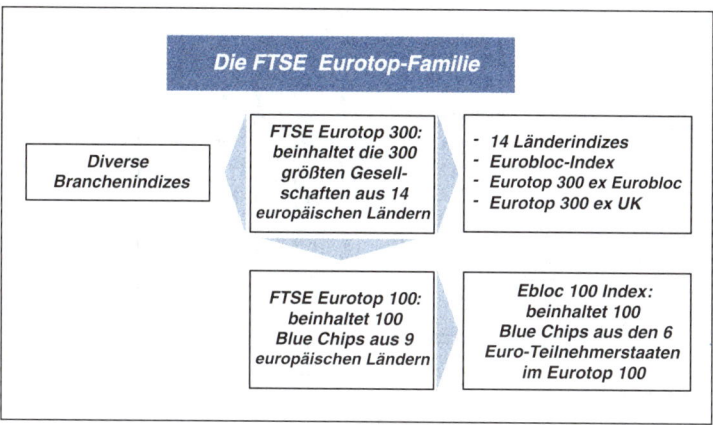

Zusammensetzung der
FTSE-Eurotop-Familie

Die Indexkonstrukteure achten bei der Zusammenstellung also nicht nur auf die Größe eines Unternehmens, sondern auch darauf, daß sämtliche Werte relativ liquide sind. Alle Vierteljahre kommt es zu einer Überprüfung des Indexportefeuilles: Unternehmenszusammenschlüsse, -übernahmen oder -konkurse führen unverzüglich zu Anpassungen, die anschließend über einschlägige Medien (Nachrichtendienste, Internet etc.) bekanntgegeben werden. Im Juni 1998 konnte man auf der Homepage von FTSE International beispielsweise folgende Nachricht lesen:

»Havas Agence (Frankreich) wird aus dem Index ausscheiden, da das Unternehmen von Vivendi (Land identisch) übernommen wurde. Ebenso wird General Accident (Großbritannien) ausgetauscht, da es sich mit Commercial Union (Land identisch) zusam-

FTSE-Eurotop-Indizes in
der Financial Times

*mengeschlossen hat. Als Ersatz für die beiden ausscheidenden
Gesellschaften werden am 2. Juni Daily Mail Trust (Großbritannien) und Rexel (Frankreich) aufgenommen.«*

graphische Darstellung
des »Euro-Indexes«

»reiner« Kursindex
in ECU

Performance-
Index

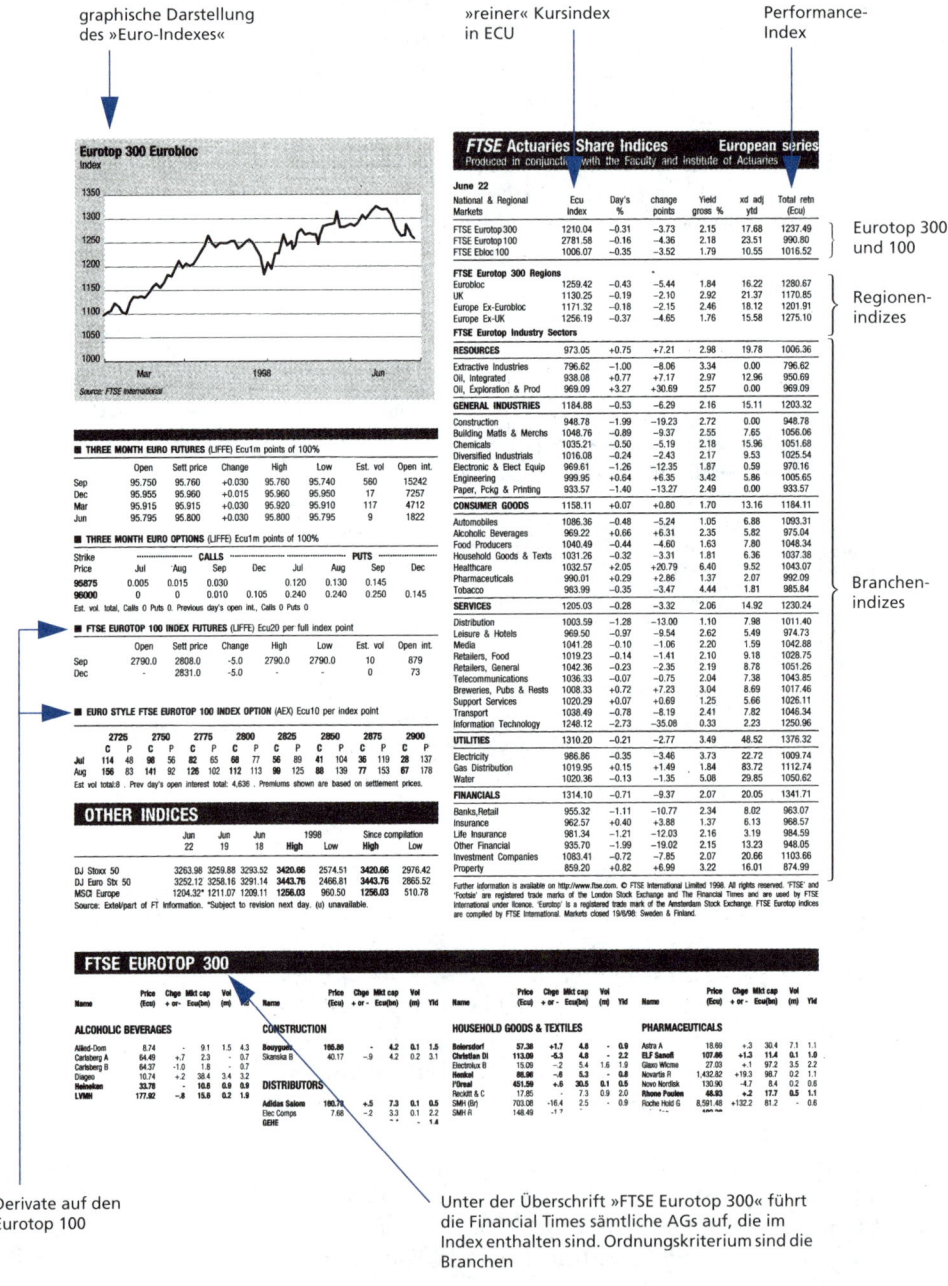

Eurotop 300
und 100

Regionen-
indizes

Branchen-
indizes

Derivate auf den
Eurotop 100

Unter der Überschrift »FTSE Eurotop 300« führt
die Financial Times sämtliche AGs auf, die im
Index enthalten sind. Ordnungskriterium sind die
Branchen

Derzeit erfaßt der Eurotop 300 unter anderem alle im FT-SE 100, DAX sowie CAC 40 enthaltenen Aktien und deckt ungefähr 67 % der gesamten Marktkapitalisierung der 14 europäischen Länder ab. Basiswährung war früher die ECU, seit 1.1.1999 ist es der Euro. Bei der Indexberechnung fungiert die Amsterdam Stock Exchange als sogenannter *Compiler*: Alle erforderlichen Daten laufen bei ihr zusammen. Die aktuellen Aktienkurse stammen von den jeweiligen Heimatbörsen, wobei die jeweils umsatzstärkste Börse eines Landes als Quelle dient. Für deutsche Aktien gelten beispielsweise die Notierungen im XETRA-System.

Da der Eurotop 300 vorerst noch in ECU berechnet wird, benötigt die AEX in verhältnismäßig kurzen Zeitabständen zusätzlich aktuelle Devisenkurse. Diese ruft sie fortlaufend von speziellen Reuters-Seiten ab.

Die Indexberechnung erfolgt alle 15 Sekunden, so daß man prinzipiell davon ausgehen kann, daß der Eurotop 300 sowohl sämtliche Aktien- als auch Währungskursveränderungen rechtzeitig zum Ausdruck bringt. Der Indexstand zu Handelsschluß wird von der AEX obendrein in fünf bedeutende Landeswährungen umgerechnet, zum Beispiel in D-Mark oder US-Dollar.

Aus dem recht umfassenden FTSE Eurotop 300 kann man einen paneuropäischen Blue-Chip-Index ableiten, den sogenannten »FTSE Eurotop 100«. Er existiert bereits seit 1990 und soll die wesentlichen Trends an den bedeutenden europäischen Aktienbörsen reflektieren. Aus Deutschland sind derzeit 14 DAX-Gesellschaften dabei, unter anderem Allianz, Daimler, die Deutsche Bank und Siemens.

Im Unterschied zum Eurotop 300 wird die Zusammensetzung des kleinen Abbilds nur einmal jährlich überprüft. Da die Indexstruktur aus diesem Grund relativ konstant ist, sprechen die Experten auch von einem »Fixed Basket Index«. Nichtsdestotrotz kann

Reuters ist eine Nachrichtenagentur. Sie stellt insbesondere Finanzinstituten spezielle Systeme zur Verfügung zum Austausch bzw. zur Sichtung von Marktinformationen (Kurse, Zinssätze, Indexstände usw.).

FTSE Eurotop 100

WORLD STOCK-MARKET INDEXES

Exchange	Index	Wed. Close	Prev. Close	% Change	Close 1997	% Change
Pan-European	DJ Stoxx 50	3326.35	3252.85	+ 2.26	2633.63	+ 26.3
Pan-European	DJ Stoxx (665)	293.65	288.36	+ 1.83	235.79	+ 24.5
Pan-European	Eurotop 100	2827.33	2766.12	+ 2.21	2300.59	+ 22.9
Amsterdam	AEX Index	1174.87	1162.21	+ 1.09	913.67	+ 28.6
Athens	SE Index	2426.63	2373.66	+ 2.23	1479.63	+ 64.0
Australia	All Ordinaries	2549.?	?5?4.9	+ 0.97	261?.?	– 2.57
Brussels	Bel-20 Index	??				
Copenhagen	??? Index . . .					
Dublin						

FTSE Eurotop 100 im Wall Street Journal Europe

es freilich auch zu außerplanmäßigen Änderungen kommen, da etwa Übernahmen oder Firmenzusammenbrüche grundsätzlich eine umgehende Anpassung erfordern.

Und noch etwas unterscheidet den Eurotop 100 ganz entscheidend von seinem großen Bruder: Ein Land muß bestimmte Voraussetzungen erfüllen, damit inländische Aktiengesellschaften überhaupt in den Index aufgenommen werden. Neben der Mitgliedschaft in der OECD, die unabdingbare Grundbedingung für eine Indexerfassung ist, ist die Gesamtbörsenkapitalisierung ausschlaggebender Faktor: Eine Aufnahme in das Kursbarometer erfolgt nur dann, wenn die Börsenkapitalisierung eines Landes im ganzen 2,5 % der Indexgesamtkapitalisierung überschreitet. Die Ländergewichtung wird im selben Rythmus überprüft wie die Unternehmensstruktur.

Es kann sein, daß eine bestimmte Aktiengesellschaft zwar zu den größten 100 europäischen Gesellschaften gehört, im Index aber nicht erfaßt wird, da das Heimatland zu unbedeutend ist. Genauso können Unternehmen aus dem Index wieder entfernt werden, nur weil sich die Ländergewichtung ändert.

Folgende Abbildung verdeutlicht, daß der Kursindex des Eurotop 100 viele Jahre früher startete als der dazugehörige Performance-Index und deshalb weit über diesem notiert. Direkte Vergleiche sind verständlicherweise ausgeschlossen.

Index	Basis	Anzahl der einbezogenen Länder	Marktabdeckung
FTSE Eurotop 100	Kursindex: 1.006,01 am 29.12.1989 Performanceindex: 1.000 am 4.5.1998	Insgesamt 9: Belgien, Deutschland, Frankreich, Großbritannien, Italien, Niederlande, Spanien, Schweden und die Schweiz	44 %
FTSE Eurotop 300	Kursindex: 1.000 am 25.7.1997 Performanceindex: 1.000 am 25.7.1997	Insgesamt 14: Die Eurotop 100-Länder + Österreich, Dänemark, Finnland, Irland, Norwegen	67 %

Euroindizes

Sowohl für den Eurotop 300 als auch den Eurotop 100 gibt es einen speziellen Euroindex, der ausschließlich für Aktien aus den »Euro-Teilnehmerstaaten« berechnet wird. Im Falle des breiten Kursbarometers heißt dieser »FTSE Eurobloc Index« und – im Falle des Eurotop 100 – »FTSE Ebloc 100«. Weitere Subindizes weist nur noch der FTSE Eurotop 300 auf.

Schon seit längerem werden Optionen und Futures auf die Eurotop Indizes gehandelt, und zwar an der LIFFE in London, der AEX in Amsterdam sowie der AMEX und Comex in den USA.

Aktuelle Indexstände können in Reuters auf den Seiten »FTEU1« (Eurotop 100) bzw. »FTEU3« (Eurotop 300) nachgesehen werden. Im Internet sind die Stände sämtlicher Eurotop Indizes innerhalb der zurückliegenden Wochen, aber auch die Indexgesellschaften, -gewichtungen usw. unter http://www.ftse.com verfügbar. Im Handelsblatt findet man die paneuropäischen Kursbarometer – genau wie ihre Vorgänger – in der Tabelle »*Ausländische Indizes*«. Veröffentlicht werden die Schlußstände vom letzten und vorletzten Handelstag und obendrein die Jahreshochs und -tiefs.

http://www.ftse.com

Ausführliche Informationen zu vielen Indizes gibt es auch im Internet unter http://www.ihs.ac.at.

Rentenmärkte sind schwierig abzubilden

Viele Akteure wollen sich nicht nur ein Bild vom Aktienmarkt machen, sondern auch wissen, wie sich Anleihen entwickelt haben. Zu diesem Zweck wurden *Rentenindizes* geschaffen. Die Konstruktion derlei Gebilde ist aber vergleichsweise schwierig. Das ist in erster Linie darauf zurückzuführen, daß Anleihen eine von vornherein feststehende Laufzeit haben, während Aktien unbegrenzt lang existieren. Daher stehen die Indexkonstrukteure dem Problem gegenüber, auslaufende Papiere durch neue ersetzen zu müssen. Ziehen wir einmal einen Vergleich zwischen DAX und einem beliebigen Rentendindex: Die meisten Aktiengesellschaften befinden sich bereits seit über 10 Jahren im Deutschen Aktienindex und solange die betreffenden Unternehmen nichts von ihrer Bedeutung einbüßen, wird sich daran auch nichts ändern. Bei einem Rentenindex ist die Lage anders. Spätestens nach zehn Jahren sind die meisten Anleihen fällig, so daß ein Papier irgendwann nicht mehr erfaßt werden kann, weil es nicht mehr existiert und daher gegen ein neues ausgetauscht werden muß. Würde man auf einen Ersatz verzichten, hätte der Index zum einen selbst eine nur begrenzte Laufzeit – genau wie seine Anleihen – und zum anderen wenig Aussagekraft, da die Anzahl an Wertpapieren immer stärker abnimmt und damit kaum noch ein aussagekräftiges Bild vom Marktgeschehen entsteht.

Bei einigen Rentenindizes hat man sich dennoch dafür entschieden, echte Anleihen zu verwenden. Tag für Tag wird dann der durchschnittliche Börsenkurs der Papiere ermittelt und zum Börsenkurs am Basistag ins Verhältnis gesetzt. Das Ergebnis wird mit einer bestimmten Zahl multipliziert – bei Rentenindizes meist mit 100.

Die Pflege derlei Indizes ist sehr aufwendig, da ständig auf Fälligkeitstermine geachtet und adäquater Ersatz für auslaufende Papiere gesucht werden muß. Außerdem ist die Aussagekraft eingeschränkt, da Durchschnittslaufzeiten und Durchschnittskupons im Zeitverlauf Schwankungen unterliegen. Doch dafür eignen sie sich hervorragend, um die tatsächliche Wertentwicklung echter Portfolios (zum Beispiel Rentenfonds) zu messen.

Um die Indexberechnung und -pflege zu vereinfachen, ziehen manche Konstrukteure (z.B. Deutsche Börse) sogenannte »hypothetische Anleihen« als Indexbasis heran. Der Index spiegelt dann die Wertveränderungen einer einzigen Anleihe wider, die eine bestimmte Nominalverzinsung und – im Gegensatz zu einem echten Rentenpapier – eine stets gleichlange (Rest-)Laufzeit aufweist.

Nehmen wir an, die Laufzeit der hypothetischen Anleihe beträgt fünf Jahre, dann ist es vollkommen egal, wann man auf dieses Papier schaut: Es dauert immer genau fünf Jahre, bis die Anleihe fällig wird. Während also die Restlaufzeit einer echten Schuldverschreibung bis zur Fälligkeit ständig abnimmt, bleibt die Restlaufzeit der hypothetischen Anleihe über Jahre hinweg konstant. Zur Verdeutlichung stellen wir einer tatsächlich existierenden Bundesanleihe (Emission am 01.04.1999, Laufzeit: 5 Jahre) eine hypothetische Anleihe gegenüber:

	Restlaufzeit der Bundesanleihe	Restlaufzeit der hypothetischen Anleihe
01.04.1999	5 Jahre	5 Jahre
01.04.2000	4 Jahre	5 Jahre
01.04.2001	3 Jahre	5 Jahre
01.04.2002	2 Jahre	5 Jahre
01.04.2003	1 Jahr	5 Jahre
01.04.2004	Anleihe wird fällig	5 Jahre

Hypothetische Anleihen werden oft auch als fiktive Papiere bezeichnet.

Ein Index, der auf einer hypothetischen Anleihe basiert, hat einen entscheidenden Vorteil: Zu jedem beliebigen Zeitpunkt bildet er den Kurs einer Anleihe ab, deren Ausstattungsmerkmale – genauer: Laufzeit und Zinssatz – sich niemals ändern. Der Deutsche Rentenindex (REX) ist ein typisches Beispiel: Am 11.1.1999 steht der Gesamtindex bei 118 Punkten. Anleger können daran sehen, daß eine Anleihe mit bestimmten unveränderlichen Merkmalen (Kupon: 7,44 Prozent, Restlaufzeit: 5,49 Jahre) zu einem Kurs von 118 Prozent notieren würde. Vor fünf Jahren lag der Index und damit der Kurs der hypothetischen Anleihe noch bei etwa 110 Prozent. Man erkennt daran, daß das allgemeine Zinsniveau seitdem erheblich gestiegen ist.

Es wäre reiner Zufall, wenn eine echte Anleihe vorhanden wäre, die der hypothetischen hinsichtlich Zinssatz und Laufzeit gleichkommt. Daher kann ein Kurs für das hypothetische Papier im Normalfall nicht direkt beobachtet, sondern nur geschätzt werden. Wie das in etwa funktioniert, schildern wir etwas später im Detail am Beispiel des Deutschen Rentenindexes.

Vorab wollen wir aber noch kurz darauf hinweisen, daß auch Rentenindizes stets in zwei Versionen verfügbar sind, und zwar als Kurs- und Performanceindex.

Ein *Rentenkursindex* schwankt immer um die Marke von 100 Prozent. Er zeigt also lediglich an, ob die betreffenden Anleihen gerade zu pari, darunter oder darüber notieren. Kursindizes liefern in erster Linie Hinweise auf das Renditeniveau am Rentenmarkt. Grundsätzlich gilt: Ein niedriger Stand deutet auf ein hohes, ein relativ hoher Kursindex dagegen auf ein niedriges Zinsniveau hin.

Rentenperformanceindizes sind demgegenüber Ausdruck für den Gesamtertrag, den ein Anleiheportfolio liefert. Laufende Zinszahlungen sowie Kurszuwächse erhöhen den Indexstand, Kursrückgänge vermindern ihn. Solange die Zinseinnahmen in der Summe die Kursverluste überschreiten, steigt der Index an.

Die Deutsche Börse AG berechnet seit dem 30.12.1987 täglich den Deutschen Rentenindex (REX). Er ist ein Kurs-Index und ba-

Während es gängige Praxis ist, daß sich Zertifikate auf Aktienkursindizes beziehen, wären Rentenkursindizes als Underlying vollkommen unsinnig. Denn auf lange Sicht wären keinerlei Wertzuwächse zu erzielen, da der Index auf Dauer um 100 schwankt, aber keinen steigenden Trend aufweist.
Als Bezugsobjekte kommen daher nur Rentenperformanceindizes in Frage.

Kurs- versus Performance-Index (Quelle: Deutsche Börse AG)

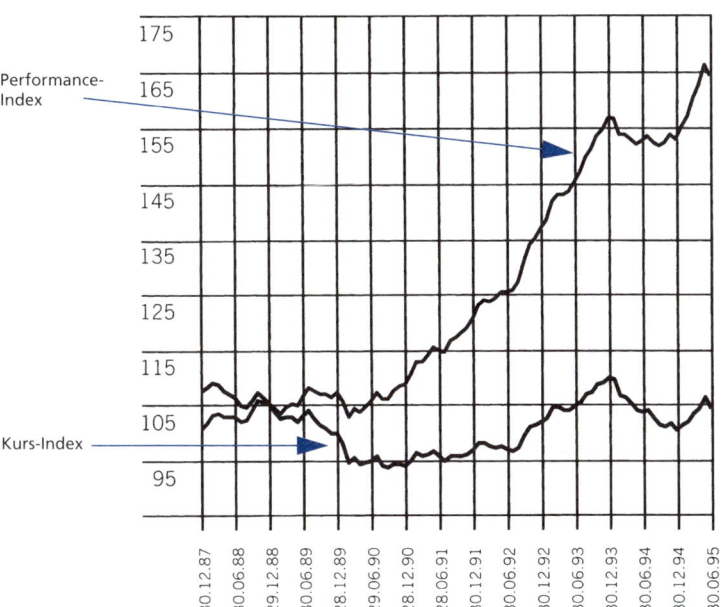

Gewichte im REX
(Quelle: Deutsche
Börse AG)

Laufzeit	Gewicht 6%	7,50%	9%	Summe	gewichteter Kupon
1 Jahr	3,10	1,73	2,56	7,39	7,39
2 Jahre	3,50	2,43	2,87	8,80	7,39
3 Jahre	4,06	3,03	3,16	10,25	7,37
4 Jahre	4,88	3,37	3,70	11,95	7,35
5 Jahre	4,87	3,15	4,02	12,04	7,39
6 Jahre	4,09	2,84	4,32	11,25	7,53
7 Jahre	3,82	3,02	4,79	11,63	7,63
8 Jahre	3,38	3,14	4,06	10,58	7,60
9 Jahre	3,65	2,62	3,38	9,65	7,46
10 Jahre	3,15	1,47	1,84	6,46	7,20
Summe	38,50	26,80	34,70	100,00	7,44*

*durchschnittlicher gewichteter Kupon

siert auf insgesamt 30 hypothetischen Anleihen mit ganzzahligen Laufzeiten von einem Jahr bis zu zehn Jahren und drei unterschiedlichen Nominalzinssätzen (6, 7,5 und 9 %). Das Index-Gewicht jeder Anleihe bestimmt sich anhand des Marktanteils realer Anleihen der zurückliegenden 25 Jahre.

Zur Berechnung des REX zieht die Deutsche Börse AG die Schlußkurse all derjenigen Anleihen, Schatzanweisungen und Obligationen des Bundes, des Fonds »Deutsche Einheit« und der Treuhandanstalt heran, die eine feste Verzinsung und eine Restlaufzeit zwischen 0,5 und 10,5 Jahren aufweisen.

Der Stand des REX bzw. REXP wird realtime von der Deutschen Börse ins Internet eingestellt.

Der REX wird in fünf Schritten berechnet:

Schritt 1: Aus den Schlußkursen der öffentlichen Schuldverschreibungen werden die aktuellen Renditen ermittelt.

Schritt 2: Aus diesen Renditen wird eine Renditestruktur abgeleitet, wobei die Restlaufzeit und die Kupons der einbezogenen Anleihen berücksichtigt werden.

Schritt 3: Der ermittelte Zusammenhang zwischen Rendite, Kupon und Laufzeit (Renditestruktur) dient als Ausgangsbasis zur Berechnung der Renditen der 30 hypothetischen Anleihen. Aus diesen Renditen werden nun die Kurse der fiktiven Titel berechnet.

Schritt 4: Jeder Kurs wird mit dem entsprechenden Gewicht multipliziert.

Schritt 5: Die Kurse werden schließlich addiert; als Ergebnis ergibt sich der REX, der auch REX-Gesamtindex genannt wird.

Der Stand des REX-Gesamtindex kann als Kurs einer hypothetischen Anleihe interpretiert werden, die mit einem Kupon in Höhe von 7,44 % und einer Restlaufzeit von 5,49 Jahren ausgestattet ist.

Neben dem REX-Gesamtindex berechnet die Deutsche Börse AG insgesamt zehn Subindizes für jede der Laufzeitklassen. Ein Subindex stellt ausschließlich die Kursentwicklung der Anleihen mit einer bestimmten Restlaufzeit (z. B. 5 Jahre) dar. Die Subindizes »*1jährig*«, »*5jährig*« und »*10jährig*« werden – genau wie der REX-Gesamtindex – im Handelsblatt in der Tabelle »*Tagesstatistik Frankfurt und Rentenindizes*« publiziert.

REX-Stände werden
z. B. im Handelsblatt
veröffentlicht

Dt. Rentenindex (Rex) gesamt	105,5962	105,4734
1jährig	102,7136	102,6971
5jährig	106,1950	106,0643
10jährig	104,0322	103,7753

Die gegensätzliche Entwicklung zwischen Anleihe-Kursen und -Renditen wird bei einem Vergleich des REX und der durchschnittlichen Umlaufrendite im Zeitverlauf deutlich.

Datum	REX		durchschnittliche Umlaufrendite (insgesamt)	
5.1.1994	Dt. Rentenindex (Rex) gesamt	109,2588　109,3111	Rentenmarkt Durchschnittliche Umlaufrendite öffentlicher Anleihen gesamt	5,44 %　5,43 %
2.6.1995	Dt. Rentenindex (Rex) gesamt	105,5962　105,4734	Rentenmarkt Durchschnittliche Umlaufrendite öffentlicher Anleihen insgesamt	6,29 %　6,32 %

Der REX-Performance-Index (REXP) basiert auf dem REX-Gesamtindex. Er erfaßt neben den Kursveränderungen der 30 hypothetischen REX-Anleihen auch deren Zinserlöse. Obwohl für die REX-Anleihen zu jedem Zeitpunkt konstante Laufzeiten angenommen werden, berücksichtigt der Performance-Index zudem Kurserträge bzw. -verluste, die durch verminderte Restlaufzeiten bei einem realen Anleihe-Portfolio entstehen würden. Die Basis des Indexes ist 100 am 30.12.1987. Der Stand des REXP zeigt an, wie sich ein Geldbetrag in Höhe von 100 D-Mark, der am 30.12.1987 in die REX-Anleihen investiert worden wäre, entwickelt hätte, wenn die Erträge des Portefeuilles stets reinvestiert und kein Geld »abgezogen« oder weiteres hinzugefügt worden wäre.

Wo man den Verlauf von Indizes verfolgen kann

Wer sich ein Bild vom aktuellen Stand der wichtigsten Indizes machen will, bekommt in den meisten Tageszeitungen dazu Gelegenheit. Auch in Fernseh- und Rundfunksendungen wird regelmäßig zumindest vom aktuellen Stand des DAX und meist auch des Dow Jones berichtet. Da in vielen Fällen auch der Stand vom Vortag genannt wird, kann sich jeder schnell einen Eindruck davon verschaffen, wie sich die Börse bewegt hat.

In speziellen Publikationen können Anleger hingegen zum Teil erheblich mehr erfahren. Das *Handelsblatt* etwa zeigt täglich grafisch den DAX-Verlauf am letzten Börsentag, womit die kurzfristige Entwicklung am Aktienmarkt – Fachleute sprechen von »Tendenz« – ganz gut zum Ausdruck kommt. Zu finden ist dort aber auch eine längerfristige Entwicklung – genauer: das Auf und Ab der zurückliegenden 200 Börsentage – woran zum Beispiel ein sich abzeichnender Trend erkannt werden kann. Wer wissen möchte, ob der Aktienmarkt in einer Auf- oder Abschwungphase steckt oder möglicherweise eine längere Seitwärtsbewegung im Gange ist, sollte den längerfristigen Indexverlauf im Auge behalten.

In Zeitungen wie dem *Handelsblatt* finden Leser außerdem Informationen über weitere, nicht ganz so populäre inländische Börsenbarometer, etwa die Aktien- und Rentenindizes einiger Banken. Ebenso sind die Stände der wichtigsten Indizes aus dem Ausland aufgelistet.

Im Normalfall beschränken sich die Angaben in Printmedien auf reine Indexstände, während über die aktuell enthaltenen Papiere kaum Informationen geboten werden, es sei denn, eine Veränderung der Indexzusammensetzung findet statt.

Genaue Daten über die Indexkomponenten sowie deren Anteil müssen meist direkt bei den Indexkonstrukteuren erfragt werden – für Daten über die »DAX-Familie« kann man sich also direkt an die *Deutsche Börse AG* in Frankfurt wenden. Hier erhalten Anleger per Fax-Abruf zum Beispiel die aktuelle Zusammensetzung des DAX. Die dafür erforderliche gültige Fax-Nummer wird im Internet unter der Adresse »http://www.ip.exchange.de« veröffentlicht. Über das Internet können Interessierte im übrigen auch erfahren, wie der DAX und alle weiteren Indizes der Deutschen Börse konstruiert sind (siehe nebenstehende Abbildung). Für all diejenigen, die ganz exakte Informationen über Konzeption und Berechnung brauchen, ist dort ein »Leitfaden zu den Aktienindizes der Deutschen Börse« abrufbar.

Bei der Börsenberichterstattung gewinnt das *Internet* zunehmend an Bedeutung. Aufgrund der Aktualität der Daten machen immer mehr Anleger von der Möglichkeit Gebrauch, Wertpapierkurse

Jeder Index hat eine eigene Wertpapier-Kenn-Nummer (WKN) und ISIN (International Securities Identification Number), damit sich die einzelnen Börsenbarometer eindeutig voneinander trennen lassen.

Indizes

Aktienindizes

sind Gradmesser für die Kursentwicklung an Aktienmärkten.
Für den Deutschen Aktienmarkt berechnet die Deutsche Börse die
folgende Aktienindizes:

- DAX
- MDAX
- DAX 100
- CDAX
- VDAX

Für die europäischen Aktienmärkte veröffentlicht die Deutsche Börse
folgende Aktienindizes:
- EURO.NM

Rentenindizes

sind Gradmesser für die Kursentwicklung an Rentenmärkten.
Für den deutschen Rentenmarkt veröffentlicht die Deutsche Börse
folgende Rentenindizes:

- REX
- JEX
- PEX

und Indexstände dort abzurufen. Das Angebot ist inzwischen derart reichhaltig, daß es kaum vollständig widergegeben werden kann.

So bietet die *Dresdner Bank* beispielsweise unter der Adresse »http://www.mis.dresdner-bank.de« aktuelle Informationen über die bedeutendsten Indizes aus Deutschland, Europa, Osteuropa, Amerika und Asien an (siehe folgende Graphik).

Hier findet man für jeden Index den Stand zu Börsenbeginn (»Eröffnung«) sowie Höchst- und Tiefstkurs, den Stand vom letzten

Indizes

Deutschland
Europa
Osteuropa
Amerika
Asien
DJ Stoxx Index

Börsen

▌Indizes Europa

Index	Börse	Letzter	Eröffnung	Höchst	Tiefst	Vortag	Veränd. in %	Veränd. absolut	Chart	Uhrzeit (GMT)	Datum
XETRA DAX INDEX	GER	5253.45	5171.77	5313.61	5140.69	5290.36	-0.70	-36.91	go	11:20	05 JAN 1999
SWISS MARKET IND	ZRH	7453.1	7434.3	7489.3	7416.5	7441.8	+0.15	+11.3	go	11:20	05 JAN 1999
SPI GENERAL C	ZRH	4653.09	4640.20	4671.27	4640.20	4650.22	+0.06	+2.87	go	11:18	05 JAN 1999
FTSE 100 INDEX	FSI	5906.9	5882.3	5929.8	5882.3	5879.4	+0.47	+27.5	go	10:46	05 JAN 1999
AMS EXCH INDEX	EOE	562.57	561.31	565.33	561.17	558.95	+0.65	+3.62	go	11:20	05 JAN 1999
CAC 40 INDEX	PAR	4154.34	4166.86	4194.67	4140.45	4147.50	+0.16	+6.84	go	11:20	05 JAN 1999
BEL20 INDEX	BRU	3660.73	3687.11	3695.96	3643.86	3645.94	+0.41	+14.79	go	11:20	05 JAN 1999
OEX INDEX	OSL	535.28	527.35	536.61	526.07	527.35	+1.50	+7.93	go	11:20	05 JAN 1999
ATX-INDEX OETOB	OTB	1137.24	1130.86	1145.71	1129.70	1130.86	+0.56	+6.38	go	11:20	05 JAN 1999
IBEX 35 INDEX	MCE	10455.5	10465.4	10602.4	10450.4	10447.8	+0.07	+7.7	go	10:51	05 JAN 1999
SX16 (TOP 16)	STO	4158.06	4099.28	4160.77	4091.41	4101.25	+1.39	+56.81	go	11:20	05 JAN 1999
MIB 30 IDX	MIL	37081	37289	37690	36908	37417	-0.90	-336	go	11:20	05 JAN 1999
EURO.NM NetIndex	FRA	2509.89	2508.50	2510.97	2493.33	2520.55	-0.42	-10.66	go	11:20	05 JAN 1999
DJ STOXX 50	PAR	3487.94	3456.29	3499.90	3457.25	3474.14	+0.40	+13.80	go	11:20	05 JAN 1999
DJ Euro STOXX 50	PAR	3563.38	3530.76	3581.01	3522.29	3542.99	+0.58	+20.39	go	11:20	05 JAN 1999

Börsentag (»Vortag«), relative und absolute Veränderung (»Veränd. in %« bzw. »Veränd. absolut«). Außerdem wird der derzeitige Indexstand angezeigt (Spalte: »Letzter«). Wie aktuell der dort ausgewiesene Wert ist, läßt sich anhand der Spalte »Uhrzeit« ablesen.

Aufschlußreich ist häufig auch ein Blick auf den graphischen Verlauf eines Indexes. Denn anhand eines *Charts* lassen sich Höchst- und Tiefststände oder Trends normalerweise besser erkennen als an Zahlenreihen. Die Möglichkeit zum Abruf von Charts über das Internet für die bedeutendsten Wertpapierkurse, Zinssätze und Indizes bietet inzwischen fast jedes Geldinstitut. Als Beispiel haben wir das Angebot von *Comdirect* ausgewählt (Adresse: http://www.comdirect.de/informer/index.htm). Hier können Anleger live am Bildschirm den Kursverlauf verfolgen oder sogar Charts übereinander legen und damit Indexverläufe direkt vergleichen. Außerdem besteht die Möglichkeit, selbst festzulegen, über welche Zeitspanne die Chartdarstellung reichen soll. Angeboten werden Intervalle von 6, 12 und 24 Monaten, abgerufen werden kann auch der Verlauf vom Tag (sogenannte *Intraday-Charts*) und vom Vortag. Um eigene Analysen durchführen zu können, lassen sich verschiedene Charttypen auswählen (Linien-, Balken- und Candlestick-Charts) oder technische Signale einzeichnen. Die Serviceleistungen sind so umfangreich, daß sie sich hier kaum vollständig wiedergeben lassen.

Ein Blick auf Charts ist oft hilfreich.

Zertifikate – die wichtigsten Grundlagen

Wie Index-Zertifikate funktionieren

Zertifikate bieten Anlegern die Möglichkeit, an der Wertentwicklung bestimmter Finanzobjekte teilzuhaben (zu partizipieren), ohne diese jedoch selbst besitzen zu müssen. Treffender wäre deshalb die Bezeichnung *Partizipationsschein*, die jedoch nur von wenigen Emittenten verwendet wird.

Rein rechtlich handelt es sich bei Index-Zertifikaten um Schuldverschreibungen. Käufer derartiger Papiere sind also Gläubiger, die dem Emittenten (=Schuldner) Geld nur leihweise überlassen und nach Ablauf einer von vornherein feststehenden Frist ihr Kapital zurückfordern. Folgender Auszug aus einer Emissionsbedingung belegt das:

> *Die Zertifikate begründen ...*
> *Verbindlichkeiten der Emittentin ...*

Genau wie herkömmliche Anleihen haben auch Zertifikate einen Ausgabezeitpunkt und eine von vornherein bekannte, feste Laufzeit. Anleger erhalten allerdings keine zwischenzeitlichen Rückflüsse, etwa so wie beim Kauf einer Bundesanleihe oder -obligation, sondern ausschließlich eine einzige Rückzahlung, und zwar genau am Ende der Laufzeit. Die Höhe des Tilgungsbetrages ist an den Stand eines Indexes gekoppelt. Verdeutlichen wir dies einmal anhand eines einfachen Beispiels: Angenommen eine Bank habe ein Zertifikat mit einer Gesamtlaufzeit von einem Jahr herausgegeben und den Rückzahlungskurs an den Stand des Deutschen Aktienindex (DAX) geknüpft. Für jedes Zertifikat zahlt das Institut einen D-Mark-Betrag zurück, der exakt mit dem DAX am Verfalltag übereinstimmt. Der Preis des Zertifikats entspricht, ohne daß wir das an dieser Stelle näher erläutern, stets dem gerade aktuellen Indexstand. Notiert der Index am Emissionstag etwa bei 5.000 Punkten, so kostet ein Zertifikat 5.000 DM.

Der Käufer eines Zertifikats hat dem Emittenten Geld geliehen.

Zertifikate weisen große Ähnlichkeit zu Nullkuponanleihen auf. Im Unterschied zu Zerobonds steht jedoch nicht von vornherein fest, was der Anleger am Fälligkeitstermin zurückerhält.

Wie Zertifikate sonst noch genannt werden

Nicht alle Emittenten verwenden die Bezeichnung Zertifikate. Sehr häufig ist auch von *Partizipationsscheinen* – kurz »Participations« – die Rede. Der Begriff kommt daher, daß Anleger an der Entwicklung des Underlyings teilhaben (»partizipieren«), und zwar sowohl in positiver als auch in negativer Hinsicht.
Bei *Warburg Dillon Read* spricht man hingegen von »Perles«, was als Abkürzung für Performance Linked to Equity Securities steht. Auch hierbei handelt es sich um herkömmliche Zertifikate.

Zertifikatkäufer sind Gläubiger, jedoch keine Eigenkapitalgeber, obwohl ihre Erträge von der Aktienmarktentwicklung abhängen.

Ein Anleger, der am Emissionstag ein Zertifikat kauft, zahlt 5.000 DM und besitzt damit das Recht, in einem Jahr eine DM-Rückzahlung in Höhe des dann aktuellen DAX-Stands zu verlangen. Befindet sich der Index zu diesem Zeitpunkt auf einem Niveau von sagen wir 5.500 Punkten, hat der Anleger 500 Mark gewonnen, bei einem Stand von 4.400 Punkten hingegen 600 Mark verloren. Ob mit dem Zertifikat Gewinne oder Verluste eingefahren werden, kann im voraus niemand sagen, da vollkommen offen ist, wohin sich der DAX im Laufe des Jahres bewegt.

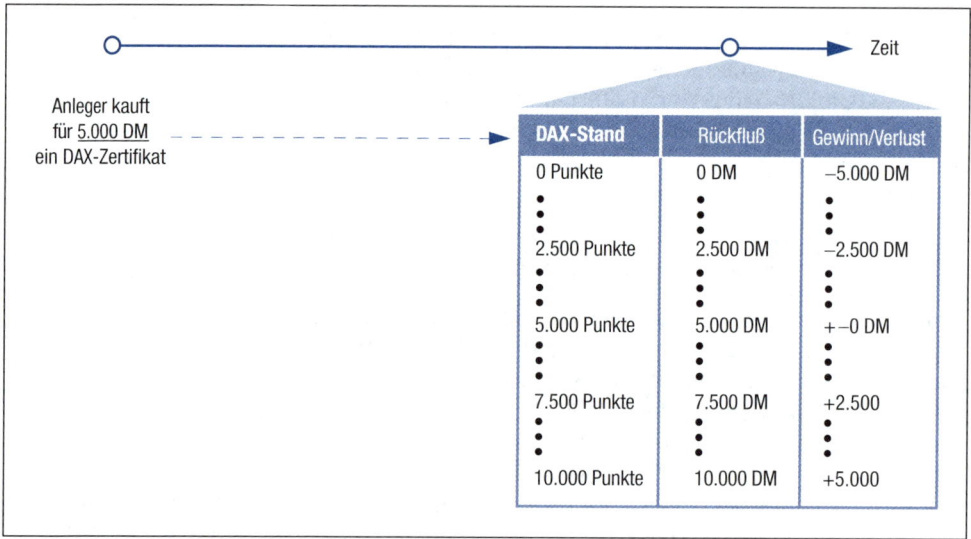

Genau wie beim Zerobond besitzt das Zertifikat nur eine einzige Rückzahlung.
Deren Höhe ist allerdings unsicher.

Die Ausstattungsmerkmale

Jedes Zertifikat hat ganz bestimmte Besonderheiten – ein Produkt bezieht sich auf den DAX, ein anderes dagegen auf den MDAX. Einige Zertifikate haben ihren Verfalltermin schon nach fünf Jahren erreicht, während andere vielleicht doppelt so lange existieren. Sämtliche Eigenschaften, die ein Zertifikat kennzeichnen, werden allgemein als *Ausstattungsmerkmale* bezeichnet. Zu den wichtigsten gehören:

- Laufzeit
- Bezugsobjekt
- Bezugsverhältnis
- Sonderrechte
- Währung
- Rang der Verbindlichkeit

Laufzeit

Wie weiter oben bereits erwähnt, gibt die Laufzeit die gesamte Existenzdauer eines Zertifikats an, also die Zeitspanne gerechnet vom Tag der Ausgabe (Emissionstag) bis zur Fälligkeit. An der Laufzeit läßt sich erkennen, wann der Emittent die Rückzahlung leistet. Gegenwärtig erstreckt sich das Spektrum der angebotenen Zertifikate auf Laufzeiten bis zu zehn Jahren – beginnend bei einem Jahr. Es ist aber durchaus denkbar, daß in Zukunft Produkte mit noch kürzeren bzw. deutlich längeren Laufzeiten auf den Markt gebracht werden. Inzwischen werden Zertifikate mit Verlängerungsmöglichkeiten angeboten. Hier kann die Laufzeit ein- oder mehrmalig um einige Jahre gestreckt werden.

Gesamt- versus Restlaufzeit

Die Spanne zwischen Emissions- und Fälligkeitstermin wird ganz korrekt als Gesamt- oder Ursprungslaufzeit bezeichnet. Nachdem der Emissionszeitpunkt vorüber ist, spricht man von Restlaufzeit. Nur zum Emissionstermin sind Gesamt- und Restlaufzeit identisch.

Zu einem der wichtigsten Ausstattungsmerkmale zählt das *Bezugsobjekt*, also das Instrument (z.B. Index), an dessen Wertentwicklung die Rückzahlungshöhe gekoppelt ist. Hierauf werden wir in einem der kommenden Abschnitte noch ausführlicher eingehen.

Bezugsobjekt

Zertifikate haben keinen Nominalbetrag

Obwohl es sich bei Zertifikaten genaugenommen um Anleihen handelt, besitzen sie im Unterschied zu herkömmlichen Schuldverschreibungen keinen Nominalbetrag, sondern die Einheit »Stücke«. Beim Kauf von Zertifikaten erhält man also nicht etwa 10.000 DM nominal, sondern zum Beispiel zwei Stücke.

Wie stark ein Anleger mit seinem Zertifikat an der Wertentwicklung des Basisgutes partizipiert, kann am sogenannten Bezugsverhältnis abgelesen werden. Was genau damit gemeint ist, läßt sich am ehesten anhand eines konkreten Beispiels zeigen. Nehmen wir an, eine Bank hätte ein DAX-Zertifikat mit einem Bezugsverhältnis von 1 zu 10 – kurz: 0,1 – emittiert. Das bedeutet, daß man mit einem Zertifikat nur zu einem Zehntel an der DAX-Entwicklung partizipiert. Im geschilderten Fall entspricht der Rückzahlungsbetrag

Bezugsverhältnis

am Verfalltag nicht dem vollen DAX-Stand, also etwa 5.000 € bei einem Stand von 5.000 Punkten, sondern nur einem Zehntel davon (=500 €). Anders ausgedrückt: Um am Verfalltag in den Genuß einer Rückzahlung zu kommen, die genau dem DAX entspricht, müssen zehn Zertifikate von dieser Sorte gekauft werden. Alternativ könnte natürlich auch ein Zertifikat mit einem Bezugsverhältnis von 1 zu 1 erworben werden. Ein kleines Bezugsverhältnis – mit anderen Worten: eine geringe Stückelung – hat auf den ersten Blick Vorteile für Klein- und Kleinstsparer. Denn in diesem Fall kann man schon mit sehr geringen Anlagebeträgen an der Indexentwicklung teilhaben. Doch bei näherem Hinsehen stellt man fest, daß einige Emittenten bestimmte Mindestordergrößen verlangen. Oft muß der Index mindestens »einmal gekauft werden«. Das heißt: Bei einem Bezugsverhältnis von 0,1 müssen wenigstens 10, bei einem Verhältnis von 0,01 mindestens 100 Stücke abgenommen werden. Nachdem das Mindestanlagevolumen erreicht ist, können dann aber problemlos kleinere Einheiten gekauft werden (z. B. 101 Zertifikate). Bedauerlicherweise gibt es allerdings auch hier wieder Ausnahmen: Einige Institute schreiben gewisse Ordergrößen vor, die ganzzahlige Vielfache der Mindestmenge sein müssen.

> **Bei einem Bezugsverhältnis von 1:10 oder 1:100 entspricht ein Indexpunkt nicht einem Euro, sondern 10 Cents bzw. 1 Cent. Man kauft in diesem Fall nicht einen ganzen Index, sondern nur ein Zehntel oder Hundertstel.**

Auch Kauf von »gebrochenen« Stücken möglich

Früher war das Bezugsverhältnis auch Ausdruck für die kleinste handelbare Einheit – Fachleute sprechen von Stückelung.
Bei einem aktuellen DAX-Stand von beispielsweise 4.000 Punkten müßten für ein Zertifikat mit Bezugsverhältnis 1:10 mindestens 400 € investiert werden, da nur ganze Zertifikate (»ganze Stücke«) gekauft werden können.
Inzwischen hat sich dies allerdings geändert. Seit kurzem bieten insbesondere Direktanlagebanken die Möglichkeit, auch Bruchteile zu kaufen. Anleger können also durchaus ein halbes oder ein Viertel Zertifikat erwerben.

Zum Leidwesen der Anleger werden Bezugsverhältnisse von den Emittenten nicht einheitlich angegeben. Partizipiert man mit einem Zertifikat beispielsweise nur zu einem Zehntel an der Indexentwicklung, beträgt das Bezugsverhältnis wie gesehen 0,1 (= 1 zu 10). Einige Emittenten gebrauchen in derselben Situation den Kehrwert und sprechen von einem Bezugsverhältnis von 10 (=10 zu 1). Damit kommt zum Ausdruck, daß zehn Zertifikate benötigt werden, um eins zu eins an der Indexentwicklung teilzuhaben. Statt der Bezeichnung Bezugsverhältnis wäre jedoch »Zertifikatverhältnis« passender.

> **Zertifikatverhältnis**

   Wie wir später noch sehen werden, sind sehr viele Zertifikate mit *Sonderrechten* ausgestattet. Bei den Emittenten besonders beliebt

> **Sonderrechte**

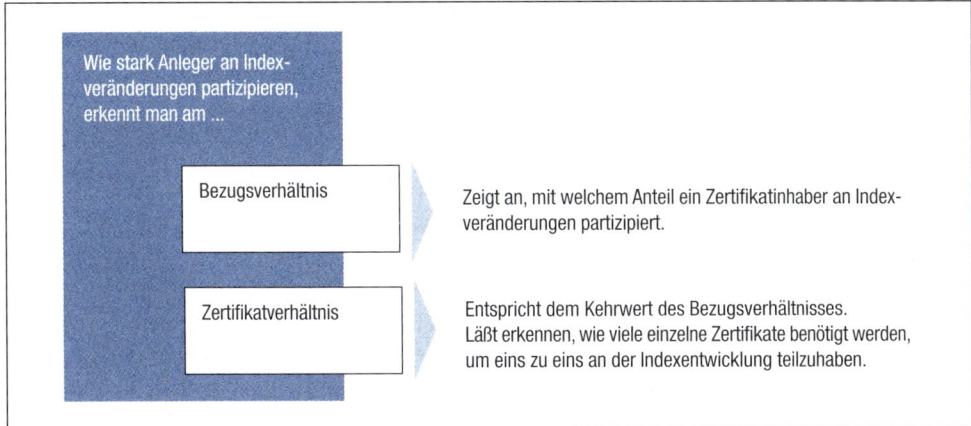

ist zum Beispiel eine Begrenzung des Rückzahlungsbetrages auf einen bestimmten Höchstwert. Denkbar sind auch andere spezielle Rechte, die nicht nur dem Emittenten, sondern auch dem Zertifikatkäufer eingeräumt werden können. Details wollen wir an dieser Stelle allerdings nicht vertiefen.

Ein weiteres Ausstattungsmerkmal ist die Währung, die beim **Währung** Kauf und bei der Rückzahlung zugrunde gelegt wird. Denkbar sind verschiedene Kombinationsmöglichkeiten (siehe folgende Graphik).

Zertifikat wird beim Kauf bezahlt in	Zertifikat wird zurückgezahlt in ...
Euro	Euro
Euro	Fremdwährung (z.B. US-Dollar)
Fremdwährung (z.B. US-Dollar)	Fremdwährung (z.B. US-Dollar)
Fremdwährung (z.B. US-Dollar)	Euro

Kauf- und Rückzahlungswährung können identisch sein, aber auch voneinander abweichen!

Mit der Ausgabe von Zertifikaten lastet auf dem Emittenten eine **Rang der Verbindlich-** Verbindlichkeit, da am Ende der Laufzeit die Pflicht zur Rückzah- **keiten** lung eines Kapitalbetrages besteht. Erhalten die Zertifikatinhaber im Konkurs- oder Liquidationsfall erst dann etwas ausbezahlt, wenn die übrigen Gläubiger bereits bedient wurden, spricht man von nachrangigen Verbindlichkeiten. Reicht das verbleibende Kapital nicht mehr aus, müssen Anleger, die nachrangige Zertifikate besitzen, Einbußen hinnehmen oder schlimmstenfalls einen Totalverlust einstecken. Wer dagegen sogenannte erstrangige Papiere besitzt, wird in einer Krisensituation bevorzugt behandelt. Anleger sollten immer danach fragen, wie ein Zertifikat eingestuft wurde. Diese Information teilt der Emittent auf Anfrage mit.

Emissionsprospekt

Die genauen Ausstattungsmerkmale für ein Zertifikat können Anleger im Emissionsprospekt nachlesen. Für sämtliche Wertpapiere, die in Deutschland zum erstenmal öffentlich angeboten werden, ist die Bekanntmachung eines derartigen Verkaufsprospekts vorgeschrieben. Hervorzuheben ist die Haftung, die der Emittent dadurch übernimmt. Sind die Angaben im Prospekt nämlich unrichtig oder unvollständig, können Anleger, die deshalb Nachteile erleiden, Schadensersatz beanspruchen. Emissionsprospekte können direkt bei den Instituten angefordert werden. Zum Teil werden sie bereits ins Internet eingestellt.

Quotierungen

Genau wie viele andere Wertpapiere kann man Zertifikate an der Börse kaufen und dort auch wieder verkaufen. Darüber hinaus haben Anleger die Möglichkeit, einen besonderen Service der meisten Emittenten zu nutzen. Denn die Institute bieten ihre eigenen, bereits herausgegebenen Zertifikate permanent zum Kauf an und verpflichten sich außerdem, die eigenen Produkte jederzeit – also nicht nur am Laufzeitende – zurückzunehmen. Die Bereitschaft stets für Angebot und gleichzeitig für Nachfrage zu sorgen und damit in gewissem Sinne »den Markt zu machen«, bezeichnet man daher auch als *Market-Making*.

Werden auf Anfrage An- und Verkaufspreise genannt, spricht man auch davon, daß Preise »gestellt« werden.

Die Preise, zu denen ein Market-Maker Zertifikate ankauft, heißen *Geldkurse* – kurz: Geld-, während Verkaufspreise als *Briefkurse* (Brief) bezeichnet werden. In einigen Fällen verwenden Institute anstelle der Begriffe Geld/Brief die englischsprachigen Ausdrücke Bid/Ask.

Der Geldkurs wird häufig auch als Geldseite, der Briefkurs dementsprechend als Briefseite bezeichnet.

Geld und Brief zusammengenommen bilden die sogenannte *Quotierung* (englisch: Quote), wobei zuerst der Ankaufs- (Geld-) und dann der Verkaufskurs (Brief) genannt wird. Ein Beispiel: Für ein Plain-Vanilla-DAX-Zertifikat quotiert ein Institut

$$4.995 - 5.005;$$

Händler würden sagen »4.995 zu 5.005«.

Das bedeutet, daß ein Anleger bei Rückgabe an die Bank für sein Zertifikat 4.995 € erhält. Möchte jemand im selben Augenblick ein Wertpapier kaufen, verlangt der Market-Maker dagegen 5.005 €.

> ### Market-Maker sorgen für einen funktionsfähigen Sekundärmarkt
>
> Die Ausgabe von Wertpapieren erfolgt auf dem Primärmarkt. Entscheidend ist, daß Papiere, die dort verkauft werden, zum ersten Mal den Besitzer wechseln, vorher also noch nicht existiert haben. Allerdings sollte der Begriff nicht mißverstanden werden, da es sich dabei nicht um einen bestimmten Ort handelt, den man genau lokalisieren könnte.
> Im Unterschied zum Primärmarkt findet der Handel bereits ausgegebener Papiere auf dem sogenannten Sekundärmarkt statt. Ein Anleger, der beispielshalber ein Zertifikat besitzt und an den Emittenten zurückverkauft, befindet sich folglich auf dem Sekundärmarkt.

Man sieht, daß zwischen An- und Verkaufskurs eine *Spanne* – englisch: Spread – liegt, die im Fallbeispiel 10 Indexpunkte – oder anders ausgedrückt: 10 € – beträgt. Das heißt konkret, daß ein Market-Maker Zertifikate zu einem bestimmten Zeitpunkt teurer verkauft, als er sie im selben Augenblick wieder zurücknimmt. Einen großen (kleinen) Abstand – genauer: absoluten Abstand – zwischen Geld und Brief bezeichnet man im übrigen auch als weiten (engen) absoluten *Spread*.

Bei einigen Banken heißt es nicht Spread, sondern Marge (= Gewinn).

Bei Plain-Vanilla-Zertifikaten, die sich auf einen Performance-Index (z.B. DAX) beziehen, geht der Market-Maker bei der Quotierung üblicherweise so vor, daß er für den Briefkurs einen Aufschlag auf den aktuellen Indexstand vornimmt. Die Geldseite ergibt sich, wenn er beispielsweise von der DAX-Notierung einige Punkte abschlägt (siehe folgende Graphik). Im Normalfall entsprechen Auf- bzw. Abschlag jeweils dem halben Spread.

Besonderes Augenmerk sollten Anleger auf den Spread richten. Grundsätzlich gilt: je enger der Spread, um so vorteilhafter ein Zertifikat.

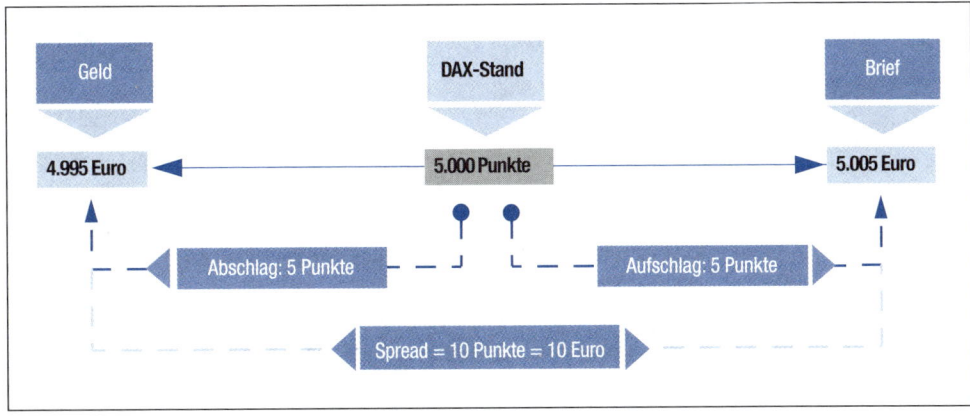

Handelsinteresse erkennt man am Spread

Am Spread läßt sich leicht erkennen, ob ein Market-Maker handeln will oder nicht. Je breiter der Spread, um so teurer ist ein Zertifikat beim Kauf und um so weniger Geld fließt andererseits beim Verkauf an den Anleger zurück. In einer solchen Situation ist jedwede Transaktion unattraktiv – gleichgültig, ob Kauf oder Verkauf.

Anders hingegen die Lage bei engen Spreads. Jetzt ist ein Zertifikat relativ günstig zu kaufen (=geringer Briefkurs). Und für Anleger, die bereits Zertifikate besitzen, ist eine Veräußerung reizvoll aufgrund der verhältnismäßig hohen Kurse (=hoher Geldkurs), zu denen der Emittent zurückkauft.

Man sieht, daß der Emittent durch Ausweitung oder Verengung von Spreads signalisiert, ob er handeln will.

Allerdings wird der Spread mitunter auch aus Sicherheitsgründen ausgeweitet. Damit befassen wir uns in einem der folgenden Kapitel näher.

Einige Emittenten verlangen eine Verwaltungsgebühr, etwa 0,75 % pro Jahr. Damit auch hier täglich quotiert werden kann, wird die Geldseite um die bis dato anteilig angefallenen Verwaltungsgebühren niedriger gestellt.

Allerdings wird die Kursstellung nicht von allen Häusern derartig gehandhabt. Für einige Emittenten bildet der DAX-Stand selbst (=5.000 Punkte) die Briefseite, wohingegen der Geldkurs ermittelt wird, indem vom Indexstand die gesamte Spanne subtrahiert wird (siehe Abbildung unten). In diesem Fall ergibt sich folgende Quotierung: 4.990 (Geld)/5.000 (Brief). Der Vorteil: Beim Kauf ist keine Briefspanne zu entrichten. Hält ein Anleger das Zertifikat bis zum Laufzeitende, erspart er sich im Vergleich zum Fallbeispiel weiter oben fünf Punkte (= 5 €).

Um herauszufinden, ob ein Market-Maker im Verhältnis zur Konkurrenz hohe oder niedrige Spreads stellt, wird häufig mit den Spannen verglichen, die andere Institute für entsprechende Zertifikate verlangen. Allerdings ist dies nur dann sinnvoll, wenn die Produkte dasselbe Bezugsverhältnis haben. Bestehen Unterschiede, ist

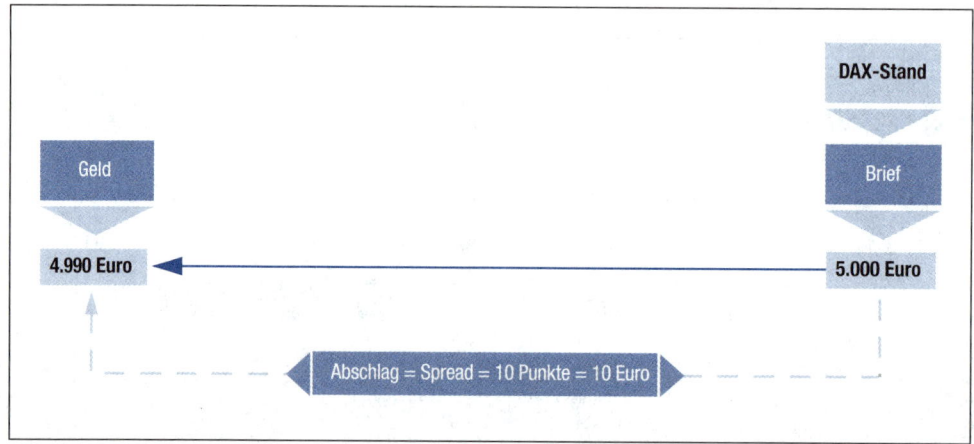

Sonstige derivate Produkte der WestLB

Basiswert	WKN	Bezugsver-haeltnis	Laufzeit	Basis-preis	Referenz 28. Dez 98	Geld / Brief 28. Dez 98
Aktualisierung:	16:59 Uhr					
DAX-Performance-Zertifikat						
DAX	827189	10:1	16. Jul 99		5041,7	505.2-506.0

ein unmittelbarer Vergleich anhand der absoluten Spreads nicht mehr möglich. In diesem Fall müssen die Spannen zunächst auf eine einheitliche Bezugsbasis gebracht werden. Normalerweise dient dazu ein Zertifikat mit einem Bezugsverhältnis von 1,0, so daß bei Produkten mit anderen Verhältnissen die Spannen umgerechnet werden müssen. Dazu ein Beispiel: Im Internet haben wir die Quotierung für ein DAX-Zertifikat von der *Westdeutschen Landesbank (WestLB)* abgerufen (Adresse: http://www.westlb.de/options-scheine). Dem obigen Ausschnitt läßt sich entnehmen, daß ein Zertifikatverhältnis von 10 zu 1 gilt. Dies ist gleichbedeutend mit einem Bezugsverhältnis von 0,1.

Die Bank stellt eine *Geld-Brief-Quotierung* von: 505,20/506,00. Damit beläuft sich der absolute Spread auf 0,80 Punkte. Um die Spanne mit der eines anderen Zertifikats (Bezugsverhältnis: 1,0) vergleichen zu können, bringen wird das WestLB-Produkt auf den passenden Nenner. Dafür müssen zehn Zertifikate betrachtet werden, denn mit zehn einzelnen Papieren nimmt ein Anleger insgesamt ebenfalls eins zu eins an der Indexentwicklung teil. Die Geldseite für zehn Zertifikate lautet: 5.052, die Briefquotierung 5.060. Die Spanne liegt dann bei 8 Punkten (5.060 minus 5.052). Diesen Wert können wir nun direkt mit dem Spread eines Konkurrenzprodukts vergleichen.

Beidseitige Preise – also sowohl An- als auch Verkaufskurse – werden nur zwischen Emissions- und Verfalltermin gestellt. Zum Ausgabe- und Fälligkeitszeitpunkt selbst sind natürlich nur Verkaufs- bzw. nur Ankaufpreise relevant (=einseitige Preisstellung).

Wie Emittenten quotieren, wenn statt Indizes Future-Kurse verwendet werden.

Es reicht im übrigen auch aus, den absoluten Spread (0,80) entweder durch das Bezugsverhältnis (0,1) zu dividieren oder mit dem Zertifikatverhältnis zu multiplizieren.

In sehr vielen Fällen gehen die gestellten Preise nicht direkt aus einem bestimmten Index hervor, sondern aus dem entsprechenden Index-Future.

Von den Emittenten werden Futures bevorzugt, weil es im Grunde nur einen einzigen »wahren« Future-Kurs gibt, auch wenn Kontrakte mit unterschiedlichen Fälligkeiten angeboten werden. Meist wird nämlich nur der Nearby-Kontrakt aktiv gehandelt. Aus dessen Kurs lassen sich Rückschlüsse auf den Indexstand ziehen.

Diese Vorgehensweise erscheint auf den ersten Blick etwas umständlich, da man eigentlich auch direkt den Indexstand heranziehen könnte. Bestimmte Gründe sprechen jedoch dagegen: Von einem Index wie dem DAX existieren häufig mehrere Varianten. So wird zum einen aus den Kursen auf dem Frankfurter Parkett ein DAX-Stand berechnet (»Parkett-DAX«), ebenso jedoch ein sogenannter Xetra-DAX, der die im Computerhandel entstandenen Aktienpreise zum Ausdruck bringt. Da die Stände von Parkett- und Xetra-DAX während der Handelszeiten auf dem Frankfurter Börsenparkett häufig voneinander abweichen, leitet man den Indexstand aus dem Future-Kurs ab.

Im ersten Teil des Buches haben wir gesehen, daß man durch Aufzinsung des DAX-Stands den Future-Kurs erhält. Nun stehen wir vor der umgekehrten Situation: Aus dem Future-Preis wollen wir Rückschlüsse auf den zugrunde liegenden Indexstand ziehen. Dafür wird der Kurs des Futures entsprechend abgezinst. Ein Beispiel: Angenommen, der nächstfällige DAX-Future (Restlaufzeit 3 Monate) notiert bei 5.100,50 Punkten, während das aktuelle Zinsniveau für drei Monate (= 90 Tage) vier Prozent beträgt. Zur Erinnerung wiederholen wir noch einmal, wie man vom Indexstand zum Future-Kurs kommt:

$$\text{Future-Kurs} = \text{Indexstand} \times \underbrace{\left[1 + \frac{\text{Zins} \times \text{Tage}}{100 \times 360 \text{ Tage}} \right]}_{\text{Aufzinsungsfaktor}}$$

Im Fallbeispiel haben wir die Situation, daß der Future-Kurs bekannt ist und der dazu passende Indexstand gesucht wird. Durch Umstellen der Formel erhalten wir die Lösung. Nun wird nicht mehr auf-, sondern abgezinst. Der Faktor heißt daher *Abzinsungsfaktor*.

$$\text{Indexstand} = \frac{\text{Future-Kurs}}{\underbrace{\left[1 + \dfrac{\text{Zins} \times \text{Tage}}{100 \times 360\,\text{Tage}}\right]}_{\text{Abzinsungsfaktor}}}$$

Wir zinsen den Future-Kurs mit dem entsprechenden Dreimonts-Satz ab und erhalten:

$$\text{Indexstand} = \frac{5.100{,}50}{\underbrace{\left[1 + \dfrac{4 \times 90}{100 \times 360\,\text{Tage}}\right]}_{\text{Abzinsungsfaktor}}} = \frac{5.100{,}50}{1{,}01} = 5.050$$

Die Abzinsung bedeutet, daß wir vom Future-Kurs die Carry Basis abgezogen haben. Man kann in der Praxis davon ausgehen, daß dieser Wert dem tatsächlichen DAX-Stand am nächsten kommt.

Der Stand von 5.050 Punkten bildet nun die Ausgangsbasis für die Quotierung. Wir nehmen an, daß der Spread bei 10 Punkten liegt. Einige Emittenten würden nach dem bereits bekannten Muster vorgehen und vom Indexstand fünf Punkte abziehen, um zum Geldkurs zu kommen, während sich die Briefseite durch einen Aufschlag von fünf Punkten ergibt. Die Quotierung lautet dann: 5.045 (Geld)/5.055 (Brief).

Future-Kurs abzüglich der Carry Basis ergibt den Indexstand.

Besonderheiten bei ausländischen Indizes

Beziehen sich Zertifikate auf ausländische Indizes, haben deutsche Emittenten mitunter Schwierigkeiten, tagsüber Preise zu stellen, da einige Börsen im Ausland (z. B. Japan) wegen der Zeitverschiebung geschlossen haben. Die Emissionshäuser reagieren darauf unterschiedlich.

- **Variante A**: Der Zertifikat-Preis bleibt während des gesamten Tages unverändert und wird erst am nächsten Morgen anhand der über Nacht zustande gekommenen Indexstände aktualisiert. Er bleibt anschließend den ganzen Tag über gleich. Die aus dem Indexstand abgeleitete Quotierung bleibt dementsprechend ebenfalls konstant.
- **Variante B**: Obwohl die Börsen im Ausland (z. B. Australien) geschlossen sind, werden Aktien aus diesen Ländern an anderen Plätzen (z. B. London) weitergehandelt. Die Emittenten versuchen nun, aus diesen Kursen Indexveränderungen zu rekonstruieren. Fallen etwa die Kurse australischer Blue-Chips an der Londoner Börse im Durchschnitt um ein Prozent, wird der Index gedanklich angepaßt und die Preise für Zertifikate damit entsprechend gesenkt.

Umstellung auf Euro

Am 1. Januar 1999 hat die dritte Stufe der Europäischen Wirtschafts- und Währungsunion (EWWU) begonnen und der Kurs der D-Mark gegenüber dem Euro wurde auf 1,95583 DM/Euro festgelegt.

Von nun an wird an den Wertpapierbörsen der Teilnehmerländer in Euro gehandelt und abgerechnet. Das hat natürlich Folgen für Zertifikatpreise. Man muß dabei eine Unterscheidung treffen zwischen Produkten, die sich auf den Index eines EWWU-Teilnehmerstaates beziehen und solchen, denen der Index eines Nicht-Mitgliedslandes zugrunde liegt. Außerdem existiert eine Besonderheit: Denn die Börse in Amsterdam hat sich entschlossen, den niederländischen Aktienindex AEX auf Euro umzustellen.

Der AEX ist auf Euro umgestellt worden

Doch befassen wir uns zunächst mit dem ersten Fall. Er betrifft Indizes, die eins zu eins auf den Euro umgestellt werden. Nehmen wir zur Verdeutlichung den DAX. Notiert er bei 5.000 Punkten, so liegt sein Wert vor der Konvertierung bei 5.000 Mark und nach der Umstellung bei 5.000 €. Am Indexstand hat sich also nichts geändert.

DAX-Zertifikate, die in Euro abgerechnet werden, müssen allerdings in irgendeiner Form angepaßt werden. Da ein Euro 1,95583mal mehr wert ist als eine D-Mark, kann ein Ausgleich dadurch hergestellt werden, daß das Bezugsverhältnis durch 1,95583 geteilt wird. Ein Beispiel: Ein herkömmliches DAX-Zertifikat (Bezugsverhältnis: 1,0) hat bei einem Indexstand von 5.000 Punkten vor der Euro-Umstellung einen Wert von 5.000 Mark. Nun setzen wir das Bezugsverhältnis entsprechend auf

$$\frac{1,0}{1,95583} = 0,51129$$

herab. Das heißt, daß sich ein Zertifikat nicht mehr auf einen DAX, sondern nur noch auf 0,51129 Indexeinheiten bezieht. Der Preis liegt deshalb bei

$$\underset{\text{DAX-Stand}}{\underline{5.000}} \times 0,51129 = 2.556,45 \text{ Euro.}$$

Das entspricht umgerechnet exakt 5.000 Mark (2.556,45 € mal 1,95583 DM/€). Am Wert eines Zertifikats hat sich demnach nichts verändert.

Liegt einem Zertifikat ein Index zugrunde, der sich auf einen Markt bezieht, der nicht zum Gebiet der EWWU gehört, wird nur der Preis durch entsprechende Umrechnung in Euro angepaßt. Das Bezugsverhältnis wird demgegenüber beibehalten. Dadurch ändert sich zwar die Index-Notierung, nicht jedoch das Bezugsverhältnis.

Im Unterschied zu anderen europäischen Aktienindizes hat die Amsterdamer Börse die Berechnung des AEX auf Euro umgestellt. Das hat zur Folge, daß der Indexstand angepaßt und der Preis für AEX-Zertifikate in Euro ausgedrückt wird, während das Bezugsverhältnis gleich bleibt.

Index-Zertifikate | Index-Certificates

WKN	Name	BV CR	Geld Bid EUR	Brief Ask EUR
Europa/Europe				
DB Europa Select				**603,26**
Fälligkeit/Maturity 30.07.00				DBWA744
185 773	DB Europa Select 2000	1,00	573,90	578,90
DAX®				**4781,38**
Fälligkeit/Maturity 15.06.01				DBWA741
370 100	DAX® Direkt 2001 (Cap 7.500)	0,051129	245,30	245,60
MDAX®				**3834,59**
Fälligkeit/Maturity 18.06.99				DBWA741
370 101	MDAX® Direkt 1999 (Cap 7.500)	0,051129	196,30	SOLD
Fälligkeit/Maturity 15.06.01				DBWA741
370 102	MDAX® Direkt 2001 (Cap 9.000)	0,051129	196,30	197,10
AEX				**522,84**
Fälligkeit/Maturity 16.06.00				DBWA741
185 761	AEX Direkt 2000	1,00	496,57	498,07
CAC 40				**4052,32**
Fälligkeit/Maturity 30.06.00				DBWA741
185 762	CAC 40 (DM) Direkt 2000	0,051129	195,39	196,64

Links ein Ausschnitt aus einem Zertifikate-Prospekt der Deutschen Bank. Man sieht, daß beispielsweise bei DAX-, MDAX- oder CAC40-Zertifikaten das Bezugsverhältnis angepaßt wurde. Das AEX-Papier hat dagegen unverändert ein Bezugsverhältnis von 1,0.

Steuerliche Behandlung

Ob Anleger ihre Erträge, die mit Zertifikaten erzielt werden, versteuern müssen, ist nicht in allen Fällen endgültig geklärt. Nach gegenwärtiger Rechtsauffassung sind Gewinne außerhalb der Spekulationsfrist steuerfrei, wenn sich das Zertifikat auf einen Performance-Index bezieht und keinerlei Sonderausstattungen (z.B. Cap) aufweist. Bei sämtlichen anderen Produkten ist im Prinzip noch fraglich, wie Erträge aus steuerlicher Sicht zu behandeln sind. Dies gilt zum Beispiel für Zertifikate, denen ein Kursindex zugrunde liegt ebenso wie für Discount-Zertifikate. Wir können deshalb zur

Nur in wenigen Fällen ist einwandfrei geklärt, wie Erträge zu versteuern sind.

Der Gang zum Steuer-
fachmann läßt sich in
vielen Fällen wohl nicht
vermeiden
Zeit keine weiteren Angaben machen, die möglicherweise Licht ins
Steuerdunkel bringen. Anleger, die mit dem Gedanken spielen, einen Teil ihres Kapitals in Zertifikate zu investieren, sollten deshalb
vorher direkt beim Finanzamt oder Steuerberater anfragen, ob bereits eine abschließende Entscheidung von seiten der Finanzverwal-
tung getroffen worden ist.

Klassifizierung

Das Angebot an Zertifikaten (»Partizipationsscheinen«) ist inzwischen so reichhaltig, daß es ziemlich schwierig ist, schnell einen
umfassenden Überblick zu erlangen. In einer solchen Situation ist
es immer ratsam, die vorhandenen Produkte nach bestimmten Kriterien zu sortieren, so daß wenige Gruppen mit annähernd vergleichbaren Produkten übrig bleiben.

Bei Zertifikaten bietet sich zunächst eine Klassifizierung nach Bezugsobjekten und nach der Struktur an. Was im einzelnen darunter
zu verstehen ist, werden wir in den beiden nächsten Abschnitten
ausführlich erläutern.

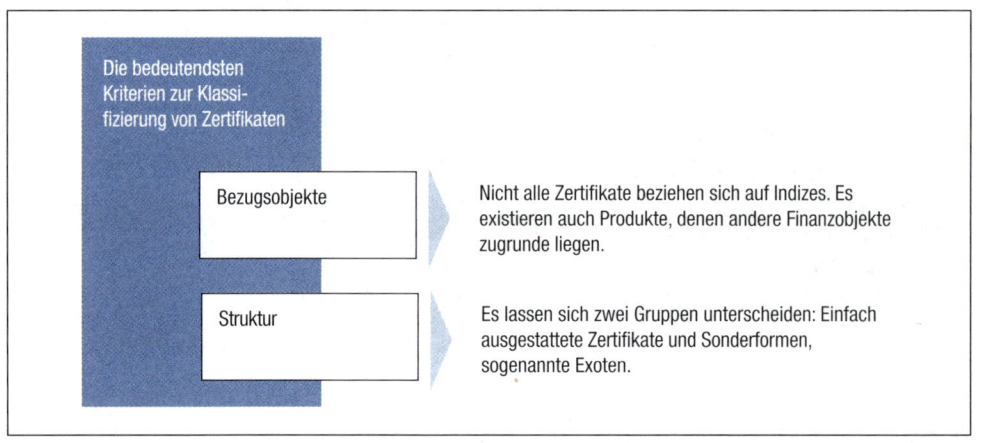

Die bedeutendsten
Kriterien zur Klassi-
fizierung von Zertifikaten

Bezugsobjekte — Nicht alle Zertifikate beziehen sich auf Indizes. Es
existieren auch Produkte, denen andere Finanzobjekte
zugrunde liegen.

Struktur — Es lassen sich zwei Gruppen unterscheiden: Einfach
ausgestattete Zertifikate und Sonderformen,
sogenannte Exoten.

Worauf sich Zertifikate beziehen

Wovon der Rückzahlungsbetrag bei einem Partizipationsschein abhängt, bestimmt der Emittent. Er kann sich für eine Vielzahl von Bezugsobjekten entscheiden. In der Fachsprache sagt man dazu *Basisgüter*, geläufiger ist vielen allerdings die englischsprachige Bezeichnung »*Underlyings*«.

Underlying

Lange Zeit dominierten Indizes – speziell Aktienindizes. Es ist daher auch nicht verwunderlich, daß sich der Begriff Index-Zertifikate eingebürgert hat, obwohl inzwischen immer neue Underlyings in Mode kommen. Um dem Ganzen eine Struktur zu verleihen, wollen wir Finanzinstrumente, die bislang als Basisgüter verwendet werden, in zwei Klassen einteilen: auf der einen Seite Einzelwerte, auf der anderen Portfolios.

Einzelwerte

Wir haben eingangs bereits angedeutet, daß sich Zertifikate nicht unbedingt auf Indizes beziehen müssen. Als Basisgüter kommen auch Einzelwerte in Frage. Bislang haben die Emittenten überwie-

Zertifikate auf
einzelne Aktien

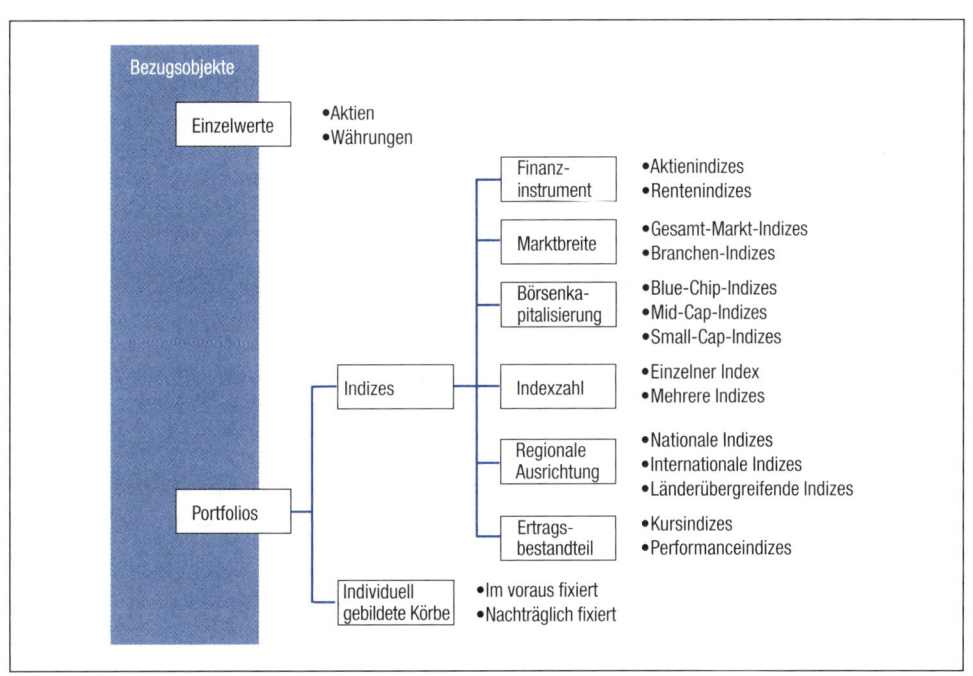

gend Aktien gewählt. So bieten beispielshalber *Lehman Brothers*
ein Zertifikat auf die Aktie der Deutschen Telekom AG (T-Aktie)
mit folgenden Ausstattungsmerkmalen an:

Deutsche Telekom-Zertifikat	
Underlying	Deutsche Telekom Aktie
Bezugsverhältnis	1,0
Laufzeit	30.07.1999
Währung	DM
Cap-Kurs	42 DM
	Am Verfalltag (30.07.1999) wird der an der Frankfurter Wertpapierbörse amtlich festgestellte Schlußkurs herangezogen

Anleger, die sich für die Zertifikate entscheiden, haben am Laufzeitende Anspruch auf eine Rückzahlung in Höhe des aktuellen Tele-
kom-Kurses, vorausgesetzt die Höchstgrenze (»Cap«) von 42 DM
wird nicht überschritten. Sollte dies der Fall sein, beschränkt sich
die Rückzahlung auf 42 Mark. Auf die Besonderheiten von Cap-
Zertifikaten gehen wir in einem der folgenden Kapitel noch näher
ein.

Zertifikate auf Währungen   Einige Häuser bieten auch Produkte an, die sich auf Währungen
beziehen. Der *Schweizerische Bankverein* beispielsweise vertreibt
sogenannte BLOC-Zertifikate, wobei die Buchstaben als Abkürzung
für »Buy Low or Cash« stehen, was man mit »preiswert kaufen
oder Bargeld« übersetzen könnte. Ein konkretes, auf den US-Dollar
lautendes Zertifikat besitzt folgende Ausstattung:

BLOC-Zertifikat	
Underlying	US-Dollar
Bezugsverhältnis	1,0
Laufzeit	14.12.1998
Währung	DM
Cap-Kurs	1,75 DM
	Am Verfalltag erhält der Anleger 1,75 DM für jedes Zertifikat, sofern der Dollar bei 1,75 DM oder darüber notiert. Andernfalls wird pro Zertifikat genau ein US-Dollar zurückgezahlt.

Zertifikate, die auf Einzelwerten basieren, sind ausnahmslos mit einer Rückzahlungsobergrenze versehen. Derartige Produkte werden nicht nur als BLOC-Zertifikate bezeichnet, so wie beim *Schweizerischen Bankverein*, sondern sehr häufig als Discount-Zertifikate. Andere Emittenten verwenden hingegen auch andere Namen für »baugleiche« Produkte (siehe folgende Übersicht).

Anleger sollten beachten, daß Discount-Zertifikate von einigen Emittenten als Optionsscheine eingestuft werden und deshalb in den Kurslisten auch an entsprechender Stelle zu finden sind.

Emittent	Bezeichnung	Abkürzung für ...
Credit Suisse First Boston	Toro	Title or Return Option
Dresdner Bank	Clou	Cap Level or Underlying
Morgan Stanley	Eros	Enhanced Return or Security
ABN Amro	Round	Return or Underlying

Börsenindizes

Zertifikate, die sich auf Portfolios beziehen, haben den höchsten Bekanntheitsgrad erlangt. Als Basisobjekte werden am häufigsten Indizes (genauer: Aktienindizes) herangezogen.

Indizes

Nach welchen Merkmalen man diese – und damit auch Index-Zertifikate – klassifizieren kann, verrät ein Blick auf die Abbildung im vorletzten Abschnitt. Wir wollen die einzelnen Kriterien hier anhand von Beispielen kurz verdeutlichen:

- **Finanzinstrument:** Anleger haben grundsätzlich die Möglichkeit, zwischen Zertifikaten auf Aktien- und Rentenindizes zu wählen. So werden von Banken neben Zertifikaten auf den DAX zum Beispiel auch Produkte angeboten, denen der REXP zugrunde liegt.
- **Marktbreite:** Mit Zertifikaten läßt sich auf die Entwicklung von Gesamtmärkten (im Regelfalle Aktienmärkte) spekulieren. Der Begriff »Gesamtmarkt« ist allerdings nicht festgelegt. So spricht man im Hinblick auf Aktien etwa vom deutschen Gesamtmarkt, genauso aber auch vom europäischen oder sogar weltweiten Gesamtmarkt. Normalerweise ist damit gemeint, daß Aktien sämtlicher Branchen einbezogen werden.
  Demgegenüber haben Anleger auch die Gelegenheit, Zertifikate auf *Branchenindizes* zu kaufen. So kann etwa speziell auf die Entwicklung der Chemie- oder der Maschinenbaubranche gesetzt werden. Dabei besteht die Möglichkeit, Branchenindizes zu wählen, die sich ausschließlich auf ein einziges Land beziehen

(z.B. Branchenindex »Deutsche Automobilaktien«). Ebenso kann man auch Barometer wählen, denen etwa Maschinenbau-Aktien aus Europa oder Chemie-Papiere aus der ganzen Welt zugrunde liegen (siehe folgende Abbildung).

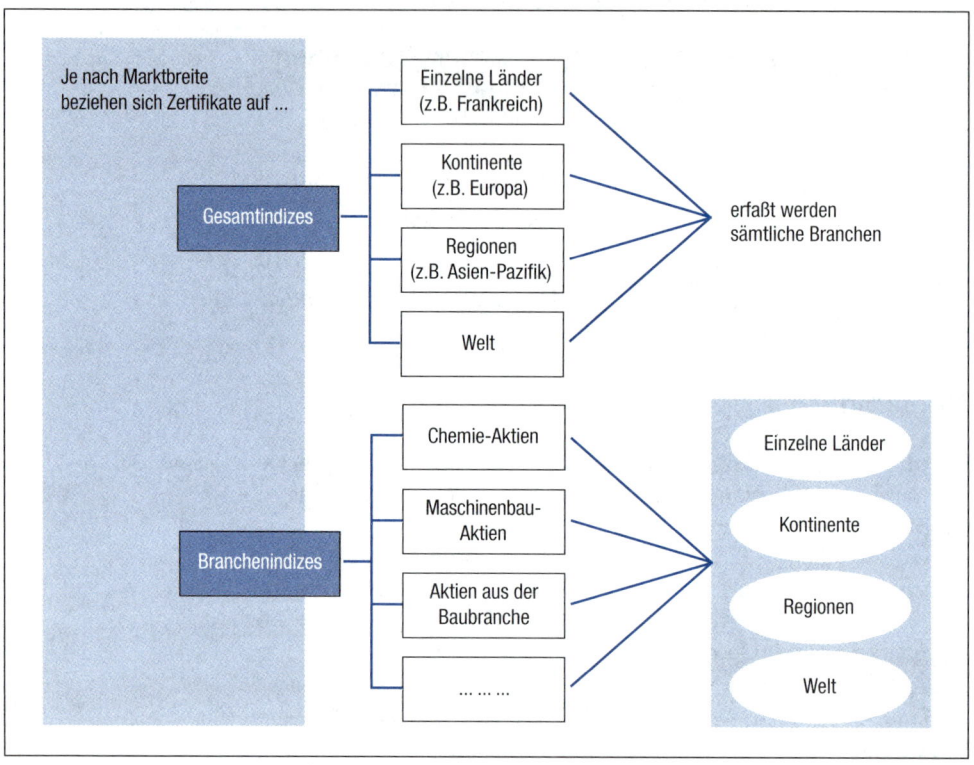

• **Indexzahl:** Ein Zertifikat muß sich nicht unbedingt auf einen einzigen Index beziehen, obwohl die meisten Produkte so ausgestattet sind. Es sind auch Zertifikate auf dem Markt, die gleichzeitig auf mehreren Börsenbarometern basieren. Die *WGZ-Bank* beispielsweise bietet unter der Bezeichnung WGZ-EuroIndex ein Zertifikat an, dem zugleich vierzehn europäische Aktienindizes zugrunde liegen.

Einige Zertifikate beziehen sich auf mehrere verschiedene Indizes.

• **Regionale Ausrichtung:** Man kann Underlyings auch nach ihrer regionalen Ausrichtung einteilen. Bestimmte Indizes beziehen sich auf nationale Aktienmärkte, der S & P 500 etwa auf den US-amerikanischen oder der CAC 40 auf den französischen Aktienmarkt. Länderübergreifende Indizes decken dagegen Wertpapiere aus verschiedenen Ländern ab, der EURO STOXX50 zum

Beispiel Aktien von Unternehmen aus den EWWU-Teilnehmer-staaten (Euroland).

- **Partizipationsmöglichkeit:** Anleger haben die Wahl zwischen Zertifikaten, die auf Kursindizes basieren und solchen, denen Performance-Indizes zugrunde liegen. Im ersten Fall partizipiert der Anleger nur von Kursveränderungen (Underlying: Kursindex), im anderen Fall zusätzlich auch von laufenden Erträgen wie etwa Dividenden (Zertifikat basiert auf Performance-Index).

Index-Fixing

Am Verfalltag muß klar sein, welche Summe an einen Zertifikatinhaber zurückfließt. Abhängig ist das vom Indexstand an diesem Tag. Doch die meisten Börsenbarometer haben am letzten Tag nicht einen einzigen festen Wert, sondern schwanken im Tagesablauf. Deshalb muß vorab in den Emissionsbedingungen festgelegt sein, welcher Indexstand bei der Abrechnung genau zugrunde gelegt wird. Man spricht in diesem Zusammenhang auch vom Index-Fixing.

Der Emittent könnte beispielsweise den Schlußkurs am Verfalltag heranziehen. Nicht alle Häuser beschränken sich beim Fixing jedoch auf einen bestimmten Termin. *Credit Suisse First Boston* haben für ihre CAC 40-Zertifikate zum Beispiel einen über drei Tage reichenden Zeitraum festgelegt. Der Rückzahlungsbetrag entspricht dem Durchschnittswert der an diesen Tagen festgestellten Index-Schlußstände.

Individuelle Portfolios

Wir haben gesehen, daß sich Zertifikate auf Indizes – also fest vorgegebene Portfoliozusammensetzungen – beziehen können. Emittenten haben darüber hinaus natürlich die Möglichkeit, Depots nach eigenen Vorstellungen zu bilden und dann als Bezugsobjekt zu verwenden. Es lassen sich mehrere Alternativen unterscheiden (siehe folgende Übersicht).

Kombiniert der Emittent mehrere Basisgüter zu einem Korb (englisch: Basket), spricht man häufig auch von *Basket-Zertifikaten*. Die Papiere können nach verschiedenen Kriterien ausgesucht werden (zum Beispiel Aktien einer bestimmten Branche oder einer bestimmten Region). Die *SGZ Bank* verkauft unter der Bezeichnung »SG-TechnoSTARS« zum Beispiel Zertifikate, denen, wie es in der Informationsbroschüre des Emittenten heißt, ein Aktienkorb mit Werten führender Unternehmen des Wirtschaftszweigs »Informationstechnologie« zugrunde liegt.

In einigen Fällen werden Aktienkörbe auch danach bestückt, welche Ertragserwartungen mit den Wertpapieren verbunden sind.

Basket-Zertifikate

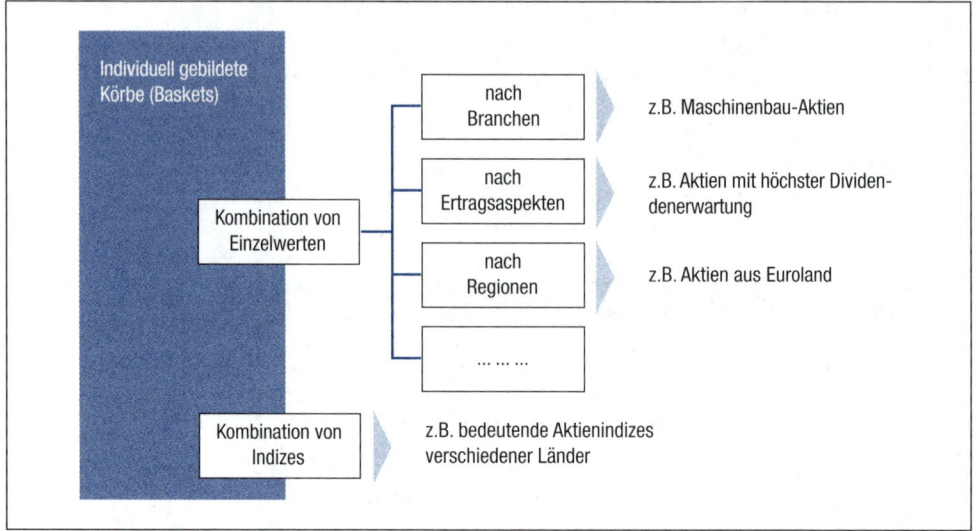

Das heißt konkret, daß die Emittenten Einzelwerte auswählen, von denen man annehmen kann, daß sie in Zukunft überdurchschnittlich im Wert steigen. Als Beispiel haben wir die »German Top Twelve Euro-Zertifikate« von *Merrill Lynch* ausgesucht (siehe folgende Tabelle).

Hier ein Beispiel für einen individuell zusammengestellten Basket

German Top Twelve Euro-Zertifikat	
Underlying	Die zwölf DAX-Werte mit der historisch höchsten Dividendenrendite (=zuletzt gezahlte Jahresdividende dividiert durch den Aktienkurs) werden in den Index aufgenommen. Die Zusammensetzung wird halbjährlich (Januar und Juli) überprüft und gegebenenfalls angepaßt.
Laufzeit	16.12.2005

Das Zertifikat bezieht sich auf einen von *Merrill Lynch* eigens entwickelten Index, den sogenannten »German Top Twelve Total Return Index«. Dessen Zusammensetzung wird halbjährlich so angepaßt, daß diejenigen Aktien aus dem DAX vertreten sind, die in den zurückliegenden zwölf Monaten die höchste Dividendenrendite zu verzeichnen hatten. Die Manager von *Merrill Lynch* sind folglich der Überzeugung, daß man anhand der Dividendenrendite aus der Vergangenheit erkennen kann, welche Aktien in der Zukunft besonders ertragsstark sind. Der »German Top Twelve Total Return Index« ist also kein Index, der von unabhängiger Stelle ermittelt wird und die Gesamtmarktentwicklung wiedergibt, sondern ein Barometer, das nach den Vorstellungen von *Merrill Lynch* zusammengesetzt wurde. Hier liegt deshalb ein individuelles Portfolio vor.

Typisch für »German Top Twelve Euro-Zertifikate« ist die Tatsache, daß die Zusammensetzung des Bezugsobjekts im voraus feststeht. Wer will, kann also in Erfahrung bringen, welche Aktien in den kommenden Jahren überhaupt berücksichtigt werden und vor allem mit welchem Gewicht jeder Titel in den Index eingeht.

Zusammensetzung steht schon vorher fest

Dies ist nicht in allen Fällen so. Denn es existieren auch Zertifikate, bei denen die Gewichtung der einzelnen Bezugsobjekte erst im nachinein bestimmt wird. Ein Beispiel ist ein ebenfalls von *Merrill Lynch* herausgegebenes Zertifikat mit dem Namen »Best of the World Investment Strategie«. In der Informationsbroschüre des Emittenten heißt es:

Diese Strategie konzentriert sich auf die drei größten Weltwirtschaftsregionen: Europa, Nordamerika und Asien/Australien. Jede dieser Regionen wird durch ihre wichtigsten Aktienmarktindizes repräsentiert. Diese sind: der S & P 500 Index für Nordamerika, der FTSE Eurotop 100 Index für Europa und eine Kombination aus 10% ASX All Ordinaries Index (Australien), 10% Hang Seng Index (Hongkong) und 80% Nikkei 225 Index (Japan) für Asien/Australien. ...

Der ursprüngliche Anlagebetrag in die Wirtschaftregionen (Europa, Nordamerika, Asien/Australien) bestimmt sich ... erst nach sieben Jahren (rückwirkend) auf Basis der Entwicklung eines jeden Index über diese sieben Jahre. Auf die Region, die in den kommenden sieben Jahren (ab Dezember 1998) die beste Performance aufweist, entfällt automatisch der größte Teil des anfänglichen Anlagebetrages, während auf die Region, die die drittbeste Performance aufweist, der geringste Teil entfällt. Die ursprünglichen Anlagebeträge und die entsprechenden prozentualen Gewichtungen werden auf Basis der Indexentwicklungen entsprechend der folgenden Tabelle bestimmt:

Performance Rangliste der Regionen Von Dezember 1998 bis Dezember 2005	Anlagebetrag
Beste Performance	444,50 DM
Zweitbeste Performance	333,30 DM
Drittbeste Performance	222,20 DM
Total	**1.000,00 DM**

Jedes Zertifikat wird zum Startzeitpunkt (Dezember 1998) zum Preis von 1.000 Mark ausgegeben. Davon entfallen genau

Erst am Ende steht
Zusammensetzung fest

444,50 DM (entspricht 44,45 %) auf den Index mit der besten Performance in den kommenden sieben Jahren. Ob das der S & P 500 oder einer der anderen Indizes sein wird, kann mit Sicherheit erst am Laufzeitende (Dezember 2005) gesagt werden. Wie sich das Underlying zusammensetzt, steht also erst im nachhinein endgültig fest.

Die Individualität hat ihren Preis

Wenn sich Emittenten eigene Gedanken über die Zusammensetzung von Underlyings machen, ist das für Anleger im Regelfall mit Kosten verbunden. Man muß in vielen Fällen aber schon genau in die Unterlagen der Emissionshäuser schauen, um darauf aufmerksam zu werden.

In der Informationsbroschüre zur »Best of the World Investment Strategie« findet man beispielsweise zunächst nur den Hinweis, daß eine jährliche Verwaltungsgebühr von 0,7 Prozent erhoben wird. An anderer Stelle gibt der Emittent an, daß bei keinem der beteiligten Indizes Dividenden reinvestiert werden und Anleger somit auch nicht in den Genuß derlei Erträge kommen. Vielmehr verwendet *Merrill Lynch* die Dividendenzahlungen, wie es im Informationsprospekt heißt, » ... zur Finanzierung der Strategie«.

Struktur

Wodurch unterscheiden sich Plain Vanillas von Exoten?

Wir haben im Laufe der vorangegangenen Kapital schon gesehen, daß die Wertentwicklung beim Zertifikat und Underlying gleichlaufen. Steigt oder sinkt der Wert des Basisobjektes zum Beispiel um ein Prozent, verändert sich der Wert des Zertifikats ebenfalls um diesen Prozentsatz. Derlei Produkte stellen quasi den Normalfall dar und werden daher auch als herkömmliche Produkte bezeichnet, im Finanzjargon hat sich der englischsprachige Terminus »Plain-Vanilla-Produkte« – kurz Plain-Vanilla – eingebürgert.

Plain-Vanilla

Finanzprodukte – und dies trifft nicht nur für Zertifikate zu, sondern im Grunde für alle übrigen Instrumente –, die von der Norm abweichen und ungewohnte Strukturen aufweisen, heißen im allgemeinen exotische Produkte oder kurz »Exoten«. Fachleute verwenden anstelle von »exotisch« sehr häufig auch die Bezeichnung »strukturiert«. Ist von einem strukturierten Finanzprodukt die Rede, meint man im Regelfall also einen *Exoten*.

Exoten/
Strukturierte Produkte

Der Wert Exotischer Zertifikate entwickelt sich nicht gleichläufig zum Wert des Underlyings. Zurückzuführen ist das in aller Regel darauf, daß die Zertifikate bestimmte derivative Komponenten beinhalten. Wir werden darauf im weiteren Verlauf des Buches noch zurückkommen.

Bisweilen ist es nicht ganz einfach, ein Produkt eindeutig einer Kategorie zuzuordnen, da eine einwandfreie Trennung nicht immer möglich ist. Wir gehen deshalb so vor, daß wir zur Gruppe der Plain-Vanilla-Zertifikate jene Produkte zählen, die erstens keinerlei derivative Komponente enthalten. Zweitens muß eine Wertänderung beim Basisobjekt zu einer gleichgerichteten Wertänderung beim Zertifikat führen.

Im Unterschied dazu lassen sich exotische Produkte nicht eindeutig abgrenzen, da aufgrund der Phantasie der Emittenten stets neue Kreationen entstehen, über deren Besonderheiten sich heute noch niemand ein Bild machen kann. Sinnvoll erscheint es daher, eine Abgrenzung über folgenden Umweg vorzunehmen: Um ein exotisches Produkt handelt es sich immer dann, wenn seine Konstruktion von der Struktur eines Plain-Vanillas abweicht (siehe folgende Abbildung).

Ein Plain-Vanilla-Produkt liegt vor, wenn ...	Um ein exotisches Zertifikat handelt es sich, wenn ...
1. es keine derivativen Komponenten enthält. 2. Wertänderungen beim Underlying und beim Zertifikat gleichlaufen.	seine Struktur von der eines Plain-Vanilla-Zertifikats abweicht.

So unterscheiden sich
Plain-Vanilla-Zertifikate
von Exoten

Plain-Vanilla-Zertifikate

Die bekanntesten Plain-Vanilla-Produkte sind sicherlich Zertifikate, denen Indizes zugrunde liegen – in erster Linie Aktienindizes. Was viele nicht wissen: Derlei Produkte durften von deutschen Kreditinstituten zu Zeiten der Bundesbank (also bis Ende 1998) wegen des sogenannten *Indexierungsverbots* nicht emittiert werden, während die Ausgabe in anderen Ländern ohne Schwierigkeiten möglich war.

Indexierungsverbot

Begründet wurde das Verbot damit, daß sich Anleger durch den Kauf von Index-Zertifikaten gegen Preissteigerungen absichern und sich dadurch die Inflationsgefahr vergrößert. Denn wer die Möglichkeit hat, sich vor Preissteigerungen zu schützen, ist von den negativen Folgen (Kaufkraftverlust) nicht mehr betroffen und deshalb möglicherweise auch nicht mehr gewillt, inflationsfördernde Aktivitäten zu unterbinden.

Deutsche Kreditinstitute, die dennoch Index-Zertifikate herausbringen wollten, mußten Tochterinstitute für die Emission einschalten. So hat beispielsweise die Commerzbank ihre DAX-Zertifikate über ein Tochterinstitut in Luxemburg auf den Markt gebracht. Wer Zertifikate unbedingt in Deutschland ausgeben wollte, mußte die Produktstruktur entsprechend anpassen.

Dies geschah durch Begrenzung der Partizipationsmöglichkeiten. Ein vorher festgelegter maximaler Rückzahlungsbetrag konnte nicht überschritten werden, selbst wenn der Index am Verfalltag darüber lag. Dadurch wurde dem Anleger die Chance genommen, von Preisanstiegen unbegrenzt zu profitieren.

Seit Januar 1999 sind diese Umwege allerdings nicht mehr notwendig, da die Deutsche Bundesbank ihre Kompetenzen an die Europäische Zentralbank abgetreten hat. Nun ist der gesamte Geld- und Kapitalverkehr – Finanzinstrumente inbegriffen – vom Indexierungsverbot ausgenommen.

Man kann deshalb davon ausgehen, daß in Zukunft Plain-Va-nilla-Index-Zertifikate direkt in Deutschland emittiert werden und aufgrund der Erleichterung das Angebot an derartigen Produkten zunimmt.

Exotische Zertifikate in der Praxis

Aufgrund der Vielzahl unterschiedlicher Konstruktionen ist es ziemlich schwierig, einen umfassenden Überblick über exotische Zertifikate zu geben. Die Produkte, die am häufigsten vorkommen, haben wir in folgender Abbildung überblicksartig zusammenge-faßt.

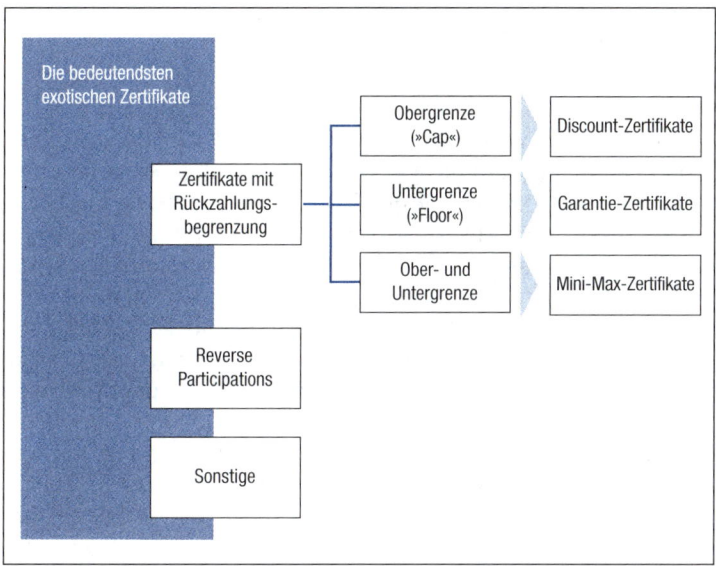

Die gegenwärtig bedeutendsten exotischen Zertifikate sind Pro-dukte, bei denen die Rückflüsse in keinem Fall einen bestimmten Höchstwert überschreiten können, vollkommen unabhängig vom Indexstand. Ein Grund für den hohen Stellenwert liegt gewiß darin, daß Emittenten in Deutschland die Zustimmung zur Ausgabe von Index-Zertifikaten von der Bundesbank in der Vergangenheit nur erhielten, wenn eine Obergrenze eingebaut war.

Der Betrag, der an den Zertifikatinhaber zurückfließt, besitzt ge-wissermaßen einen Deckel – englisch: Cap – weshalb man auch von *Zertifikaten mit Cap* spricht. Von Indexständen, die oberhalb die-ser Marke liegen, können Zertifikatinhaber nicht mehr profitieren. Wird der Cap am Verfalltag hingegen unterschritten, erleidet der

Zertifikate mit Cap

Jeder Emittent von Cap-Zertifikaten mußte sich bis Ende 1998 die Höhe des Caps von der Bundesbank genehmigen lassen!

Warum das Produkt »Discount-Zertifikat« genannt wird, sehen wir später.

Anleger im Vergleich zu einem herkömmlichen Zertifikat keinen Nachteil – im Gegenteil: Er hat im Vergleich zu einem herkömmlichen Zertifikat beim Kauf sogar gespart.

Wie eine derartige Konstruktion konkret aussieht, wollen wir an einem Produkt der *Commerzbank* verdeutlichen, das die in folgendem Tableau enthaltenen Ausstattungsmerkmale besitzt.

DAX-Discount Zertifikat	
Underlying	DAX
Bezugsverhältnis	1,0
Laufzeit	14.12.1999
Währung	DM
Cap-Kurs	4.000 DM

Anleger, die sich für das Zertifikat der Commerzbank entscheiden, haben an einem DAX-Zuwachs nur solange teil, wie die Marke von 4.000 Punkten (=Cap) nicht überschritten wird. Jeder weitere Anstieg hätte keine Zunahme des Rückzahlungsbetrages zur Folge. Auch bei einem Niveau von 4.700 oder etwa 5.900 Punkten erhält der Anleger also unverändert 4.000 DM pro Zertifikat zurück und nicht 4.700 bzw. 5.900 Mark. Bei einem Unterschreiten des Caps partizipiert der Zertifikatinhaber hingegen voll am DAX-Rückgang. Jede Bewegung nach unten bedeutet für den Anleger einen geringeren Rückzahlungsbetrag, vorausgesetzt, der DAX notiert vor dem Rückgang entsprechend niedrig.

Um die mit dem Cap verbundenen Auswirkungen etwas plastischer darzustellen, haben wir den Rückzahlungsbetrag in Abhängigkeit von unterschiedlichen DAX-Ständen am Verfalltag gra-

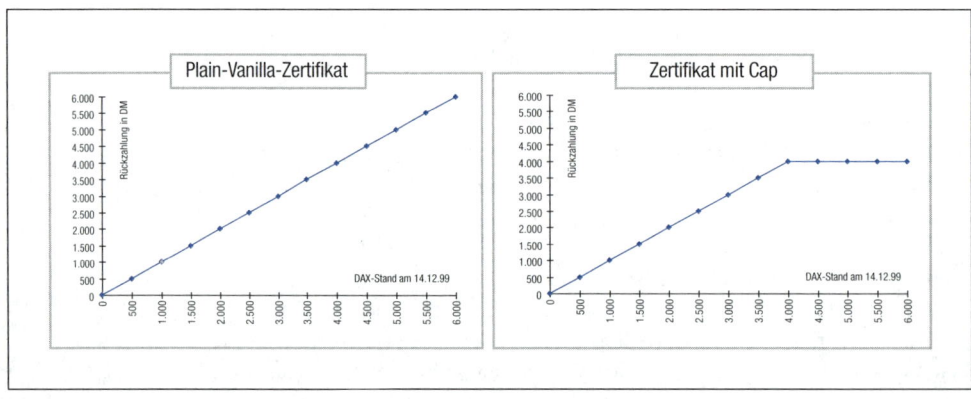

phisch veranschaulicht. Zum Vergleich sind die Rückzahlungen bei einem entsprechenden Zertifikat ohne Cap (Plain-Vanilla-Zertifikat) ebenfalls abgebildet.

Es ist deutlich zu erkennen, daß Gewinnmöglichkeiten beim Plain-Vanilla-Produkt unbegrenzt sind, während beim Discount-Zertifikat das Gegenteil der Fall ist.

Bei Zertifikaten mit einem Bezugsverhältnis kleiner als 1, muß selbstverständlich auch der Cap angepaßt werden. Als Beispiel zeigen wir ein Zertifikat von *Trinkaus & Burkhardt*, das – bis auf Bezugsverhältnis und Laufzeit – dieselben Ausstattungsmerkmale besitzt wie das oben vorgestellte Produkt der Commerzbank. Aufgrund des Bezugsverhältnisses von 1 zu 100 liegt der Cap allerdings nicht bei 4.000, sondern bei 40 DM.

DAX-Discount Zertifikat	
Underlying	DAX
Bezugsverhältnis	0,01
Laufzeit	22.12.1999
Währung	DM
Cap-Kurs	40 DM

Bezeichnung oft nur Schall und Rauch
Von den Emittenten werden Produkte mit Cap gerne Discount-Zertifikate genannt. Doch die Bezeichnung ist irreführend. Denn man könnte meinen, derlei Papiere seien angesichts der Bezeichnung Discount – was frei übersetzt soviel wie Preisnachlaß bedeutet – besonders günstig. In Wahrheit trifft allerdings oft genug das Gegenteil zu und der Preisabschlag ist viel zu gering, um die begrenzten Gewinnchancen dadurch zu kompensieren.

Außer Index-Zertifikaten mit Rückzahlungsobergrenze fallen in diese Sparte Produkte, die sich auf einzelne Aktien beziehen, wie etwa das in folgendem Tableau näher beschriebene Zertifikat von *Lehman Brothers*.

Viele Discount-Zertifikate beziehen sich auf einzelne Aktien.

Deutsche Telekom Discount-Zertifikat	
Underlying	T-Aktie
Bezugsverhältnis	1,0
Laufzeit	30.07.1999
Währung	DM
Cap-Kurs	42 DM

Der einzige Unterschied zu den weiter oben vorgestellten Zertifikaten liegt darin, daß diesmal kein Index, sondern eine einzelne Aktie zugrunde liegt. Ab einem Aktienpreis von 42 DM (Cap-Kurs) partizipieren Anleger nicht weiter von Anstiegen, während sich bei Kursen unter 42 DM der Rückzahlungsbetrag automatisch anpaßt.

Floor-Zertifikate

Zertifikate können indes auch so ausgestattet sein, daß eine bestimmte Mindestrückzahlungshöhe garantiert wird. Ein derartiges Produkt wurde im Jahre 1992 von der Bank *Trinkaus & Burkhardt* herausgegeben. In den Emissionsbedingungen konnte man nachlesen, wie der Rückzahlungsbetrag am Verfalltag zustande kommt:

Die Trinkaus & Burkhardt Finance N. V. ist nach Maßgabe der Zertifikatsbedingungen verpflichtet, dem Inhaber eines DAX-Zertifikates am 18. März 1997 den Betrag zu zahlen, der dem in Deutsche Mark ausgedrückten DAX-Schlußkurs am 14. März 1997 entspricht, mindestens jedoch den Betrag von DM 1.775 je DAX-Zertifikat.

Anleger, die ein solches Produkt besitzen, haben also die Gewißheit, daß ein Betrag von 1.775 Mark pro Zertifikat nicht unterschritten wird, daher die Bezeichnung »Garantie«. Derlei Papiere haben quasi einen Boden – englisch: Floor –, weshalb man auch von *Floor-Zertifikaten* spricht.

Unseres Wissens werden im Augenblick keine derartigen Produkte mehr angeboten. Es ist aber durchaus denkbar, daß sie in Zukunft erneut in Umlauf gebracht werden.

Zum besseren Verständnis haben wir die Rückzahlungen des Garantie-Zertifikats von *Trinkaus & Burkhardt* in Abhängigkeit unterschiedlicher DAX-Stände (Verfalltag) graphisch veranschaulicht. Zum Vergleich sind die Rückzahlungen bei einem Zertifikat ohne Floor (Plain-Vanilla-Zertifikat) mit abgebildet.

Es ist deutlich zu erkennen, daß die Verlustmöglichkeiten beim Plain-Vanilla-Produkt unbegrenzt sind und zumindest theoretisch

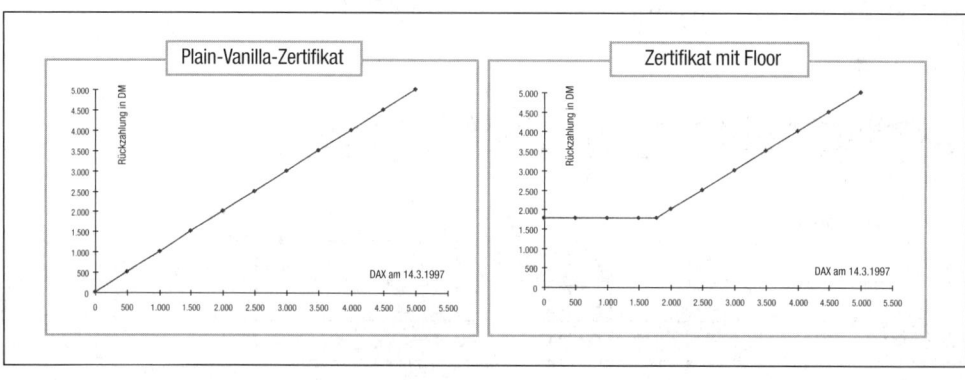

der gesamte Kapitaleinsatz verlorengehen kann. Die Verlustunter-
grenze des Floor-Zertifikats ist demgegenüber deutlich zu sehen.

Bislang haben wir exotische Zertifikate kennengelernt, die entweder eine bestimmte Rückzahlungsobergrenze hatten oder eine
Rückzahlungsgarantie. Man kann beide Elemente auch miteinander kombinieren und dadurch ein Produkt schaffen, dessen Rückflüsse sowohl nach oben als auch nach unten begrenzt sind. Derlei
Instrumente werden in anderem Zusammenhang auch als Mini-
Max-Produkte bezeichnet, da eine bestimmte *minimale* und gleichzeitig *maximale* Rückzahlung festgeschrieben ist. Bislang sind zwar
noch keine Mini-Max-Zertifikate emittiert worden; es ist aber
nicht ausgeschlossen, daß es solche Konstruktionen in Zukunft geben wird. Ein Produkt könnte dann in etwa so ausgestattet sein:

Mini-Max-Zertifikate

DAX Mini-Max-Zertifikat	
Bezugsobjekt	DAX
Bezugsverhältnis	1,0
Laufzeit	1.8.2000
Währung	Euro
Cap-Kurs	4.000 €
Floor-Kurs	2.000 €

Stellt man den Rückzahlungsbetrag in Abhängigkeit unterschiedlicher DAX-Stände graphisch dar, ergibt sich das Bild auf Seite 124
(siehe rechte Graphik). Im Unterschied zu einem Plain-Vanilla-Zertifikat ist zum einen die Rückzahlung auf einen bestimmten
Höchstbetrag limitiert, während ein Mindestniveau andererseits
nicht unterschritten werden kann. Bildlich gesprochen wird um den
Rückzahlungsbetrag eine Art Kragen – englisch: collar – gelegt,
was zur Bezeichnung *Collar-Zertifikate* führen könnte. Bei anderen
Finanzinstrumenten (z.B. Zinsbegrenzungsverträgen) hat sich der
Begriff »Collar« schon durchgesetzt.

Wer als Normalanleger auf fallende Kurse am Aktienmarkt setzen will, hat bislang kaum die Möglichkeit, ein Instrument einzusetzen, mit dem er auf eine Baisse spekulieren kann. Im Grunde
bleiben nur Optionsscheine – genauer: *Index-Puts*. Während professionelle Finanzmarktakteure oder auch sehr vermögende Privat-
kunden die Möglichkeit haben, Leerverkäufe vorzunehmen, bleibt
dem Normalsparer diese Möglichkeit bisher verwehrt.

Reverse Participations

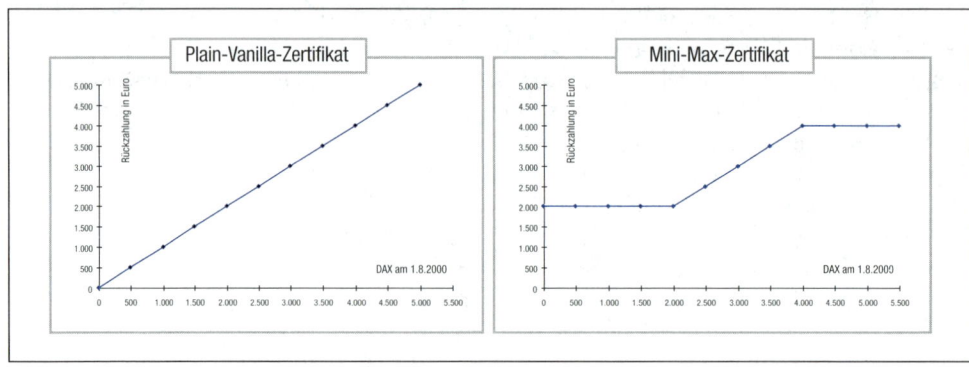

Wir werden im späteren Verlauf noch sehen, daß Reverse-Zertifikate im Grunde Puts sind.

Die herrschende Produktlücke soll mit sogenannten *Reverse Participations* geschlossen werden. Derlei Produkte sind vorteilhaft, wenn von einer Baisse-Phase am Aktienmarkt ausgegangen wird. Im Unterschied zu herkömmlichen Zertifikaten erhält der Inhaber am Verfalltag nicht den aktuellen Indexstand, sondern einen bestimmten, bereits bei Emission bekannten Fixbetrag, von dem am Laufzeitende der dann gültige Indexstand abgezogen wird. Dies soll am Beispiel des von der *Bankgesellschaft Berlin* stammenden »Berliner Bär – DAX – Zertifikat« illustriert werden (siehe folgende Übersicht).

Bereits an der Bezeichnung »Bär« wird deutlich, daß sich das Zertifikat der Bankgesellschaft Berlin zur Spekulation auf eine Baisse am Aktienmarkt (»Bärenmarkt«) eignet.

Berliner Bär – DAX – Zertifikat	
Underlying	DAX
Bezugsverhältnis	0,1
Laufzeit	14.12.2000
Währung	DM
Rückzahlung	Ein Zehntel der Differenz aus 10.000 minus dem in DM ausgedrückten DAX-Schluß-kurs am Verfalltag. Sollte die Differenz negativ sein, so liegt der Rückzahlungs-betrag bei Null.

Aufgrund der Tatsache, daß der DAX-Stand am Verfalltag von 10.000 abgezogen wird, führt ein Anstieg des Indexes zu einer Reduktion des Rückzahlungsbetrages und umgekehrt. Je höher der DAX zum Schluß notiert, um so mehr wird abgezogen und um so geringer sind deswegen die Rückflüsse. Bei einem Stand von beispielshalber 5.600 Punkten am Laufzeitende erhält der Inhaber eines Berliner Bär-DAX-Zertifikats eine Rückzahlung von

$$0,1 \times (10.000 - 5.600) = 0,1 \times 4.400 = 440 \, \text{DM}.$$

Liegt der DAX um 1.000 Punkte darüber, sinkt die Auszahlung um 100 Mark, notiert das Börsenbarometer hingegen um 1.000 Punkte darunter, erhöht sich die Rückzahlung um 100 DM. Betrachtet man verschiedene DAX-Stände am Laufzeitende, wird die inverse (englisch: reverse) Beziehung sofort deutlich (siehe nachstehende Tabelle).

Aus der inversen Beziehung zwischen Indexstand und Rückzahlungshöhe leitet sich die Bezeichnung Reverse-Zertifikat ab.

DAX-Stand am Verfalltag	Differenz				Rück-zahlungsbetrag
0	10.000	–	0	= 10.000	1.000
1.000	10.000	–	1.000	= 9.000	900
2.000	10.000	–	2.000	= 8.000	800
3.000	10.000	–	3.000	= 7.000	700
4.000	10.000	–	4.000	= 6.000	600
5.000	10.000	–	5.000	= 5.000	500
6.000	10.000	–	6.000	= 4.000	400
7.000	10.000	–	7.000	= 3.000	300
8.000	10.000	–	8.000	= 2.000	200
9.000	10.000	–	9.000	= 1.000	100
10.000	10.000	–	10.000	= 0	0
11.000	10.000	–	11.000	= –1.000	0
12.000	10.000	–	12.000	= –2.000	0

Am graphischen Verlauf des Rückzahlungsbetrages ist noch besser zu erkennen, daß zwischen DAX-Stand und Rückzahlungshöhe ein genau entgegengesetzter Zusammenhang besteht. Zur Verdeutlichung ist die Situation bei einem Plain-Vanilla-Produkt ebenfalls wiedergegeben (Bild links). Dabei sind wir der besseren Darstellung wegen davon ausgegangen, daß das Zertifikat ein Bezugsverhältnis von 1,0 hat.

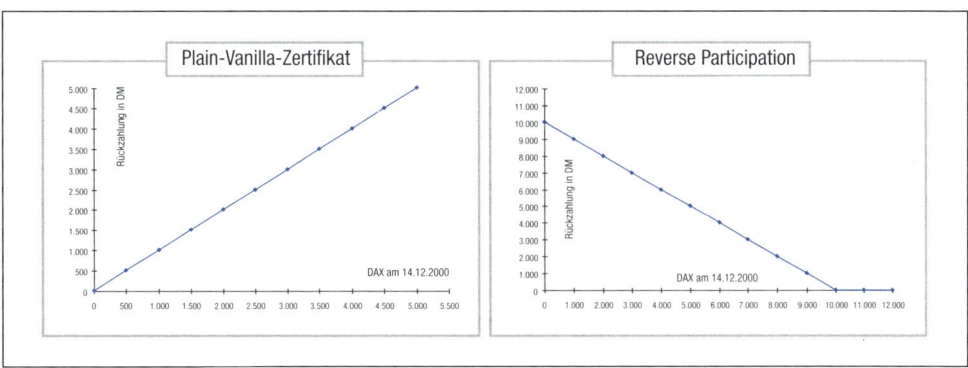

Im Unterschied zu einem herkömmlichen Zertifikat steigt der Wert eines Berliner Bär-DAX-Zertifikats bei einem Aktienkursrückgang, während es in einer Hausse-Phase genau umgekehrt ist. In einer

Baisse können daher die mit normalen Zertifikaten erzielten Verluste durch Gewinne bei Reverse Participations wieder aufgefangen werden. Zu Sicherungszwecken – so wie es in den Verkaufsprospekten der Emittenten häufig heißt – sind Reverse Participations nicht geeignet. Der Anleger hat sich dadurch zwar vor Kursverlusten geschützt, profitiert aber auch von günstigen Indexveränderungen nicht mehr. Dafür bindet er relativ viel Kapital, daß für die Zeit keinerlei Erträge abwirft. Wer etwa normale DAX-Zertifikate besitzt und mit einem Kursrückgang am Aktienmarkt rechnet, sollte seine Wertpapiere deshalb besser verkaufen und sein Geld verzinslich (z. B. als Tagesgeld) anlegen. Später – etwa am Ende einer Baisse-Phase – kann man dann zu relativ geringen Preisen wieder »einsteigen«.

Viele Emittenten halten sich bei Reverse-Zertifikaten zurück

Bislang werden Reverse Participations nur von einem einzigen Emittenten angeboten. Die meisten anderen Häuser sind nicht bereit, solche Zertifikate herauszugeben. Als Begründung wird häufig genannt, man wolle Anlegern nicht die Gelegenheit geben, von einem Kursückgang zu profitieren und die Sparer damit womöglich auf eine Baissephase einstimmen.
Von den meisten Instituten wird es lieber gesehen, daß Anleger zuversichtlich in die Zukunft blicken und auf einen Anstieg am Aktienmarkt setzen. Deshalb will man Pessimisten nicht mit Produkten wie etwa Reverse-Zertifikaten unterstützen und dadurch womöglich Stimmung für eine Baisse entfachen.

Exoten – für Emittenten besonders attraktiv

Cap-Zertifikate und Reverse Participations zählen zu den bedeutendsten Exoten. Andere strukturierte Produkte bilden bislang eher eine Ausnahme. Das heißt allerdings nicht, daß in Zukunft keine weiteren exotischen Konstruktionen auf den Markt kommen. Denkbar wären etwa Zertifikate, die nicht nur eine Rückzahlungsober-, sondern gleichfalls eine -untergrenze beinhalten (»Mini-Max-Zertifikate«) oder Produkte, die dem Emittenten die Möglichkeit einräumen, Zertifikate vorzeitig – also vor Erreichen des Verfalltages – an die Inhaber zurückzuzahlen. Von einigen Instituten ist zu hören, daß in Zukunft möglicherweise sogenannte *Ladder-Zertifikate* auf den Markt kommen. Darunter versteht man Produkte, bei denen der Anleger ein einmal erreichtes Niveau bis zum Laufzeitende nicht wieder verlieren kann, unabhängig davon, wie sich der Index weiterentwickelt.

Wer glaubt, Exoten bildeten die Ausnahme, täuscht sich. Ein Blick auf die Kurszettel in einschlägigen Publikationen (z.B. *Opti-*

Zertifikate, die vor Fälligkeit zurückgezahlt werden können, nennt man »kündbar«.

onsschein-Magazin) bestätigt, daß in Wirklichkeit Plain-Vanillas dünngesät sind. Viele Häuser führen nicht ein einziges normales Zertifikat im Sortiment, sondern ausschließlich Exoten.

Ein Motiv für diese Entwicklung ist sicherlich darin zu sehen, daß die Bundesbank – wie wir weiter oben ausführlich erläutert haben – bis Ende 1998 eine Emission von Index-Zertifikaten in Deutschland nur dann billigte, wenn die Produkte einen Cap enthielten. Allerdings existiert noch ein anderer Grund, für dessen Erläuterung wir allerdings ein wenig weiter ausholen müssen.

Bei Plain-Vanilla-Produkten ist die Konkurrenz ziemlich groß. Viele Institute haben inzwischen entsprechende Zertifikate im Angebot, so daß Verbraucher kaum Probleme haben, Preise direkt miteinander zu vergleichen und den günstigsten Anbieter herauszufinden. Für die Institute fällt es hier um so schwerer, Produkte mit hohen Gewinnspannen an den Mann zu bringen.

Außerdem besitzen *Plan-Vanilla-Produkte* eine für viele Emittenten unangenehme Eigenschaft: ihre Struktur ist durchschaubar und deshalb haben selbst Normalanleger kaum Schwierigkeiten, ein Zertifikat zu bewerten. Ob ein Institut unangemessene Preise stellt, läßt sich – selbst wenn keine Konkurrenzprodukte zum Vergleich vorhanden sind – im Regelfall ohne große Mühe erkennen, wie wir später noch sehen werden.

Bei Exoten haben die Emittenten im Unterschied dazu die Möglichkeit, ihren Zertifikaten höchst individuelle Merkmale zu verpassen – Merkmale, die kein anderes Zertifikat aufweist. Für den Verbraucher hat das unangenehme Folgen. Denn nun ist es fast aussichtslos, nach einem ausstattungsgleichen Produkt zu suchen, um Preise miteinander vergleichen zu können. Der Anleger hat in vielen Fällen kaum eine Chance, durch Gegenüberstellung unangemessene Preise aufzudecken. Fachleute sprechen auch von unfairer Preisstellung oder *unfairem Pricing*.

Ab Januar 1999 müssen Zertifikate, die in Deutschland ausgegeben werden, keinen Cap mehr besitzen. In den Emissionsbedingungen einiger bereits umlaufender Cap-Zertifikate ist daher vorgesehen, daß die Höchstgrenze mit Beginn der 3. Stufe der Währungsunion entfällt und die Zertifikate von da an wie Plain-Vanilla-Produkte ausgestattet sind.

> ### Woran man unfaires Pricing erkennt
>
> Das Wort »unangemessen« oder »unfair« im Zusammenhang mit der Preisstellung von Zertifikaten bedeutet nicht zwangsläufig, daß für ein Produkt ein zu hoher Kurs festgelegt wird. Denn unfair kann ein Preis auch dann sein, wenn er zu niedrig ist. In einer Situation etwa, in der die meisten Anleger verkaufen und nicht kaufen wollen (z. B. nach einer starken Hausse-Phase), wäre ein zu geringer Preis nicht fair. Umgekehrt wäre ein zu hoher Preis für Anleger unangemessen in einer typischen Kaufsituation, zum Beispiel am Ende einer Baisse-Phase.

Für Emissionshäuser liegen hier natürlich attraktive Gewinnfelder. Da nimmt es kaum wunder, daß Exoten wie Pilze aus dem Boden schießen. Wie gewissenhaft die Häuser bei der Fixierung von Ausstattungsmerkmalen vorgehen, damit eigene Produkte auf keinen Fall Ähnlichkeit zur Konkurrenz aufweisen, wird jeder schnell feststellen, der intensiv Emissionsprospekte studiert. Bei Discount-Zertifikaten, um ein Beispiel zu geben, werden Cap-Kurs und Verfalldatum so ausgesucht, daß sie möglichst mit keinem Produkt eines Wettbewerbers zusammenfallen. Existiert bei einem Konkurrenzinstitut etwa ein DAX-Zertifikat mit Laufzeitende am 14.12.1999 und Cap-Kurs bei 4.000 DM und möchte ein anderer Emittent – aus welchen Gründen auch immer – ein Zertifikat mit demselben Cap-Kurs auf den Markt bringen, wird der Verfalltag einfach verschoben und zum Beispiel auf den 29.2.2000 gelegt. Schon lassen sich die Preise dieser beiden Papiere nicht mehr direkt miteinander vergleichen.

Kein Emittent würde die Wahl von Ausstattungsmerkmalen mit dem eigenen Profitstreben begründen. Auf Anfrage von Kunden heißt es regelmäßig, daß man den Wünschen der Verbraucher entsprechen möchte und ganz spezielle Verfalltermine und Cap-Kurse nur deshalb anbietet, weil – wie es so schön heißt – der Markt danach verlangt. Von solchen Floskeln sollte sich niemand beeindrukken lassen. Denn in Wahrheit wird den Anlegern damit nur jegliche Vergleichsmöglichkeit genommen.

Je spezifischer die Ausstattung, desto schwieriger die Vergleichbakeit.

Aktienanleihen sind Zertifikate in anderer Verpackung

In letzter Zeit sind von Banken verstärkt sogenannte Aktienanleihen auf den Markt gebracht worden. Es handelt sich dabei um Schuldverschreibungen, die dem Emittenten das Recht einräumen, am Laufzeitende entweder den Nominalbetrag zurückzuzahlen oder wahlweise Aktien zu liefern. Betrachten wir zur Verdeutlichung ein konkretes Beispiel. Von Sal. Oppenheim stammt folgendes Papier:

Aktienanleihe auf Bayer	
Zinssatz	10,50% p.a.
Laufzeitende	10.12.1999
Tilgung	Variante A: Zum Nennbetrag (5.112,92 Euro = 10.000 DM) Variante B: Lieferung von 158 Bayer-Aktien

Für welche Tilgungsvariante sich der Emittent am Ende entscheidet, hängt vom Kurs der Bayer-Aktie am Laufzeitende ab. Liegt er bei

$$\frac{5.112,92}{158} = 32,36 \text{ Euro},$$

ist es gleichgültig, ob der Nominalbetrag zurückgezahlt wird oder die Aktien geliefert werden. Notieren die Bayer-Papiere unterhalb von 32,36 Euro, ist es für den Emittenten günstiger, Aktien zu liefern. Bei einem Kurs von beispielsweise 25 Euro, zahlt er faktisch

$$158 \times 25 = 3.950 \text{ Euro}$$

und spart gegenüber Variante A

$$5.112,92 - 3.950 = 1.162,92 \text{ Euro}.$$

Liegt der Kurs der Bayer-Aktie hingegen über 32,36 Euro, ist die Rückzahlung zum Nominalbetrag die vorteilhaftere Alternative.

Man sieht, daß an einen Anleger höchstens 5.112,92 Euro zurückfließen, und zwar dann, wenn die Aktie am Laufzeitende zum Kurs von 32,36 Euro oder oberhalb davon notiert. Im schlimmsten Fall (Aktienkurs liegt bei Null) ist das gesamte Kapital verloren. Im Grunde sind Aktienanleihen wie Discount-Zertifikate strukturiert: Ihre Rückzahlung ist ebenfalls auf einen Höchstbetrag begrenzt und genauso abhängig vom Kurs einer bestimmten Aktie. Die »Aktienanleihe auf Bayer« von Sal. Oppenheim entspricht einem Finanzpaket bestehend aus 158 einzelnen Discount-Zertifikaten (Bezugsverhältnis: 1,0), deren Cap jeweils bei 32,36 Euro liegt. Zum besseren Verständnis haben wir den Tilgungsbetrag der Aktienanleihe mit den Rückflüssen von 158 Bayer-Discount-Zertifikaten verglichen (siehe folgende Tabelle).

Kurs der Bayer-Aktie am Verfalltag	Rückflüsse bei der Aktienanleihe		Rückflüsse bei 158 Discount-Zertifikaten
	Lieferung von 158 Aktien	**Tilgung zum Nennbetrag**	
0,00 Euro	0,00 Euro	5.112,92 Euro	0,00 Euro
10,00 Euro	1.580,00 Euro	5.112,92 Euro	1.580,00 Euro
20,00 Euro	3.160,00 Euro	5.112,92 Euro	3.160,00 Euro
30,00 Euro	4.740,00 Euro	5.112,92 Euro	4.740,00 Euro
32,36 Euro	5.112,92 Euro	5.112,92 Euro	5.112,92 Euro
40,00 Euro	6.320,00 Euro	5.112,92 Euro	5.112,92 Euro
50,00 Euro	7.900,00 Euro	5.112,92 Euro	5.112,92 Euro
60,00 Euro	9.480,00 Euro	5.112,92 Euro	5.112,92 Euro
70,00 Euro	11.060,00 Euro	5.112,92 Euro	5.112,92 Euro

Wir werden später noch genauer darauf eingehen, wie der Discount zustande kommt.

Die Rückflüsse sind bei beiden Wertpapieren völlig identisch. Von Aktienkurssteigerungen über 32,36 Euro profitieren Anleger also weder mit der Aktienanleihe noch mit dem Discount-Zertifikat. Dieser Nachteil wird beim Zertifikat dadurch ausgeglichen, daß das Papier mit einem Preisabschlag (»Discount«) verkauft wird. Am Emissionstag (10.12.1998) liegt der Discount bei 3,30 Euro pro Papier – insgesamt folglich bei 521,40 Euro (158 mal 3,30). Da der aktuelle BASF-Kurs genau bei 32,36 liegt, wird ein Zertifikat folglich zum Kurs von

$$32,36 - 3,30 = 29,06 \text{ Euro}$$

verkauft – für 158 Papiere beläuft sich der Gesamtpreis auf 4.591,48 Euro.
Bei der Aktienanleihe wird der Nachteil auf andere Art und Weise aufgewogen. Der Anleger erhält keinen Nachlaß in Höhe von 521,40 Euro beim Kauf, sondern eine Zahlung am Laufzeitende. Da der Anleger erst in einem Jahr und nicht bereits zum Kaufzeitpunkt in den Genuß der Vergünstigung kommt, wird der Rabatt (521,40 Euro) für ein Jahr verzinst. Am 10.12.1998 liegt das Zinsniveau für ein Jahr bei 3 Prozent. Legt man 521,40 Euro zu diesem Satz an, ergeben sich am Ende (= 10.12.1999)

$$521,40 + 15,64 = 537,04 \text{ Euro.}$$

Diesen Wert setzt der Emittent ins Verhältnis zum Nennbetrag (=5.112,92 Euro) und es ergibt sich ein Prozentsatz von

$$\frac{537,04}{5.112,92} \times 100 = 10,50\%,$$

den wir auch in den Ausstattungsmerkmalen der Aktienanleihe wiederfinden können.

Fassen wir die Ergebnisse kurz zusammen: Mit Discount-Zertifikaten und Aktienanleihen übernimmt ein Anleger das volle Aktienkursrisiko, hat jedoch nur begrenzte Gewinnmöglichkeiten. Dafür wird ein Ausgleich gewährt, der bei Zertifikaten sofort, bei Aktienanleihen hingegen erst am Verfalltermin gewährt wird.

Wer 158 Bayer-Discount-Zertifikate kauft, gibt dafür am 10.12.1998 insgesamt 4.591,52 Euro aus (5.112,92 minus 521,40). Für eine Aktienanleihe muß am Anfang zwar der volle Preis von 5.112,92 Euro (158 mal 32,36 Euro) gezahlt werden, dafür gibt es am Laufzeitende den zu Beginn quasi zuviel gezahlten Betrag in Form einer Zinszahlung wieder zurück.

Zwischen Aktienanleihe und Discount-Zertifikat existiert noch ein weiterer Unterschied: Während sich Zertifikate häufig auf eine einzelne Aktie beziehen, liegen Anleihen regelmäßig mehrere zugrunde, der Aktienanleihe von Sal. Oppenheim beispielsweise 158 Bayer-Aktien.

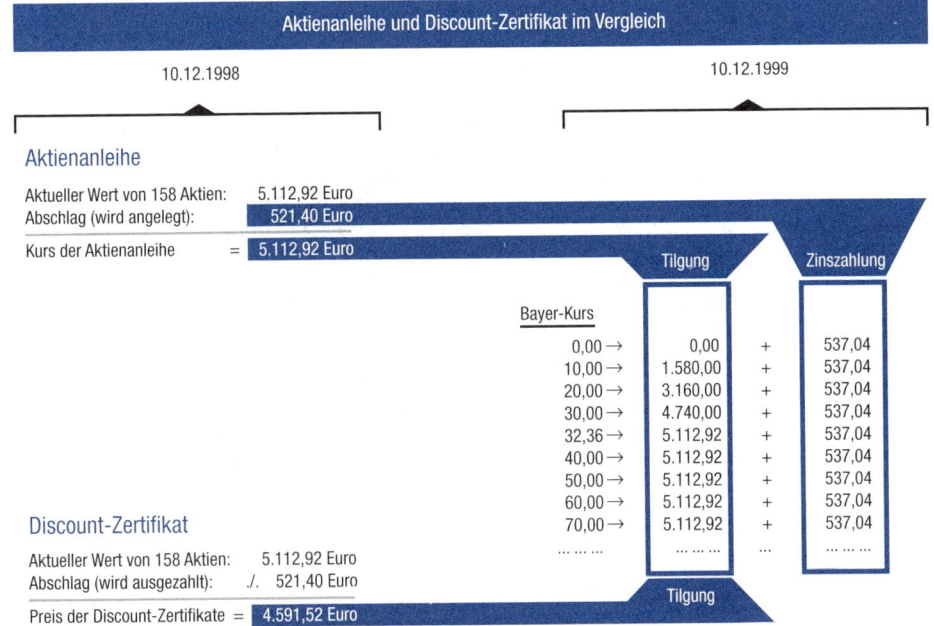

Aktienanleihen werden auch als Reverse Convertibles bezeichnet. Während bei einer herkömmlichen Wandelanleihe (englisch: Convertible) der *Käufer* das Recht hat, die Anleihe in Aktien zu wandeln, besitzt bei Aktienanleihen der *Emittent* diese Möglichkeit. Es handelt sich quasi um eine umgekehrte (engl. reverse) Wandelanleihe, daher die Bezeichnung Reverse Convertible.

Häuser wie etwa Sal. Oppenheim übernehmen das Market-Making für Aktienanleihen und stellen damit auf Anfrage verbindliche An- und Verkaufskurse. Derlei Quotes werden ins Internet eingestellt und häufig auch laufend aktualisiert. Unter der Adresse »http://www.vwd.de/optionsscheinservice/sal/html/salanl01.html« können beispielsweise die von Sal. Oppenheim gestellten Geld-/Briefsätze abgerufen werden (siehe folgenden Ausschnitt).

Letzte Aktualisierung am 26.03.1999 um 17:58 Uhr Seite 1   ◀Blättern▶

WKN	Bezeichnung	Basis	Laufzeit	Geld	Brief
300660	10.00ADS	113.62	01 Sep 2000	80.40	80.90
329706	8.750ALV	284.05	17 Aug 2000	92.50	
300668	12.00ALV	284.05	16 Nov 1999	96.70	97.20
250558	11.00ALV	294.12	08 Mar 2000	94.30	
300662	9.50BAS	30.8	26 Sep 2000	99.70	100.20
364811	11.00BAS	29.22	15 Dec 1999	100.80	
281143	11.00BAS	29.41	22 Dec 1999	101.20	101.70
329699	9.25BAY	29.73	22 Oct 2001	101.50	
281140	10.50BAY	32.36	10 Dec 1999	98.50	99.00
184316	9.250CBK	33.2	18 Aug 2000	84.30	

Quotes für die Bayer-Aktienanleihe ▶

Das zunehmende Interesse der Institute an Reverse Convertibles in letzter Zeit hat mehrere Gründe: Im Unterschied zu Discount-Zertifikaten erfolgt kein direkter Preisabschlag, sondern eine indirekte Vergütung über die Zinszahlung. Das macht die ohnehin nicht leichte Bewertung gerade für Normalanleger noch schwieriger und gibt den Banken die Möglichkeit, die Emission mit einem ordentlichen Gewinnaufschlag zu plazieren, ohne daß es jeder gleich bemerkt. Ein weiteres Motiv sind die hohen Zinszahlungen, die von den Instituten gerne als Verkaufsargument benutzt werden.

Verglichen mit dem Zinsniveau, das für Schuldtitel mit gleicher Laufzeit erzielt werden kann, liegt der Kupon bei Aktienanleihen regelmäßig deutlich oberhalb der marktüblichen Sätze. Betrachten wir obigen Fall: Für die Bayer-Aktienanleihe wird ein Kupon von 10,5 Prozent gezahlt, während für eine alternative Geldanlage – etwa ein einjähriges Termingeld – Anfang Dezember 1998 nur knapp 3 Prozent zu erzielen waren. Derartige Vergleiche sind jedoch irreführend. Denn bei einer herkömmlichen Anlage wie etwa einem Termingeld ist ein Verlust so gut wie ausgeschlossen. Im Gegenteil: Jeder Anleger kann sicher sein, am Schluß einen Kapitalzuwachs von ungefähr drei Prozent erzielt zu haben. Dagegen ist der Kupon bei einer Aktienanleihe in Wahrheit gar keine sichere Kapitalverzinsung, wie den Verbrauchern gern Glauben gemacht wird. Das unterstreicht bereits ein einfaches Beispiel: Bis zum Laufzeitende braucht der Kurs der Bayer-Aktie nur um 3,40 Euro zu sinken, damit die Anleihe überhaupt keine Verzinsung mehr bringt. Fällt der Kurs noch weiter, gerät der Anleger sogar in die Verlustzone.

Pricing

Bewertung am Laufzeitende

Genau wie bei der Anschaffung eines Automobils oder Möbelstücks sollte sich jeder Verbraucher beim Kauf von Finanzinstrumenten die Frage stellen, ob das anvisierte Objekt zu einem angemessenen Preis angeboten wird, vielleicht besonders günstig ist oder womöglich viel zu hoch im Kurs steht. Jeder Anleger muß daher Vorstellungen davon haben, was ein Wertpapier eigentlich kosten darf. Die Bewertung von Finanztiteln – oder »Pricing«, wie es fachmännisch heißt – ist eine der bedeutendsten Handlungen im Rahmen von Anlageentscheidungen. Getrennt für Plain-Vanilla- und exotische Produkte wollen wir in den folgenden Abschnitten darstellen, wie sich Zertifikate bewerten lassen.

Da derlei Papiere eine begrenzte Laufzeit haben, kann man unterscheiden zwischen Pricing vor Fälligkeit und Bewertung am Laufzeitende.

Da am Verfalltag aufgrund der in den Emissionsbedingungen festgehaltenen Rückzahlungsmodalitäten eindeutig geregelt ist, wieviel Geld an den Anleger zurückgezahlt wird, ist auch der Wert eines Zertifikats unschwer zu ermitteln. Nehmen wir an, ein DAX-Zertifikat (Bezugsverhältnis: 1,0) mit einer Rückzahlungsobergrenze (Cap) bei 4.500 habe eine Laufzeit bis zum 1. Februar 1999. Am Verfalltag notiere der DAX bei 5.000 Punkten. Der Wert des Zertifikats kann nun ohne Probleme festgestellt werden: Zwar liegt der Index bei 5.000 Punkten, zurückgezahlt werden allerdings nur 4.500 € aufgrund des bestehenden Caps. Damit hat das Papier einen Wert von exakt 4.500 €. Etwas schwieriger ist

Da sich der Wert eines Zertifikats aus dem Wert des Underlyings ableitet (»ableiten« heißt lateinisch »derivare«), werden Zertifikate häufig auch zur Kategorie der Derivate gezählt.

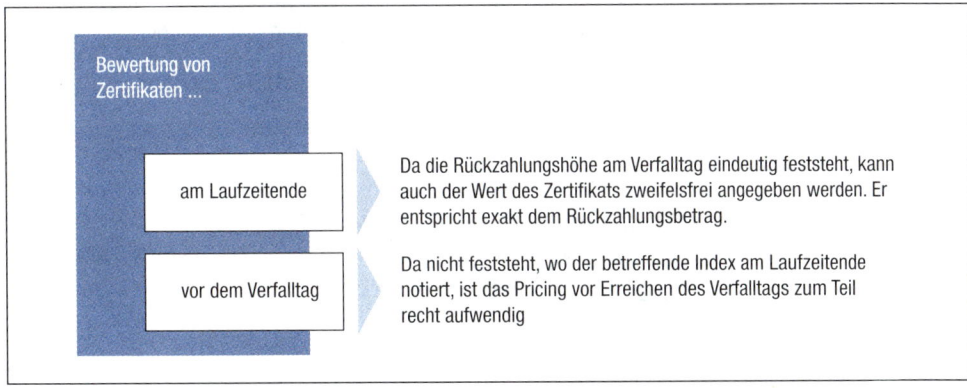

Bewertung von Zertifikaten ...

am Laufzeitende ▸ Da die Rückzahlungshöhe am Verfalltag eindeutig feststeht, kann auch der Wert des Zertifikats zweifelsfrei angegeben werden. Er entspricht exakt dem Rückzahlungsbetrag.

vor dem Verfalltag ▸ Da nicht feststeht, wo der betreffende Index am Laufzeitende notiert, ist das Pricing vor Erreichen des Verfalltags zum Teil recht aufwendig es, einen Wert vor Erreichen des Laufzeitendes festzustellen. Hierauf werden wir in den folgenden Kapiteln ausführlich zu sprechen kommen.

Viele Plain-Vanillas sind nicht leicht zu bewerten

Die Bewertung von Finanzinstrumenten wird fachmännisch »Pricing« genannt.

Der Wert herkömmlich strukturierter Index-Zertifikate läßt sich sehr einfach feststellen – vorausgesetzt, ein *Performance-Index* liegt zugrunde. Denn in dem Fall braucht man nur einen Blick auf den aktuellen Stand (»Spot«) des betreffenden Indexes zu werfen und schon weiß man, welchen Preis das Zertifikat just in dem Augenblick haben müßte. Die Begründung ist sehr einfach: Bereits im Kapitel über die Konstruktion von Indizes haben wir gesehen, daß ein auf Performance-Indizes basierendes Zertifikat rein gedanklich wie ein aus verschiedenen Wertpapieren (im Regelfalle Aktien) bestehendes Portfolio betrachtet werden kann. Der aktuelle Indexstand gibt an, welchen Wert das Depot augenblicklich besitzt. Ein Anleger hätte nun die Möglichkeit, das Index-Portfolio selbst zu bilden, indem er Aktien in der entsprechenden Zusammensetzung kauft. Er könnte indes auch Index-Zertifikate erwerben. Unabhängig davon, für welche Alternative sich der Anleger entscheidet, wird er in der Zukunft stets dieselben Gewinne und Verluste einfahren. Daher sollte das Zertifikat genauso teuer sein, wie das Portfolio. Mit anderen Worten: Der aktuelle Indexstand ist ein angemessener Preis für das Zertifikat.

Der Anleger nimmt eins zu eins an der Entwicklung des Indexes teil.

Bezugsverhältnis beeinflußt Zertifikatwert

DAX-Zertifikate mit einem Bezugsverhältnis von 1,0 haben einen Preis, der genau dem aktuellen Indexstand entspricht. Ist das Bezugsverhältnis hingegen geringer, nimmt der Anleger nicht mehr eins zu eins an der Wertentwicklung des DAX teil. Liegt das Verhältnis beispielshalber bei eins zu hundert ist jede Veränderung um einen Indexpunkt nicht mehr mit einem Wertanstieg bzw. -rückgang um einen Euro verbunden, sondern einer Wertänderung um einen Cent. Aus diesem Grunde entspricht der Wert eines derartigen Zertifikats auch nicht dem vollen Indexstand, sondern nur einem Hundertstel davon. Allgemein gilt, daß ein Zertifikat (Underlying: Performance-Index) einen Wert hat in Höhe des aktuellen Indexstands multipliziert mit dem Bezugsverhältnis.

Aktueller Zertifikatwert = Indexstand (Spot) × Bezugsverhältnis

Notiert der DAX zum Beispiel bei 5.500 Punkten, dann hat ein Zertifikat mit einem Bezugsverhältnis von 0,1 einen aktuellen Wert in Höhe von

$$5.500 \times 0{,}1 = 550 \text{ €}.$$

Ist anstelle eines Bezugs- ein Zertifikatverhältnis angegeben, ändert sich die Formel wie folgt:

$$\text{Aktueller Zertifikatwert} = \frac{\text{Indexstand (Spot)}}{\text{Zertifikatverhältnis}}$$

Ein wenig anders ist die Situation, wenn sich ein Zertifikat auf einen *Kursindex* bezieht. Jetzt partizipiert der Anleger nur an Kursveränderungen, nicht jedoch an Dividendenzahlungen. Zur Verdeutlichung ein einfaches Beispiel: Nehmen wir an, ein Zertifikat (Laufzeit: 1 Jahr) bezieht sich auf die T-Aktie (aktueller Preis: 20 €). In den nächsten zwölf Monaten wird mit einer Dividendenzahlung in Höhe von 2 € pro Aktie gerechnet. Weiter gehen wir davon aus, daß das Papier in einem Jahr zu einem Kurs von 30 € notiert.

Schauen wir zunächst auf einen Aktienanleger: Er bezahlt 20 €, kassiert im Laufe der nächsten Monate 2 € Dividende und verkauft sein Papier nach einem Jahr. Sein Gesamtertrag (»Performance«) setzt sich wie folgt zusammen:

> Künftige Dividendenzahlungen sind in aller Regel nur schwierig zu schätzen.

Kursgewinn	10 €
Dividende	2 €
Gesamtertrag	12 €

Anders dagegen die Situation beim Zertifikatkäufer. Er erhält am Laufzeitende zwar eine Rückzahlung in Höhe des aktuellen Aktienkurses. Von Dividendenzahlungen profitiert er allerdings nicht. Aus diesem Grunde wird er auch nicht bereit sein, für das Zertifikat genauso viel zu bezahlen wie für eine Aktie, sondern einen Preisabschlag in Höhe der Dividendenzahlung vornehmen.

Genau diese Überlegungen gelten auch für Zertifikate, die auf Kursindizes basieren. Als Preis für derlei Produkte kommt – im Unterschied zu Performance-Indizes – nicht der aktuelle Indexstand in Frage, sondern ein um die zukünftigen Dividendenzahlungen reduzierter Preis. Genaugenommen müssen die Dividendenzahlungen abgezinst werden. Begründung: Zahlungen in der Zukunft – sagen wir 11 € in einem Jahr – sind bei einem Zinsniveau von 10 Prozent gegenwärtig nur 10 € wert.

Das Hauptproblem bei der Berechnung eines angemessenen Preisabschlags liegt freilich darin, daß niemand zukünftige Dividendenzahlungen ganz exakt abschätzen kann. Dieser Punkt wiegt um so schwerer, je mehr Aktien im Index enthalten sind und je länger die Laufzeit ist. Bei einem Zertifikat (Gesamtlaufzeit: 10 Jahre)

> Die Stiftung Warentest hat Kurs- und Performance-Indizes verglichen: Wer Ende Februar 1994 insgesamt 10.000 DM in ein Performance-Zertifikat investiert hätte (Basis: EURO STOXX 50), konnte fünf Jahre später 28.670 DM kassieren. Mit dem EURO STOXX 50-Kursindex als Underlying hätte der Rückfluß nur 24.960 DM ergeben. Eigentlich müßten für fünfjährige STOXX-Kurszertifikate Abschläge von mehr als 12,9 % gewährt werden. Tatsächlich liegen die Preisnachlässe nur zwischen einem und drei Prozent.

Ein Blick in die Kurslisten offenbart: Die meisten Zertifikate beziehen sich auf Kursindizes. Nur selten werden Performance-Indizes herangezogen. Dies hat verschiedene Gründe: Zum einen existieren weltweit mehr Kurs- als Performance-Indizes. Andererseits werden Performance-Indizes im Gegensatz zu den meisten Kursindizes nicht laufend berechnet, sondern häufig nur einmal am Tag. Dies trifft beispielsweise für den Euro Stoxx 50 (Performance) zu, der – im Unterschied zum DAX – nur einmal täglich nach Handelsschluß bestimmt wird. In solchen Fällen ist es für einen Emittenten außerordentlich schwierig, laufend Quotierungen zu ermitteln.

Nicht weniger problematisch ist es, nur einmal am Tag (nach Handelsschluß) Kurse zu stellen. Denn der Händler kann zu diesen Konditionen selbst keine Geschäfte zu Sicherungszwecken mehr abschließen, da die Börse bereits geschlossen hat. Ein Kauf bzw. Verkauf der Indexaktien während des Tages ist hingegen kaum sinnvoll. Begründung: Der Händler kann meist nur schlecht abschätzen, ob Anleger anschließend in selbem Maße Zertifikate kaufen bzw. verkaufen.

Manche Häuser behelfen sich damit, daß sie den Index laufend selbst berechnen und ihre Ergebnisse als Ausgangspunkt für Quotierungen verwenden.

Der Abstand zwischen Zertifikatpreis und Stand des Kursindex verringert sich im Zeitablauf immer mehr. Am Verfalltag schließlich ist kein Unterschied mehr vorhanden.

auf den DAX 100-Kursindex müssen zum Emissionszeitpunkt für einhundert Aktien die Dividendenzahlungen für die kommenden zehn Jahre veranschlagt werden. Ein nahezu unlösbares Problem.

Es ist daher ausgesprochen schwierig, einen objektiven Wert für ein Kursindex-Zertifikat zu finden. Aus diesem Grund besteht hier eine besonders große Gefahr, daß Produkte zum Emissionszeitpunkt mit zu geringen Abschlägen – und damit für den Anleger zu teuer – angeboten werden. Besondere Vorsicht ist geboten, wenn keine Produkte von der Konkurrenz existieren, die eine identische Laufzeit aufweisen, und ein direkter Vergleich der Abschläge deshalb ausgeschlossen ist.

Unterschiede zwischen Aktien und Zertifikaten haben Einfluß auf Bewertung

Von einigen Emittenten stammen Zertifikate, die sich auf einzelne Aktien beziehen. Obwohl es auf den ersten Blick nicht den Anschein haben mag, sind kaum Gemeinsamkeiten mit »echten« Aktien vorhanden. Zur Verdeutlichung wollen wir einmal folgendes Produkt betrachten und darüber nachdenken, welche Unterschiede zwischen Zertifikat und der Aktie selbst herrschen.

Deutsche Telekom Zertifikat	
Underlying	T-Aktie
Bezugsverhältnis	1,0
Laufzeit	30.12.2000
Währung	Euro

Wer augenblicklich eine T-Aktie kauft – angenommen zum Kurs von 20 € – und das Papier am 30.12. 2000 wieder verkauft, erzielt denselben Rückfluß wie ein Zertifikatinhaber. Beide – Aktionär und Zertifikatinhaber – partizipieren in gleicher Weise von der reinen Aktienkursentwicklung. Das ist allerdings auch schon die einzige Übereinstimmung. Denn der Aktionär hat im Gegensatz zum Zertifikatbesitzer sowohl einen Anspruch auf zwischenzeitlich ausgeschüttete Dividendenzahlungen als auch die Gelegenheit, an der *Hauptversammlung* der Deutschen-Telekom AG teilzunehmen und bestimmte Entscheidungen mitzubeeinflussen. Diese Dinge beziehen viele Anleger in ihre Überlegungen nicht mit ein und denken deshalb, ein Zertifikat wie das oben aufgeführte müßte denselben Preis haben wie die Aktie. Der Verzicht auf *Dividendenzahlungen* und die fehlende Möglichkeit, die Unternehmenspolitik auf der Hauptversammlung mitzubestimmen, müssen zu einem Preisabschlag gegenüber dem aktuellen Aktienkurs führen.

> Aktionäre sind Miteigentümer (Eigenkapitalgeber), Zertifikatinhaber hingegen Gläubiger (Fremdkapitalgeber).

Ein Zertifikatinhaber hat gegenüber einem Aktionär sogar noch einen weiteren Nachteil in Kauf zu nehmen. Denn das Zertifikat hat eine feste Laufzeit und wird am 30.12. 2000 definitiv zurückgezahlt, ob der Anleger will oder nicht. Ein Aktionär könnte noch warten und seine Papiere erst später veräußern, während der Zertifikatinhaber sich nach einer alternativen Anlage umsehen muß. Er hat zwar die Möglichkeit, T-Aktien zu erwerben, muß sich dann im Regelfall allerdings zusätzlich mit Anschaffungskosten (Bankprovisionen usw.) abfinden und hat damit im Endeffekt einen höheren Aufwand als derjenige, der sofort Aktien gekauft hat.

> Im Unterschied zu Zertifikatinhabern haben Aktionäre ein Bezugsrecht bei der Ausgabe neuer (»junger«) Aktien. Vermögensverluste aufgrund gesunkener Aktienkurse werden so vermieden. Ein Zertifikatinhaber erhält hingegen keinen derartigen Ausgleich. Dieser Nachteil muß sich im Zertifikatpreis auswirken.

Die aufgezählten Nachteile haben selbstverständlich Einfluß auf die Bewertung von Aktienzertifikaten. Verglichen mit einer normalen Aktie muß der Preis für ein entsprechendes Zertifikat unterhalb des Aktienkurses liegen. Bedauerlicherweise kann jedoch niemand genau sagen, wie hoch der Preisabschlag sein muß. Dafür müßte man wissen, wie hoch die Dividendenzahlungen in Zukunft ausfallen. Da deren Höhe allerdings ebenfalls erst in Zukunft festgelegt wird, müssen sich die Anleger mit Schätzungen – und der damit verbundenen Ungenauigkeit – abfinden. Werden die künftigen Dividenden zu gering geschätzt, fällt auch der Preisabschlag für das Aktienzertifikat zu niedrig aus und ein Anleger kauft das Papier zu teuer.

> Noch schwieriger als zukünftige Dividenden ist der Wert zu veranschlagen, den das Recht zur Teilnahme an der Hauptversammlung besitzt.

Da Zertifikatinhaber im Vergleich zu Aktionären keinerlei Mitspracherechte besitzen, ist auch dafür eine Preisminderung erforderlich. Welchen Wert die Teilnahme an einer Hauptversammlung hat, ist allerdings noch viel schwieriger abzuschätzen als zukünftige Dividendenzahlungen.

Zertifikate sind keine Aktien

In Deutschland haben Aktien in den letzten Jahren einen bemerkenswerten Aufschwung erfahren. Bei den Anlegern besonders beliebt sind Neuemissionen. In der Vergangenheit ist es häufig vorgekommen, daß das Interesse an neuemittierten Aktien erheblich größer war als das Angebot. Die Emissionen waren – wie es in der Fachsprache heißt – überzeichnet. Ein Beispiel dafür sind Telekom-Aktien. Damit Anleger trotzdem die Möglichkeit haben, an der Wertentwicklung neuer Aktien zu partizipieren, geben einige Banken Aktienzertifikate heraus. Die meisten Häuser setzen dabei auf die allgemeine Aktien-Euphorie und hoffen, daß Anleger, die keine richtigen Unternehmensanteile mehr erhalten haben, als Ersatz Zertifikate kaufen. Doch Anleger sollten vorsichtig sein, denn was auf den ersten Blick anmutet wie eine Aktie, ist in Wirklichkeit eine Schuldverschreibung. Inhaber von Zertifikaten haben sich nicht an einem Unternehmen beteiligt, sondern ihr Geld nur für einen bestimmten Zeitraum an den Emittenten der Zertifikate verliehen.

Exoten bewerten

Möglichkeiten zur Bewertung

Viele Exoten bestechen durch ihre Einmaligkeit.

Weiter oben haben wir bereits darauf aufmerksam gemacht, daß exotische Zertifikate vielfältige Formen annehmen können und von den Emittenten zum Teil mit sehr individuellen Ausstattungselementen (z. B. Verfalltermin) und undurchsichtigen Konstruktionsmerkmalen versehen werden. Für Anleger, die derlei Produkte bewerten wollen, sind das nicht selten kaum zu überwindende Hürden. Für Emittenten bieten sich hingegen hervorragende Ausgangsvoraussetzungen, um bei der Preisfestsetzung die eigenen Interessen in den Vordergrund zu rücken.

Allerdings stehen Anleger dieser Situation nicht unbedingt machtlos gegenüber. Denn erstens ist niemand gezwungen, Exoten zu kaufen, auch wenn die Werbebotschaften in den Emissionsprospekten noch so verlockend klingen. Zweitens gibt es durchaus Möglichkeiten, für exotische Zertifikate einen angemessenen Wert – Fachleute sprechen vom *fairen Wert* (englisch: *fair value*) – zu bestimmen.

Eine ziemlich einfache Lösung haben wir im vorhergehenden Kapitel bereits kennengelernt. Durch einen Preisvergleich bei Zertifikaten, die hinsichtlich ihrer Ausstattungsmerkmale nahezu übereinstimmen, läßt sich leicht feststellen, wo ein bestimmtes Produkt am günstigsten zu haben ist. Diese Methode ist zwar einfach und plausibel, doch leider kann man sie bei Exoten nur in ganz seltenen Fällen anwenden. Grund: Die Emittenten statten ihre Zertifikate bewußt so aus, daß der Verbraucher gar nicht erst die Möglichkeit erhält, direkte Preisvergleiche anzustellen.

Es existiert jedoch noch ein anderer Weg, wie man den fairen Preis für ein exotisches Zertifikat findet. Dazu wird die Zahlungsstruktur des Produkts – sofern dies möglich ist – durch andere Finanzinstrumente nachgebildet oder dupliziert, wie es in der Fachsprache heißt. Aus dem Preis des Duplikats werden dann Rückschlüsse auf den Wert des Zertifikats gezogen. Diese Methode heißt »*Pricing by Duplication*«, was frei übersetzt etwa bedeutet: »Bewertung durch Nachbildung«.

Pricing by Duplication

Wir werden uns im weiteren ausführlich mit dieser Methode befassen und an konkreten Fallbeispielen erläutern, wie man exotische Zertifikate auf diese Weise bewerten kann. Dabei beschränken wir uns auf die bislang gängigsten Produkte, und zwar Discount- und Garantie-Zertifikate, Mini-Max-Produkte sowie Reverse Participations.

Bewertungsmethoden im Überblick

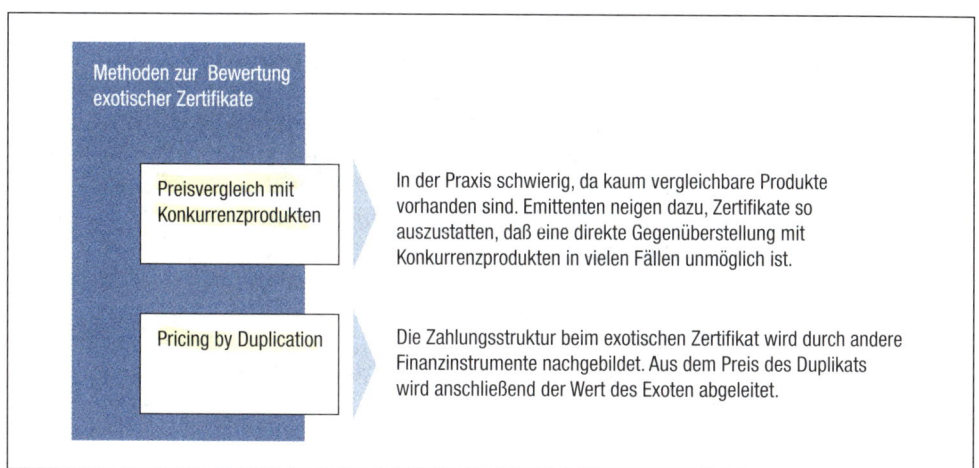

Methoden zur Bewertung exotischer Zertifikate

Preisvergleich mit Konkurrenzprodukten
In der Praxis schwierig, da kaum vergleichbare Produkte vorhanden sind. Emittenten neigen dazu, Zertifikate so auszustatten, daß eine direkte Gegenüberstellung mit Konkurrenzprodukten in vielen Fällen unmöglich ist.

Pricing by Duplication
Die Zahlungsstruktur beim exotischen Zertifikat wird durch andere Finanzinstrumente nachgebildet. Aus dem Preis des Duplikats wird anschließend der Wert des Exoten abgeleitet.

Discount-Zertifikate (Zertifikate mit Cap)

Das typische Merkmal eines Discount-Zertifikats liegt darin, daß die Rückzahlung auf einen bestimmten, vorab vom Emittenten festgelegten Höchstbetrag begrenzt ist. Wie sich der Wert eines solchen

Produkts durch Pricing by Duplication feststellen läßt, wollen wir am Beispiel eines von der *Commerzbank* stammenden DAX-Discount-Zertifikats erläutern. Hier zunächst die Ausstattungselemente:

DAX Discount-Zertifikat	
Underlying	DAX
Bezugsverhältnis	1,0
Laufzeit	16.8.1999
Währung	DM
Cap-Kurs	4.400 DM

Als Bewertungstag haben wir den 21.12.1998 gewählt. Beim Pricing by Duplication gehen wir in folgenden vier Einzelschritten vor:

Pricing by Duplication
in 4 Schritten

1. Beschreibung der Zahlungsstruktur des DAX-Discount-Zertifikats
2. Nachbildung der Zahlungsstruktur durch alternative Finanzinstrumente (»Duplikat«)
3. Bewertung des Duplikats
4. Wert des DAX-Discount-Zertifikats aus dem Preis des Duplikats ableiten.

Unter der Zahlungsstruktur des DAX-Discount-Zertifikats verstehen wir die Höhe des Rückzahlungsbetrages in Abhängigkeit des Indexstands am Verfalltag. Durch einen Blick in die Emissionsbedingungen (siehe Tabelle) läßt sich erkennen, wie der DAX-Stand die Rückzahlung am Verfalltag (16.8.1999) beeinflußt. Wir können zwei unterschiedliche Bereiche voneinander trennen: Zum einen Indexstände genau bei 4.400 Punkten oder *unterhalb* davon (Zone 1) und zum anderen DAX-Werte, die *oberhalb* dieser Marke liegen (Zone 2).

Notiert der DAX am Verfalltag in Zone 1, entspricht die Höhe des Rückzahlungsbetrages exakt dem Indexstand. Beim Stand von beispielsweise 2.500 Punkten beläuft sich die Rückzahlung auf 2.500 Mark, bei 3.200 Punkten auf 3.200 Mark usw. In Zone 2 dagegen übt der DAX-Stand keinerlei Einfluß mehr aus. Jetzt ist es für den Zahlungsrückfluß vollkommen unerheblich, ob der Index relativ niedrig notiert (z.B. 4.450 Punkte) oder einen hohen Stand aufweist (z.B. 8.500 Punkte). Ein Zertifikat-Inhaber erhält am Laufzeitende gleichbleibend 4.400 Mark.

Graphisch läßt sich die Zahlungsstruktur wie in nachstehender Abbildung veranschaulichen.

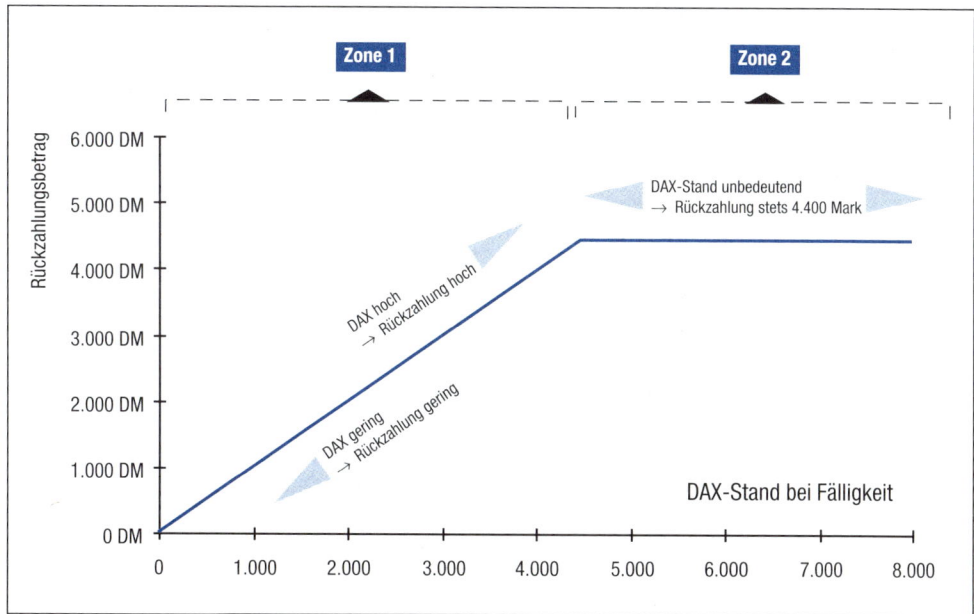

Im zweiten Schritt gehen wir der Frage nach, wie sich die Zahlungs-struktur beim DAX-Discount-Zertifikat durch andere Finanzpro-dukte herstellen läßt. Betrachten wir zunächst Zone 1 in obiger Abbildung. Fällt der DAX am Verfalltag in diesen Bereich, sind Rückzahlungshöhe und Indexstand identisch. Das DAX-Discount-Zertifikat weist hier also dieselbe Zahlungsstruktur auf wie ein normales DAX-Zertifikat (Plain-Vanilla-Produkt).

Mit einem herkömmlichen Zertifikat allein läßt sich die gesamte Zahlungsstruktur des Exoten allerdings nicht nachbilden. Denn das Plain-Vanilla-Produkt liefert auch bei DAX-Ständen oberhalb von 4.400 stets eine Rückzahlung, die sich vollständig mit dem In-dexstand deckt. Wenn man so will, sind die Rückflüsse von da an zu hoch. Bei einem Niveau von beispielsweise 4.600 Punkten erhält der Inhaber eines DAX-Discount-Zertifikats 4.400, ein Anleger mit dem Plain-Vanilla-Produkt hingegen 4.600 Mark, also 200 Mark mehr. Allgemein läßt sich sagen, daß in Zone 2 die Rückzahlung ei-nes normalen DAX-Zertifikats um folgenden Betrag (»Differenzbe-trag«) über der des Exoten liegt:

Differenzbetrag = DAX-Stand am Verfalltag – 4.400

Wir müssen daher zusätzlich zum normalen DAX-Zertifikat ein weiteres Finanzprodukt miteinbeziehen und verfolgen dabei das Ziel, insgesamt nicht nur die Zahlungsstruktur in Zone 1, sondern

Wir duplizieren die Position eines Zertifikat-inhabers, nicht die des Emittenten.

darüber hinaus auch das Profil in Zone 2 nachzubilden. Das Produkt, das wir nun hinzunehmen, muß die beiden folgenden Eigenschaften erfüllen: Es darf erstens die Zahlungsstruktur, die das Plain-Vanilla-Zertifikat in Zone 1 erzeugt, nicht beeinflussen. Zweitens muß es dazu führen, daß sich die Rückzahlung aus dem normalen Zertifikat bei DAX-Ständen oberhalb von 4.400 um den »Differenzbetrag« reduziert. Es muß also ein Finanzprodukt gefunden werden, das dem Anleger bei einem Indexstand von beispielshalber 4.600 Punkten genau 200 DM abverlangt, bei DAX-Ständen unter 4.400 allerdings keinerlei Folgen verursacht.

Besinnen wir uns zur Lösung des Problems auf das Kapitel über Optionen ganz zu Beginn dieses Buches. Wir hatten dort festgestellt, daß Kaufoptionen für den Stillhalter immer dann zu einer Auszahlung führen, wenn am Verfalltag der Basispreis überschritten wird. Dies hilft uns bei der Lösung der Fragestellung. Denn wenn wir eine europäische DAX-Option (Verfalltag: 16.8.1999, Bezugsverhältnis: 1,0) mit einem Basispreis in Höhe des Caps (=4.400) verkaufen, hätte dies folgende Konsequenzen: Notiert der DAX am 16.8.1999 unterhalb von 4.400, bestehen für uns keine Zahlungsverpflichtungen aufgrund der Optionsposition. Liegt das Börsenbarometer jedoch über dieser Marke, sind wir zu einer Zahlung in Höhe der Differenz aus aktuellem Indexstand und Basispreis verpflichtet. Nehmen wir zu Veranschaulichung das obige Zahlenbeispiel: Der DAX hat einen Stand von 4.600 Punkten. Als Stillhalter der Kaufoption sind wir zu einer Zahlung in Höhe von 200 DM an den Optionsinhaber verpflichet. Da wir gleichzeitig jedoch im Besitze eines Plain-Vanilla-Zertifikats sind, erhalten wir eine Rückzahlung von 4.600 DM. Für uns bleiben summa summarum 4.400 DM übrig, genau wie beim DAX-Discount-Zertifikat der Commerzbank.

Wir stellen fest, daß sich die Zahlungsstruktur eines gekauften DAX-Discount-Zertifikats nachbilden läßt durch

Die Option muß nur am Verfalltag ausgeübt werden können, da das Zertifikat erst am Laufzeitende zurückgezahlt werden kann. Daher ist eine europäische und keine amerikanische Option erforderlich.

- ein *gekauftes* Plain-Vanilla-DAX-Zertifikat (Verfalltermin: 16.8.1999) und zusätzlich
- eine *verkaufte* europäische DAX-Kaufoption (Basispreis: 4.400, Verfalltag: 16.8.1999, Bezugsverhältnis: 1,0).

Der Vollständigkeit wegen wollen wir nachprüfen, ob das DAX-Discount-Zertifikat (»Original«) und die Kombination aus gekauftem Plain-Vanilla-DAX-Zertifikat sowie verkauftem DAX-Call, also das Duplikat, auch bei anderen DAX-Szenarien wirklich denselben Rückfluß liefern (siehe folgende Abbildung).

Man sieht deutlich, daß die Rückzahlung beim Duplikat immer der des Originals entspricht. Es ist uns also gelungen, die Zahlungsstruktur des DAX-Discount-Zertifikats exakt nachzubilden.

DAX-Stand am Verfalltag	Original	Duplikat		
	Rückzahlung beim DAX-Discount-Zertifikat	Gekauftes DAX-Zertifikat	Verkaufter DAX-Call	Rückzahlung beim Duplikat
0	0 DM	0 DM	0 DM	0 DM
500	+500 DM	+500 DM	0 DM	+500 DM
1.000	+1.000 DM	+1.000 DM	0 DM	+1.000 DM
1.500	+1.500 DM	+1.500 DM	0 DM	+1.500 DM
2.000	+2.000 DM	+2.000 DM	0 DM	+2.000 DM
2.500	+2.500 DM	+2.500 DM	0 DM	+2.500 DM
3.000	+3.000 DM	+3.000 DM	0 DM	+3.000 DM
3.500	+3.500 DM	+3.500 DM	0 DM	+3.500 DM
4.000	+4.000 DM	+4.000 DM	0 DM	+4.000 DM
4.500	+4.400 DM	+4.500 DM	−100 DM	+4.400 DM
5.000	+4.400 DM	+5.000 DM	−600 DM	+4.400 DM
5.500	+4.400 DM	+5.500 DM	−1.100 DM	+4.400 DM
6.000	+4.400 DM	+6.000 DM	−1.600 DM	+4.400 DM

Nun gehen wir zum dritten Schritt über und bewerten separat jeden einzelnen Bestandteil des Duplikats. Beginnen wir mit dem normalen DAX-Zertifikat. Im Kapitel über die Bewertung von Plain-Vanilla-Papieren haben wir bereits festgestellt, daß der aktuelle Wert eines derartigen Produkts identisch ist mit dem aktuellen Stand des Indexes. Zur Erinnerung: Ein Kursabschlag ist hier nicht erforderlich, da es sich beim DAX um einen Performance- und nicht um einen Kurs-Index handelt.

Den Stand des DAX können wir im *Internet* abrufen – etwa unter der Adresse der Deutschen Börse: http://www.exchange.de. Der DAX notiert am Ende des Bewertungstages bei 4.746 Punkten. Damit hätte das Plain-Vanilla-Zertifikat einen Wert von 4.746 Mark, und wir müßten genau diesen Betrag bezahlen, um ein Zertifikat zu erwerben.

Wenden wir uns nun der DAX-Option zu. Um an deren aktuellen Wert zu gelangen, stehen uns grundsätzlich zwei Wege offen. Zum einen könnten wir Quotierungen für derartig ausgestattete Produkte zum Beispiel im Internet abrufen. Dieser Möglichkeit sind in der Praxis allerdings enge Grenzen gesetzt, da man nur selten ein Instrument findet, das die gewünschten Merkmale aufweist. Wir können andererseits den Optionspreis aber auch selbst kalkulieren. Der aktuelle Wert der Option hängt von folgenden Größen ab:

Quotierungen für Optionen, insbesondere Optionsscheine, können im Internet z. B. unter »http://www.finanzen online.de« abgerufen werden.

- Basispreis (=4.400 DM)
- Laufzeit (bis 16.8.1999)
- aktueller Preis des Underlyings (=aktueller DAX-Stand = 4.746 Punkte = 4.746 Mark)
- aktuelles Zinsniveau
- zukünftige DAX-Volatilität

Bis auf das aktuelle Zinsniveau und die zukünftige DAX-Volatilität liegen uns sämtliche preisbestimmenden Faktoren vor. Als Zinssatz verwenden wir den aktuellen 9-Monats-DM-Libor, den wir wiederum im *Internet* abrufen, zum Beispiel auf der Seite der Dresdner-Bank (http://www.mis.dresdner-bank.de). Hier wird ein Wert von 3,20 Prozent ausgewiesen. Schließlich müssen wir noch die zukünftige DAX-Volatilität abschätzen. Dafür orientieren wir uns am aktuellen Stand des VDAX, den wir ebenfalls im Internet unter der soeben erwähnten Adresse abrufen können. Der Volatilitäts-Index liegt bei 35,30 %.

Maximalrendite – bei Discount-Zertifikaten leicht bestimmbar

Bei Plain-Vanilla-Zertifikaten weiß niemand im voraus, welcher Maximalertrag erzielbar ist. Denn bis zum Laufzeitende kann der Index – zumindest theoretisch – beliebig weit steigen. Ganz anders die Situation bei Discount-Zertifikaten. Hier existiert eine Rückzahlungsobergrenze, so daß bereits zum Kaufzeitpunkt feststeht, was im günstigsten Falle zurückfließt. Nehmen wir die Werte aus dem Fallbeispiel: Die Commerzbank stellt Ende Dezember 1998 für das DAX-Discount-Zertifikat (Cap: 4.400 Punkte; Laufzeitende: August 1999) einen Kurs von 3.969 Mark. Der Maximalertrag pro Zertifikat liegt also bei

$$4.400 - 3.969 = 431 \text{ Mark.}$$

Das entspricht einer Maximalrendite von knapp 17 Prozent p.a.

Nun müssen wir die Werte noch in die *Optionspreisformel* einsetzen und den Optionspreis ausrechnen. Auch dafür stehen inzwischen eine Reihe von Hilfsmitteln im Internet zur Verfügung. Wir haben hier den von der Dresdner-Bank angebotenen Rechner verwendet (Internet-Adresse siehe oben). Zur Orientierung ist weiter unten ein Ausschnitt aus der entsprechenden Internet-Seite abgebildet. Darauf ist zu sehen, welche Werte für die jeweiligen Parameter eingegeben wurden. Dividendenzahlungen sind bei einem Performance-Index belanglos, deshalb wurde ein Wert von Null in das Dividendenfeld eingetragen. Mit Hilfe des Optionsrechners läßt sich ein Preis von 758,46 Mark ermitteln.

Nun sind wir in der Lage, den Preis für das Duplikat zu bestimmen. Das Plain-Vanilla-Zertifikat wird gekauft (=Auszahlung), während wir die Prämie für den Verkauf der DAX-Option vereinnahmen (=Einzahlung). Daher können wir folgende Rechnung anstellen:

Beim Pricing by Duplication wird deutlich, daß es sich bei Discount-Zertifikaten um den Kauf einer Aktie (oder eines anderen Finanztitels) handelt und gleichzeitig die Rolle eines Stillhalters eingenommen wird. Diese beiden Einzelgeschäfte sind in einem Wertpapier (=Zertifikat) zusammengefaßt worden.

Kauf des Plain-Vanilla-DAX-Zertifikats	4.746,00 DM (Zahlungsabfluß)
Verkauf der DAX-Option	758,46 DM (Zahlungszufluß)
Wert des Duplikats	**3.987,54 DM**

Options-Rechner

Der Optionsrechner wurde im Internet abgerufen.

European Style Call			▼
Spotpreis:	4746.0		
Strikepreis:	4400.0		
Volatilität (%):	35.3		Vola berechnen
risikofreier Zins (%):	3.2		
Heutiges Datum:	21 ▼	Dez ▼	1998 ▼
Fälligkeitsdatum:	16 ▼	Aug ▼	1999 ▼
Dividende:	0.0		
Datum Dividendenz.:	22 ▼	Dez ▼	1998 ▼
Delta:	0.6844742		
Preis der Option:	758.45654		Preis berechnen

Da das Duplikat seinem Inhaber in Zukunft (=16.8.1999) denselben Rückzahlungsbetrag bringt wie das DAX-Discount-Zertifikat der Commerzbank, muß der Preis für den Exoten am Bewertungstag (=21.12.1998) in etwa bei 3.987,54 DM liegen. Im Internet (http://www.finanzenonline.de) wird für das Commerzbank-Zertifikat ein Preis von 3.969 DM ausgewiesen, der ungefähr 0,5 Prozent unterhalb des angemessenen Preises liegt (siehe folgender Ausschnitt). Das Produkt kann als fair bewertet angesehen werden.

				Kurs ▼	Cap ▼
DAX	T&B	372351	12.99	43.78	–
DAX	T&B	372355	12.00	41.20	–
DAX	T&B	372352	12.99	45.25	–
DAX	T&B	372463	12.00	42.92	–
DAX	COB	129425	12.98	4733.5	–
DAX	COB	392271	03.99	2374.5	2400
DAX	COB	392272	03.99	2570.0	2600
DAX	COB	392268	12.98	0.00	2800
DAX	COB	392269	12.98	0.00	3000
DAX	COB	392270	12.98	0.00	3200
DAX	COB	392277	08.99	3969.0	4400
DAX	COB	392278	08.99	4199.0	4800
DAX	COB	175904	09.03	92.65	–

Wir können also festhalten, daß sich ein angemessener Preis für ein Discount-Zertifikat auf folgende Weise bestimmen läßt solange ein Performance-Index zugrunde liegt:

Aktueller Indexstand	minus	Aktueller Preis einer europäischen Index-Option (Call) mit • derselben Restlaufzeit wie das Discount-Zertifikat • einem Basispreis in Höhe des Caps

Aufgrund der Tatsache, daß die Ertragschancen im Vergleich zu einem Plain-Vanilla-Produkt begrenzt sind, muß ein Cap-Zertifikat immer preiswerter sein.

Exoten sind auf vielerlei Art zu bewerten.

Duplizierung mit Zerobond und Put-Option

Es gibt noch eine weitere Möglichkeit, um den Zahlungsrückfluß eines Discount-Zertifikats (aus Sicht eines Anlegers) zu duplizieren. Dafür wird ein Zerobond gekauft, dessen Verfalltermin mit dem Laufzeitende des Zertifikats übereinstimmt und dessen Tilgungsbetrag sich außerdem mit dem Cap-Wert deckt. Ferner muß eine Put-Option mit folgenden Ausstattungsmerkmalen verkauft werden:

• Underlying = Index
• Basispreis = Cap-Wert
• Ausübungsmodalität = europäisch
• Verfalltermin = Laufzeitende des Cap-Zertifikats

Ziehen wir zur Veranschaulichung die Daten aus dem obigen Fallbeispiel heran. Als Bewertungstag wählen wir wiederum den 21.12.1998.
Um den Rückzahlungsbetrag nachzubilden, müssen wir einerseits einen Zerobond kaufen, der am 16.8.1999 in einer Summe von 4.400 Mark getilgt wird. Andererseits verkaufen wir einen europäischen Index-Put (Strike: 4.400, Laufzeit: 16.8.1999). Daß eine Duplizierung mit der Kombination aus Zerobond und Put Erfolg hat, belegen die Zahlen in nachstehender Tabelle (nächste Seite).
Das Zinsniveau für Zerobonds mit entsprechender Restlaufzeit (238 Tage) liegt am Bewertungstag bei 3,20 Prozent. Damit hat der Zerobond einen Preis von 4.309,88 Mark. Für den Index-Put läßt sich mit Hilfe des Optionsrechners ein Wert von 322,34 Mark kalkulieren. Damit kann folgende Rechnung aufgestellt werden.

Kauf eines Zerobonds	4.309,88 DM (Zahlungsabfluß)
Verkauf eines DAX-Put	322,34 DM (Zahlungszufluß)
Wert des Duplikats	**3.987,54 DM**

Fazit: Es ergibt sich derselbe Preis wie bei einer Duplizierung mit einem gekauften Zertifikat und einem verkauften DAX-Call.

DAX-Stand am Verfalltag	Original	Duplikat		
	Rückzahlung beim DAX- Discount-Zertifikat	Gekaufter Zerobond	Verkaufter DAX-Put	Rückzahlung beim Duplikat
0	0 DM	+4.400 DM	–4.400 DM	0 DM
500	+500 DM	+4.400 DM	–3.900 DM	+500 DM
1.000	+1.000 DM	+4.400 DM	–3.400 DM	+1.000 DM
1.500	+1.500 DM	+4.400 DM	–2.900 DM	+1.500 DM
2.000	+2.000 DM	+4.400 DM	–2.400 DM	+2.000 DM
2.500	+2.500 DM	+4.400 DM	–1.900 DM	+2.500 DM
3.000	+3.000 DM	+4.400 DM	–1.400 DM	+3.000 DM
3.500	+3.500 DM	+4.400 DM	–900 DM	+3.500 DM
4.000	+4.000 DM	+4.400 DM	–400 DM	+4.000 DM
4.500	+4.400 DM	+4.400 DM	0 DM	+4.400 DM
5.000	+4.400 DM	+4.400 DM	0 DM	+4.400 DM
5.500	+4.400 DM	+4.400 DM	0 DM	+4.400 DM
6.000	+4.400 DM	+4.400 DM	0 DM	+4.400 DM

Garantie-Zertifikate (Zertifikate mit Floor)

Das Gegenstück zu Discount-Zertifikaten bilden Produkte, bei denen der Emittent eine bestimmte Mindestrückzahlung garantiert. Die Bewertung derartiger Floor-Zertifikate ist in etwa vergleichbar mit der von Discount-Zertifikaten. Anhand des bereits bekannten Produkts von *Trinkaus & Burkhardt* wollen wir das einmal demonstrieren. Hier zur Erinnerung die Ausstattungsmerkmale:

Fest steht: Ein Garantie-Zertifikat muß teurer sein als ein Plain-Vanilla-Papier, da Verluste begrenzt sind.

DAX Garantie-Zertifikat	
Underlying	DAX
Bezugsverhältnis	1,0
Laufzeit	14.3.1997
Währung	DM
Floor-Kurs	1.775 DM

Zu Beginn wollen wir überlegen, ob ein Floor-Zertifikat teurer oder preiswerter sein muß als ein vergleichbares Plain-Vanilla-Produkt. Werfen wir dafür zunächst einen Blick in das vorherige Kapitel. Dort haben wir herausgefunden, daß ein Cap-Zertifikat aufgrund der begrenzten Rückzahlungshöhe preiswerter sein muß als ein Plain-Vanilla-Produkt.

Betrachten wir im Vergleich dazu die Ertragssituation beim Garantie-Zertifikat von *Trinkaus & Burkhardt*: hier ist die Chance auf hohe Erträge unbegrenzt – genau wie bei einem Plain-Vanilla-Produkt –, im Gegensatz zu einem herkömmlichen Zertifikat ist jedoch die Verlustgefahr limitiert. Während der Inhaber eines normalen DAX-Zertifikats bei einem Indexstand von beispielshalber 1.500 Punkten eine entsprechende DM-Rückzahlung bekommt, fließen an den Inhaber des Floor-Zertifikats insgesamt 1.775 DM zurück, also 275 Mark mehr. Aufgrund dessen muß der Kurs über dem Preis für ein Plain-Vanilla-Produkt liegen.

Es gilt:
Je höher der Floor, um so
teurer das Zertifikat.

Wo der Wert für ein Garantie-Zertifikat ganz exakt angesiedelt sein muß, werden wir wiederum herausbekommen, indem wir das Produkt durch bestimmte Finanzinstrumente nachbilden. Dafür betrachten wir zunächst die Zahlungsstruktur beim Floor-Zertifikat von *Trinkaus & Burkhardt* . Es lassen sich zwei Bereiche unterscheiden: auf der einen Seite DAX-Stände, die keinerlei Einfluß auf die Rückzahlungshöhe haben (Zone 1), andererseits Indexwerte, die sich exakt mit der Höhe der Rückflüsse decken (siehe Zone 2 in folgender Abbildung).

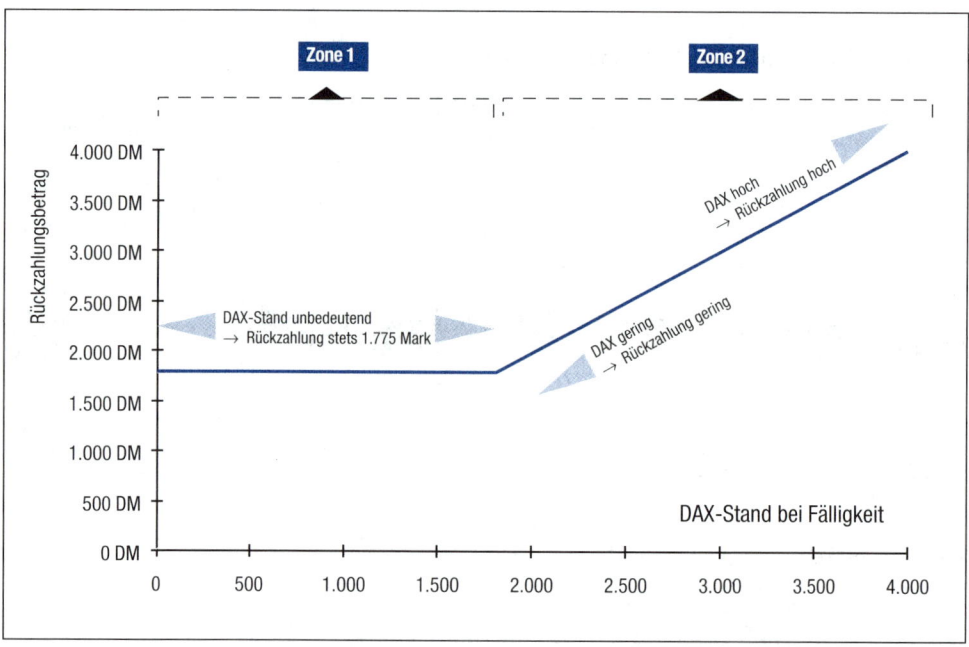

Die Rückzahlung in Zone 2 kann ohne weiteres durch ein herkömmliches DAX-Zertifikat dupliziert werden. Das allein reicht allerdings noch nicht aus, da bei Indexständen unterhalb von 1.775 Punkten keine gleichhohen Rückflüsse erfolgen. Wir müssen daher wenigstens ein weiteres Finanzinstrument mit einbeziehen. Dieses muß die Eigenschaft haben, bei DAX-Werten unterhalb der Marke von 1.775 Punkten zu Zahlungen an den Zertifikatinhaber zu führen, und zwar in folgender Höhe:

Zahlung an den Zertifikatbesitzer = 1.775 – DAX-Stand

Ein Zahlungszufluß in diesem Ausmaß erhält der Inhaber eines Plain-Vanilla-Zertifikats, wenn er obendrein eine Verkaufsoption (Put) besitzt, die die nachstehenden Ausstattungsmerkmale aufweist:

Verkaufsoption	
Underlying	DAX
Basispreis	1.775
Bezugsverhältnis	1,0
Laufzeit	14.3.1997
Ausübungsmodalität	europäisch
Andienung	Cash Settlement

Durch ein gekauftes Plain-Vanilla-DAX-Zertifikat und eine gekaufte DAX-Verkaufsoption läßt sich die Rückzahlungsstruktur des Garantie-Zertifikats genau nachbilden. Zur Demonstration ein Zahlenbeispiel: Angenommen, der DAX stünde am 14.3.1997 bei 1.500 Punkten. Die Rückflüsse beim normalen Zertifikat belaufen sich auf 1.500 DM. Da der Basispreis der Put-Option unterschritten wird, übt der Anleger sein Verkaufsrecht aus und erhält vom Stillhalter 275 Mark (=1.775 – 1.500). Das macht zusammen:

Rückzahlung beim Plain-Vanilla-DAX-Zertifikat	1.500 DM
Zahlung bei der Put-Option	275 DM
Gesamte Rückflüsse	**1.775 DM**

Die Rückflüsse beim Duplikat sind also identisch mit denen des Originals. Zur Überprüfung betrachten wir jetzt mehrere DAX-Szenarien (siehe folgende Graphik). Es ist nicht zu übersehen, daß durch das gekaufte Plain-Vanilla-Produkt sowie die gekaufte DAX-Verkaufsoption die Rückzahlungsstruktur des Garantie-Zertifikats exakt nachgebildet wird.

Durch richtige Verknüpfung der Einzelpreise ergibt sich der Zertifikatkurs.

Was ein Floor-Zertifikat kosten darf, können wir jetzt problemlos herausfinden. Dazu müssen wir den Wert des DAX-Zertifikats und den Preis der DAX-Put-Option kalkulieren und aufaddieren, da wir diesmal beide Instrumente kaufen müssen. Der Kurs des Plain-

DAX-Stand am Verfalltag	Original Rückzahlung beim DAX- Garantie-Zertifikat	Duplikat Gekauftes DAX-Zertifikat	Gekaufter DAX-Put	Rückzahlung beim Duplikat
0	+1.775 DM	0 DM	+1.775 DM	+1.775 DM
500	+1.775 DM	+500 DM	+1.275 DM	+1.775 DM
1.000	+1.775 DM	+1.000 DM	+775 DM	+1.775 DM
1.500	+1.775 DM	+1.500 DM	+275 DM	+1.775 DM
2.000	+2.000 DM	+2.000 DM	0 DM	+2.000 DM
2.500	+2.500 DM	+2.500 DM	0 DM	+2.500 DM
3.000	+3.000 DM	+3.000 DM	0 DM	+3.000 DM
3.500	+3.500 DM	+3.500 DM	0 DM	+3.500 DM
4.000	+4.000 DM	+4.000 DM	0 DM	+4.000 DM
4.500	+4.500 DM	+4.500 DM	0 DM	+4.500 DM
5.000	+5.000 DM	+5.000 DM	0 DM	+5.000 DM
5.500	+5.500 DM	+5.500 DM	0 DM	+5.500 DM
6.000	+6.000 DM	+6.000 DM	0 DM	+6.000 DM

Vanilla-Produkts ist deckungsgleich mit dem aktuellen DAX-Stand. Für die Bestimmung der *Optionsprämie* können wir wieder einen Optionsrechner im *Internet* abrufen, etwa jenen, den die Dresdner-Bank anbietet. Da das Garantie-Zertifikat von *Trinkaus & Burkhardt* bereits ausgelaufen ist, verwenden wir zur Demonstration keine aktuellen Marktdaten, sondern gehen von folgenden Annahmen aus:

Es ist nicht ganz einfach, Garantie-Zertifikate zu plazieren, da ihr Verkaufspreis über dem aktuellen Indexstand liegt.

- Bewertungstag: 14.3.1996
- DAX-Stand am Bewertungstag: 2.000 Punkte
- 12-Monats-DM-Libor: 4 %
- Stand des VDAX: 25 %

Diese Daten geben wir in den Optionsrechner ein. Wichtig ist, daß man darauf achtet, den Rechner von »European Style Call« auf »European Style Put« umzustellen.

Als *Prämie* für den DAX-Put ergibt sich eine Summe von 73,34 DM, so daß sich folgender Gesamtwert für das Duplikat ergibt:

Kauf des Plain-Vanilla-DAX-Zertifikats	2.000,00 DM (Zahlungsabfluß)
Kauf des DAX-Put	73,34 DM (Zahlungsabfluß)
Wert des Duplikats	**2.073,34 DM**

Der faire Preis für ein Garantie-Zertifikat (Bezugsobjekt: ein bestimmter **Performance**-Index) kann also so bestimmt werden:

Aktueller Indexstand	plus	Aktueller Preis einer europäischen Index-Option (Put) mit • derselben Restlaufzeit wie das Garantie-Zertifikat • einem Basispreis in Höhe des Floors

Je länger ein Garantie-Zertifikat läuft, desto höher ist der Preisaufschlag gegenüber einem normalen Zertifikat.

Duplizierung mit Zerobond und Call-Option

Der Zahlungsrückfluß von Garantie-Zertifikaten läßt sich (aus Sicht eines Anlegers) noch auf andere Weise nachbilden. Dafür wird ein Zerobond gekauft, dessen Verfalltermin mit dem Laufzeitende des Zertifikats übereinstimmt und dessen Tilgungsbetrag sich außerdem mit dem Floor-Wert deckt. Außerdem wird eine Call-Option mit folgenden Ausstattungsmerkmalen gekauft:

• Underlying = Index
• Basispreis = Floor-Wert
• Ausübungsmodalität = europäisch
• Verfalltermin = Laufzeitende des Garantie-Zertifikats

Wir demonstrieren die Nachbildung der Zahlungsrückflüsse an einem konkreten Beispiel und beziehen uns dafür auf das weiter oben vorgestellte Garantie-Zertifikat von *Trinkaus & Burkhardt*. Als Bewertungstag wählen wir wie im Fallbeispiel den 14.3.1996.

Zur Duplizierung des Rückzahlungsbetrages kaufen wir erstens einen Zerobond, der am 14.3.1997 in einer Summe von 1.775 Mark getilgt wird. Zweitens erwerben wir einen europäischen Index-Call (Strike: 1.775, Laufzeit: 14.3.1997). Anhand unterschiedlicher DAX-Szenarien am Laufzeitende läßt sich erkennen, daß eine perfekte Nachbildung der Rückflüsse mit Zerobond und Call-Option möglich ist.

DAX-Stand am Verfalltag	Original Rückzahlung beim DAX-Garantie-Zertifikat	Duplikat Gekaufter Zerobond	Gekaufter DAX-Call	Rückzahlung beim Duplikat
0	+1.775 DM	+1.775 DM	0 DM	+1.775 DM
500	+1.775 DM	+1.775 DM	0 DM	+1.775 DM
1.000	+1.775 DM	+1.775 DM	0 DM	+1.775 DM
1.500	+1.775 DM	+1.775 DM	0 DM	+1.775 DM
2.000	+2.000 DM	+1.775 DM	+225 DM	+2.000 DM
2.500	+2.500 DM	+1.775 DM	+725 DM	+2.500 DM
3.000	+3.000 DM	+1.775 DM	+1.225 DM	+3.000 DM
3.500	+3.500 DM	+1.775 DM	+1.725 DM	+3.500 DM
4.000	+4.000 DM	+1.775 DM	+2.225 DM	+4.000 DM
4.500	+4.500 DM	+1.775 DM	+2.725 DM	+4.500 DM
5.000	+5.000 DM	+1.775 DM	+3.225 DM	+5.000 DM
5.500	+5.500 DM	+1.775 DM	+3.725 DM	+5.500 DM
6.000	+6.000 DM	+1.775 DM	+4.225 DM	+6.000 DM

Mini-Max-Zertifikate

Bisher haben wir Zertifikate betrachtet, die entweder mit einer Rückzahlungsober- oder -untergrenze ausgestattet waren. Nun wenden wir uns Produkten zu, die beide Bestandteile gleichzeitig aufweisen. Wie sich ein Wert für derartige Mini-Max-Zertifikate ermitteln läßt, zeigen wir konkret an folgendem Fallbeispiel:

Die Rückzahlung pro Zertifikat schwankt nur im Bereich von 3.000 bis 6.000 Euro.

DAX Mini-Max-Zertifikat	
Bezugsobjekt	DAX
Bezugsverhältnis	1,0
Laufzeit	1.8.2000
Währung	Euro
Cap-Kurs	6.000 DM
Floor-Kurs	3.000 DM

Da wir bereits wissen, wie sich die Zahlungsstruktur von Cap- und Floor-Zertifikaten nachbilden läßt, müssen wir für die Duplizierung eines Mini-Max-Produkts nicht mehr viel Zeit aufwenden. Ein Cap kann durch einen verkauften Call nachgebildet werden, ein Floor hingegen durch einen gekauften Put. Da ein Mini-Max-Zertifikat sowohl eine Rückzahlungsober- als auch -untergrenze beinhaltet, deckt sich die Struktur seiner Rückflüsse exakt mit der

- eines gekauften DAX-Plain-Vanilla-Zertifikats und
- einer verkauften DAX-Call-Option (europäisch, Basispreis: 6.000, Fälligkeit: 1.8. 2000) sowie
- einer gekauften DAX-Put-Option (europäisch, Basispreis: 3.000, Fälligkeit: 1.8. 2000).

Anhand der folgenden Tabelle (nächste Seite) und der dort aufgeführten unterschiedlichen Index-Szenarien kann jeder leicht nachvollziehen, daß sich das Mini-Max-Zertifikat durch eine Kombination der oben erwähnten Finanzinstrumente nachbilden läßt.

Für ein Mini-Max-Zertifikat, das sich auf einen Performance-Index bezieht, kann man einen fairen Preis schließlich wie folgt bestimmen:

	Aktueller Indexstand
−	Preis für Index-Call
+	Preis für Index-Put
=	Preis für Mini-Max-Zertifikat

Index-Stand am Verfalltag	Original Gekauftes Mini-Max-Zertifikat	Duplikat Gekauftes DAX-Zertifikat	Verkaufter DAX-Call	Gekaufter DAX-Put	Rückzahlung beim Duplikat
0	+3.000 DM	+0 DM	0 DM	+3.000 DM	+3.000 DM
1.000	+3.000 DM	+1.000 DM	0 DM	+2.000 DM	+3.000 DM
2.000	+3.000 DM	+2.000 DM	0 DM	+1.000 DM	+3.000 DM
3.000	+3.000 DM	+3.000 DM	0 DM	0 DM	+3.000 DM
4.000	+4.000 DM	+4.000 DM	0 DM	0 DM	+4.000 DM
5.000	+5.000 DM	+5.000 DM	0 DM	0 DM	+5.000 DM
6.000	+6.000 DM	+6.000 DM	0 DM	0 DM	+6.000 DM
7.000	+6.000 DM	+7.000 DM	−1.000 DM	0 DM	+6.000 DM
8.000	+6.000 DM	+8.000 DM	−2.000 DM	0 DM	+6.000 DM
9.000	+6.000 DM	+9.000 DM	−3.000 DM	0 DM	+6.000 DM
10.000	+6.000 DM	+10.000 DM	−4.000 DM	0 DM	+6.000 DM

Reverse Participations

In diesem Kapitel werden wir demonstrieren, wie sich ein angemessener Kurs für einen Reverse Participation mittels »Pricing by Duplication« finden läßt. Im Vergleich zu Discount- oder beispielsweise Mini-Max-Zertifikaten ist die Wertbestimmung jedoch etwas aufwendiger. Damit der Leser einen möglichst hohen Nutzen aus den weiteren Ausführungen ziehen kann, gehen wir wiederum anhand der bekannten vier Schritte vor.

Betrachten wir zunächst die mit einem Reverse Zertifikat verbundene Rückzahlungsstruktur. Zum besseren Verständnis haben wir wiederum ein konkretes Beispiel aus der Praxis herausgesucht. Diesmal ziehen wir ein Zertifikat der *Bankgesellschaft Berlin* heran, das sich auf den EURO STOXX 50 bezieht und die in untenstehender Tabelle enthaltenen Merkmale aufweist. Wir werden es aufgrund seines langen Namens im weiteren schlicht STOXX-Reverse nennen.

Berliner Bär Dow Jones EURO STOXX50 – Zertifikat	
Underlying	EURO STOXX50 (Performance)
Bezugsverhältnis	1,0
Laufzeit	14.12.2000
Währung	DM
Rückzahlung	Differenz aus 6.000 minus dem in DM ausgedrückten EURO STOXX50-Schlußkurs am Verfalltag. Sollte die Differenz negativ sein, so liegt der Rückzahlungsbetrag bei Null.

In Wirklichkeit besitzt das Zertifikat ein Bezugsverhältnis von 0,1. Aus Gründen der Anschaulichkeit gehen wir jedoch von einem Wert von 1,0 aus.

Wie wir wissen, ist die Höhe des Rückzahlungsbetrages an den Indexstand am Verfalltag geknüpft. Zwischen Rückzahlung und STOXX-Stand besteht ein inverser Zusammenhang. Das heißt, daß der Rückfluß um so höher ausfällt, je niedriger das Börsenbarometer am 14.12. 2000 notiert. Umgekehrt führt ein hoher Indexstand am Laufzeitende zu einer geringen Rückerstattung. Liegt der EURO STOXX50 am Verfalltermin bei 6.000 Punkten oder oberhalb davon, geht ein Zertifikatinhaber sogar leer aus.

Zur Verdeutlichung haben wir den Rückzahlungsbetrag in Abhängigkeit vom Indexstand graphisch dargestellt. Man sieht, daß Anleger eine Rückzahlung erhalten, wenn der Index unterhalb von 6.000 Punkten steht (Zone 1). Andernfalls erfolgt keinerlei Rückvergütung (Zone 2).

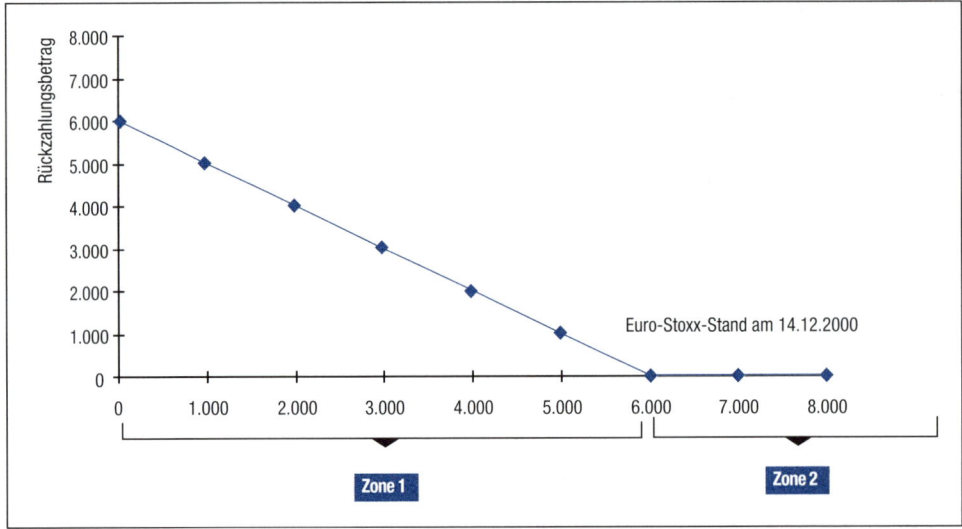

Wir werden etwas später noch sehen, daß sich ein Reverse-Zertifikat auch einfacher duplizieren läßt.

Wir wollen nun im zweiten Schritt versuchen, die Rückzahlungsstruktur durch alternative Finanzinstrumente nachzubilden. Dazu betrachten wir die Zusammensetzung des Rückzahlungsbetrages etwas genauer. Am 14.12. 2000 erhält der Inhaber eines STOXX-Reverse die Differenz aus 6.000 und dem Schlußkurs des EURO STOXX50 an diesem Tag. Aus Sicht des Anlegers läßt sich der Rückzahlungsbetrag gedanklich in folgende zwei Bestandteile zerlegen:

1. Eine Zahlung in Höhe von 6.000 DM *vom Emittenten an den Anleger*
2. Eine Zahlung in Höhe des EURO STOXX50-Stands *vom Anleger an den Emittenten*

Eine Einzahlung in Höhe von 6.000 DM erhält der Anleger, wenn er einen Zerobond kauft, der am 14.12. 2000 in Höhe von 6.000 DM getilgt wird. Zu einer Zahlung in Höhe des EURO

STOXX50-Stands ist der Anleger hingegen verpflichtet, wenn er als Emittent eines normalen EURO STOXX50-Zertifikats (Plain-Vanilla-Produkt) auftritt.

Der Anleger ist »short in Zertifikaten«.

Solange der EURO STOXX50 in Zone 1 liegt (vgl. Abbildung oben), kann die Rückvergütung durch diese beiden Komponenten exakt dupliziert werden. Problematisch wird es allerdings, wenn der Index am Laufzeitende in Zone 2 fällt. Unterstellen wir, der EURO STOXX50 läge am Verfalltag bei 6.500 Punkten. Dies hätte für den Anleger folgende Konsequenzen:

Emittent zahlt an Anleger	6.000 DM
Anleger zahlt an Emittent aktuellen EURO STOXX50-Stand	−6.500 DM
Verlust für Anleger	**−500 DM**

Ein solcher Verlust entsteht mit dem Zertifikat freilich nicht. Denn unabhängig vom Indexstand nehmen die Zahlungen in Zone 2 stets einen Wert von Null an. Die Situation, daß der Anleger Zahlungen an den Emittenten leistet, ist den Emissionsbedingungen zufolge ausgeschlossen.

Mit den oben beschriebenen beiden Transaktionen allein kann die Zahlungsstruktur des STOXX-Reverse deshalb nicht vollständig dupliziert werden. Wir müssen noch ein weiteres Instrument hinzunehmen, das die Auszahlungen, die der Anleger an den Emittenten leisten muß, quasi wieder kompensiert. Dieses Finanzgeschäft muß die Eigenschaft besitzen, bei Indexständen oberhalb von 6.000 Punkten zu einer Einzahlung für den Anleger zu führen. Diese Einzahlung muß der Differenz aus Indexstand und 6.000 entsprechen. Dazu ein Beispiel: Liegt der EURO STOXX50 bei 6.300 Punkten, müssen 300 DM (6.300 DM − 6.000 DM) an den Anleger fließen. Bei Ständen unterhalb von 6.000 darf das Instrument hingegen keinerlei Zahlungskonsequenzen für den Anleger haben.

Die genannten Anforderungen erfüllt eine gekaufte Call-Option, die wie folgt ausgestattet ist:

Index-Option	
Underlying	EURO STOXX50
Bezugsverhältnis	1,0
Laufzeit	14.12.2000
Währung	DM
Basispreis	6.000 DM
Ausübungsmodalität	europäisch

Wir wollen jetzt überprüfen, ob sich mit Hilfe einer Kombination aus

- gekauftem Zerobond
- emittiertem EURO STOXX50-Zertifikat und
- gekauftem Index-Call

die Rückzahlungsstruktur des STOXX-Reverse exakt nachbilden läßt. Dafür haben wir für sämtliche denkbaren Indexstände die Rückflüsse des Originals mit denen des Duplikats verglichen. Das Ergebnis ist in nachstehender Übersicht wiedergegeben.

Index-Stand am Verfalltag	Original Gekauftes STOXX-Reverse-Zertifikat	Duplikat			Rückzahlung beim Duplikat
		Gekaufter Zerobond	Verkauftes STOXX-Zertifikat	Gekaufter STOXX-Call	
0	+6.000 DM	+6.000 DM	0 DM	0 DM	+6.000 DM
1.000	+5.000 DM	+6.000 DM	−1.000 DM	0 DM	+5.000 DM
2.000	+4.000 DM	+6.000 DM	−2.000 DM	0 DM	+4.000 DM
3.000	+3.000 DM	+6.000 DM	−3.000 DM	0 DM	+3.000 DM
4.000	+2.000 DM	+6.000 DM	−4.000 DM	0 DM	+2.000 DM
5.000	+1.000 DM	+6.000 DM	−5.000 DM	0 DM	+1.000 DM
6.000	0 DM	+6.000 DM	−6.000 DM	0 DM	0 DM
7.000	0 DM	+6.000 DM	−7.000 DM	+1.000 DM	0 DM
8.000	0 DM	+6.000 DM	−8.000 DM	+2.000 DM	0 DM
9.000	0 DM	+6.000 DM	−9.000 DM	+3.000 DM	0 DM
10.000	0 DM	+6.000 DM	−10.000 DM	+4.000 DM	0 DM

Wir haben unser Ziel erreicht und die Rückzahlungsstruktur des STOXX-Reverse vollständig nachgebildet. Um Rückschlüsse auf einen angemessenen Kurs für den STOXX-Reverse ziehen zu können, muß im dritten Schritt zunächst jeder einzelne Bestandteil separat bewertet werden. Der Tag, an dem das Zertifikat »gepriced« werden soll, ist der 14.12. 1998.

Beginnen wir mit dem Zerobond: Das Papier hat zum Bewertungszeitpunkt eine Laufzeit von genau zwei Jahren. Auf der bekannten *Internet-Seite* der Dresdner-Bank (http://www.mis. dresdner-bank.de) kann man die Renditen für Inhaberschuldverschreibungen mit mehrjährigen Laufzeiten abrufen (siehe nachstehenden Ausschnitt aus der Internet-Seite).

Für uns ist die Rendite für zweijährige Schuldverschreibungen relevant, die mit einem blauen Rahmen markiert wurde. Da der Zerobond gekauft wird, ist nicht der Geldsatz in Höhe von 3,26 Pro-

Die Geld- ist höher als die Briefrendite (siehe nächste Seite oben), da die Sätze für Anleihen gelten. Es ist zu berücksichtigen, daß ihr Kurs (Kauf-/Verkaufspreis) um so geringer/höher ist, je höher/geringer die Rendite.

USD-Spot-Kurse

DEM-Spot-Kurse

Amtliches Fixing

Dresdner Bank
Fixing

Optionsprämien

Sorten

Sortenkurse

Sorten-
umrechnungskurse

Zinsen

FIBOR

LIBOR

Renditen

| Renditen

RENDITEN	INHABER PFE/KO	SSD BUND/ LAENDER
1 YEAR	3.23 - 3.22	3.17 - 3.16
2 YEARS	3.26 - 3.25	3.20 - 3.19
3 YEARS	3.36 - 3.35	3.30 - 3.29
4 YEARS	3.48 - 3.47	3.38 - 3.37
5 YEARS	3.61 - 3.60	3.53 - 3.52
6 YEARS	3.77 - 3.76	3.69 - 3.68
7 YEARS	3.92 - 3.91	3.84 - 3.83
8 YEARS	4.06 - 4.05	3.98 - 3.97
9 YEARS	4.19 - 4.18	4.11 - 4.10
10 YEARS	4.28 - 4.27	4.20 - 4.19

zent maßgebend, sondern die Briefseite (3,25 %). Der aktuelle Kurs des Zerobonds läßt sich bestimmen, indem der Rückzahlungsbetrag (=6.000 DM) mit der Rendite in Höhe von 3,25 % für zwei Jahre abgezinst wird. Dabei ergibt sich ein Wert von

$$\frac{6.000}{\left[1 + \dfrac{3,25}{100}\right]^2} = \frac{6.000}{1,0325^2} = \frac{6.000}{1,06606} = 5.628,20\ \text{DM}.$$

Das Plain-Vanilla-Zertifikat hat einen Wert, der exakt dem aktuellen Stand des EURO STOXX50 entspricht. Wo der Index augenblicklich notiert, können wir wiederum im Internet unter der Adresse der Dresdner-Bank abfragen. Gegenwärtig liegt der EURO STOXX50 bei 3.034,42 Punkten, wie ein Blick auf die besagte Internet-Seite bestätigt (siehe blaue Umrandung).

Das einzige, was uns nun noch fehlt, ist der Preis für die weiter oben im Detail beschriebene Index-Option. Wie im vorherigen Kapitel schon geschildert, können wir zur Kalkulation der Prämie auf Optionspreisrechner zurückgreifen, die im Internet abrufbar sind. Wir entscheiden uns wie gewohnt für das Angebot der Dresdner-Bank.

Die zur Prämienberechnung notwendigen Eingabeparameter sind – bis auf eine Ausnahme – ohne Schwierigkeiten zu beschaffen. Laufzeit, Basispreis und Ausübungsmodalität lassen sich direkt aus

Die Dresdner-Bank ist nicht das einzige Institut mit umfangreichem Internet-Angebot. Andere Häuser bieten einen vergleichbaren Servie – etwa die Deutsche Bank (http://www.deutsche-bank.de), Commerzbank (http://www.commerz-bank.de) oder die Citibank (http://www.citibank.de).

Indizes Europa

Index	Börse	Letzter	Eröffnung	Höchst	Tiefst	Vortag	Veränd. in %	Veränd. absolut	Uhrzeit (GMT)	Datum	Chart
XETRA DAX INDEX	GER	4541.04	4499.16	4567.58	4435.94	4543.02	-0.04	-1.98	15:40	14 DEC 1998	go
SWISS MARKET IND	ZRH	6644.4	6575.7	6675.7	6555.4	6662.5	-0.27	-18.1	15:40	14 DEC 1998	go
SPI GENERAL C	ZRH	4207.66	4176.23	4225.70	4166.73	4227.06	-0.46	-19.40	15:39	14 DEC 1998	go
FTSE 100 INDEX	FSI	5516.0	5535.7	5544.1	5468.4	5541.7	-0.46	-25.7	14:55	14 DEC 1998	go
AMS EXCH INDEX	EOE	1065.62	1064.71	1072.92	1054.11	1071.19	-0.52	-5.57	15:30	14 DEC 1998	go
CAC 40 INDEX	PAR	3653.81	3656.28	3690.27	3643.88	3695.70	-1.13	-41.89	15:40	14 DEC 1998	go
BEL20 INDEX	BRU	3241.75	3245.54	3283.06	3236.61	3250.49	-0.27	-8.74	15:30	14 DEC 1998	go
OBX INDEX	OSL	455.75	469.17	470.99	455.00	469.17	-2.86	-13.42	15:02	14 DEC 1998	go
ATX-INDEX OETOB	OTB	1108.88	1125.99	1126.30	1107.53	1126.77	-1.59	-17.89	14:02	14 DEC 1998	go
IBEX 35 INDEX	MCE	9215.8	9152.9	9304.2	9130.6	9236.2	-0.22	-20.40	15:15	14 DEC 1998	go
SX16 (TOP 16)	STO	3670.73	3740.51	3741.53	3655.33	3743.56	-1.95	-72.83	15:40	14 DEC 1998	go
MIB 30 IDX	MIL	31693	31216	31898	31216	31698	-0.02	-5	15:40	14 DEC 1998	go
EURO.NM NetIndex	FRA	2162.76	2153.18	2165.90	2138.47	2164.89	-0.10	-2.13	15:40	14 DEC 1998	go
DJ STOXX 50	PAR	3052.54	3035.16	3064.98	3029.28	3064.28	-0.38	-11.74	15:40	14 DEC 1998	go
DJ Euro STOXX 50	PAR	3034.42	3028.78	3055.19	3014.97	3048.92	-0.48	-14.50	15:40	14 DEC 1998	go

den Emissionsbedingungen ablesen, während das Zinsniveau für eine Laufzeit von zwei Jahren – wie oben bereits gesehen – aus dem Internet abgerufen werden kann. Es liegt bei 3,25 %. Etwas schwieriger zu bestimmen ist demgegenüber ein halbwegs zuverlässiger Schätzwert für die künftige Volatilität des EURO STOXX50. Wir gehen hier von einem Wert von 30 % aus.

Options-Rechner

European Style Call	
Spotpreis:	3034.42
Strikepreis:	6000.0
Volatilität (%):	30.0 Vola berechnen
risikofreier Zins (%):	3.25
Heutiges Datum:	14 Dez 1998
Fälligkeitsdatum:	14 Dez 2000
Dividende:	0.0
Datum Dividendenz.:	14 Dez 1998
Delta:	0.107003026
Preis der Option:	56.02811 Preis berechnen

(Fortsetzung der Berechnung auf Seite 160)

Reverse-Zertifikate sind verkappte Put-Optionen

Reverse-Zertifikate lassen sich auch auf andere – viel einfachere – Weise bewerten. Denn hinter derlei Instrumenten verbirgt sich im Grunde nichts weiter als eine herkömmliche Put-Option. Betrachten wir noch einmal das Rückzahlungsprofil beim »Berliner Bär Zertifikat« (siehe weiter vorn in diesem Abschnitt): Es ist völlig identisch mit dem Profil eines europäischen *Index-Puts*, dessen Basispreis bei 6.000 Mark liegt und dessen übrige Merkmale (Underlying, Laufzeitende) mit denen des Zertifikats übereinstimmen. Deshalb muß die Option denselben Preis haben wie das Zertifikat. Zur Probe speisen wir den Optionsrechner der Dresdner Bank mit den entsprechenden Daten (siehe folgende Abbildung).

Daß ein Index-Put durch ein Reverse-Zertifikat (=Call, Zerobond und Index) nachgebildet werden kann, ist zurückzuführen auf die sogenannte »Put-Call-Parität«

Put- und Zertifikatpreis sind identisch (geringfügige Abweichung aufgrund von Rundungsungenauigkeiten)

Warum anstelle von Reverse-Zertifikaten nicht gleich Put-Optionen emittiert werden, hat seine Gründe: Für die Institute sind die Margen bei herkömmlichen Index-Puts begrenzt. Zum einen ist die Konkurrenz ziemlich groß, so daß oftmals direkte Preisvergleiche möglich sind. Anleger können derlei Produkte zum anderen relativ einfach selbst bewerten, etwa mit Optionsrechnern im Internet (siehe oben). Mit Reverse-Zertifikaten kann dagegen etwas mehr Gewinn abgeschöpft werden, da weder Markt noch Produktstruktur für jedermann durchschaubar sind. Erstens fehlen häufig Konkurrenzanbieter, um Preise zu vergleichen. Zweitens können viele Anleger auf Anhieb nicht erkennen, was sich wirklich hinter Reverse-Zertifikaten verbirgt. Nicht selten entsteht der Eindruck, es handle sich um vollkommen neue Strukturen.

Reverse-Zertifikate können gegenüber Index-Puts den Vorteil haben, daß sie eine deutlich längere Laufzeit besitzen. Optionen (»Optionsscheine«) mit sehr langen Laufzeiten (zum Beispiel 5 oder 10 Jahre) werden fast gar nicht angeboten.

Als Ergebnis erhalten wir einen Preis in Höhe von 56,03 DM. Im nächsten Schritt können wir nun den aktuellen Wert des Duplikats bestimmen. Dafür stellen wir folgende Rechnung auf:

Kauf des Zerobonds	5.628,20 DM (Zahlungsabfluß)
Emission eines EURO STOXX50-Zertifikats	3.034,42 DM (Zahlungszufluß)
Kauf einer Index-Option	56,03 DM (Zahlungsabfluß)
Wert des Duplikats	**2.649,81 DM**

Bei der Preisstellung in der Praxis wird einfach der Indexstand von in diesem Falle 6.000 abgezogen, ohne den Betrag abzuzinsen. Begründung der Emittenten: Die Quotierungen lassen sich von den Anlegern besser nachvollziehen.

Da das Duplikat seinem Inhaber in Zukunft (=14.12. 2000) denselben Rückzahlungsbetrag bringt wie das »Berliner Bär Dow Jones EURO STOXX50-Zertifikat« der Bankgesellschaft Berlin, muß dessen Preis am Bewertungstag (=14.12. 1998) in etwa bei 2.649,81 DM liegen.

Was passiert bei Fehlbewertungen?

In den vorangegangenen Kapiteln haben wir dargestellt, wie sich ein angemessener Preis für ein Zertifikat bestimmen läßt. Doch was passiert, wenn die Kurse in der Praxis davon abweichen? Die Marktteilnehmer haben dann die Möglichkeit, risikolos Gewinne zu erzielen. Wie das funktioniert, wollen wir an einem konkreten Fallbeispiel erläutern. Betrachten wir dazu das bereits bekannte DAX-Discount-Zertifikat der *Commerzbank*:

Solche Profite nennt man Arbitragegewinne

DAX Discount-Zertifikat	
Underlying	DAX
Bezugsverhältnis	1,0
Laufzeit	16.8.1999
Währung	DM
Cap-Kurs	4.400 DM

Um das Zertifikat nicht neu bewerten zu müssen, verwenden wir denselben Bewertungstermin (21.12.1998) wie bereits an früherer Stelle. Wir hatten dort folgenden Preis ermittelt:

Kauf des Plain-Vanilla-DAX-Zertifikats	4.746,00 DM (Zahlungsabfluß)
Verkauf des DAX-Call	758,46 DM (Zahlungszufluß)
Wert des Duplikats	**3.987,54 DM**

Der Zertifikatpreis könnte auf zweierlei Art vom *fairen Wert* abweichen. Entweder wird das Produkt zu einem höheren oder geringeren Kurs gehandelt. Liegt der tatsächliche Preis zu hoch, wird das Discount-Zertifikat verkauft (emittiert), notiert er darunter, ist das Produkt zu billig und wird deshalb gekauft. Die durch den Verkauf bzw. Kauf geschaffene *Position* wird nun mit einem herkömmlichen DAX-Zertifikat und einer DAX-Option – wie es in der Fachsprache heißt – *geschlossen*. Grund: Für den Marktakteur besteht nun keinerlei Risiko mehr und er kann einen Gewinn mit Sicherheit vereinnahmen.

Zum besseren Verständnis holen wir ein wenig aus: An anderer Stelle haben wir bereits gesehen, daß sich die Zahlungsstruktur eines gekauften Discount-Zertifikats durch alternative Geschäfte (=gekauftes Plain-Vanilla-Zertifikat und verkaufter DAX-Call) exakt kopieren läßt. Diesen Vorgang bezeichnet man auch als *Synthetisierung* und das dabei entstehende Ergebnis als *synthetisches Zertifikat*. Auf der einen Seite steht wenn man so will das »natürliche« oder originale DAX-Discount-Zertifikat und auf der anderen Seite das synthetische Konstrukt. Beide Produkte liefern denselben Zahlungsrückfluß.

Nehmen wir nun an, das »natürliche« Zertifikat wird zum Preis von 3.900 Mark angeboten. Der Kurs liegt damit unterhalb seines fairen Wertes. Das Discount-Zertifikat ist zu billig und wird deshalb gekauft. Wir schließen die Position sofort wieder, indem wir das synthetische Konstrukt verkaufen (=Gegenposition). Entscheidend ist, daß die Gegenposition eingenommen wird, damit sich die Risiken gegenseitig ausgleichen. Außerdem läßt sich noch ein anderer Effekt erzielen: Durch den Verkauf des teuren Produkts fließt mehr Geld zu als gleichzeitig für den Kauf des billigen Discount-Zertifikats wieder abfließt. Es wird ein Gewinn erzielt, und zwar ohne Risiko einzugehen und ohne eigenes Kapital einzusetzen. Rechnen wir nach:

Ist das Original-Zertifikat zu teuer, geht man umgekehrt vor. Nun wird das synthetische Konstrukt gekauft, das Original-Produkt hingegen verkauft.

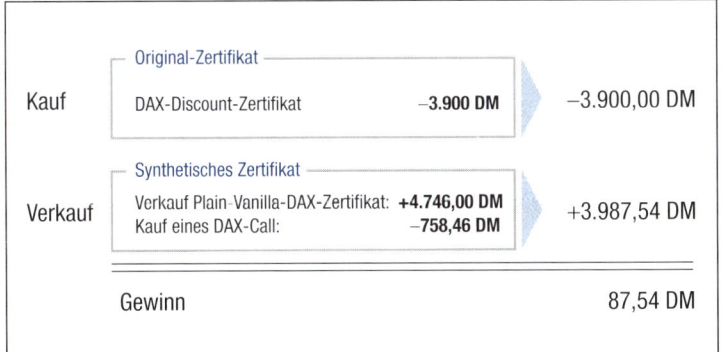

Da zur gewinnbringen-
den Ausnutzung von
Preisunterschieden Zer-
tifikate emittiert werden
müssen, bleibt diese
Möglichkeit institutio-
nellen Marktakteuren –
in erster Linie Banken –
vorbehalten.

Der Marktakteur hält die Gesamtposition nun bis zum Laufzeitende aufrecht. Daß sie mit keinerlei Risiko verbunden ist, läßt sich
leicht zeigen. Wir betrachten die Zahlungsrückflüsse des Originals
und des synthetischen Konstrukts. Zu beachten ist, daß wir beim
gekauften Discount-Zertifikat Zahlungszuflüsse zu verzeichnen
haben, beim verkauften synthetischen Zertifikat einerseits Einzahlungen aufgrund der gekauften Call-Option, andererseits aber Auszahlungen infolge des verkauften (=emittierten) Zertifikats.

Man erkennt, daß im Endeffekt ein Zahlungssaldo von Null übrig bleibt, gleichgültig, welchen Stand der DAX am Verfalltag aufweist.

DAX-Stand am Lauf-zeitende	Gekauftes Original Einzahlung (gekauftes DAX-Discount-Zertifikat)	Verkauftes Duplikat		Zahlungs-saldo
		Einzahlung (gekaufter DAX-Call)	Auszahlung (emittiertes Plain-Vanilla-Zertifikat)	
0	0 DM +	0 DM –	0 DM =	0 DM
500	500 DM +	0 DM –	500 DM =	0 DM
1.000	1.000 DM +	0 DM –	1.000 DM =	0 DM
1.500	1.500 DM +	0 DM –	1.500 DM =	0 DM
2.000	2.000 DM +	0 DM –	2.000 DM =	0 DM
2.500	2.500 DM +	0 DM –	2.500 DM =	0 DM
3.000	3.000 DM +	0 DM –	3.000 DM =	0 DM
3.500	3.500 DM +	0 DM –	3.500 DM =	0 DM
4.000	4.000 DM +	0 DM –	4.000 DM =	0 DM
4.500	4.400 DM +	100 DM –	4.500 DM =	0 DM
5.000	4.400 DM +	600 DM –	5.000 DM =	0 DM
5.500	4.400 DM +	1.100 DM –	5.500 DM =	0 DM
6.000	4.400 DM +	1.600 DM –	6.000 DM =	0 DM

Wie sich Emittenten absichern

Welche Risiken tragen Emittenten?

Emittenten von Zertifikaten werden mit unterschiedlichen Risiken konfrontiert. Da sie sich dafür verbürgen, am Laufzeitende eine indexgekoppelte Rückzahlung zu leisten, müssen sie diese Zahlung in irgendeiner Weise »erzeugen«. Das ist durchaus nicht ohne Risiko. Damit verbunden ist die Gefahr, daß die Verpflichtungen gegenüber den Gläubigern (=Zertifikatinhaber) größer sind als die für Rückzahlungszwecke angesammelten Kapitalbeträge.

Ein zweiter Gefahrenherd ist das *Market-Making*. Denn es kann vorkommen, daß der Emittent einen Preis für ein Zertifikat stellt, zu dem er sich selbst am Markt nicht eindecken kann und dadurch Verluste auftreten.

Emittenten tragen noch andere Risiken (z. B. Wechselkursrisiko), worauf wir hier aber nicht näher eingehen.

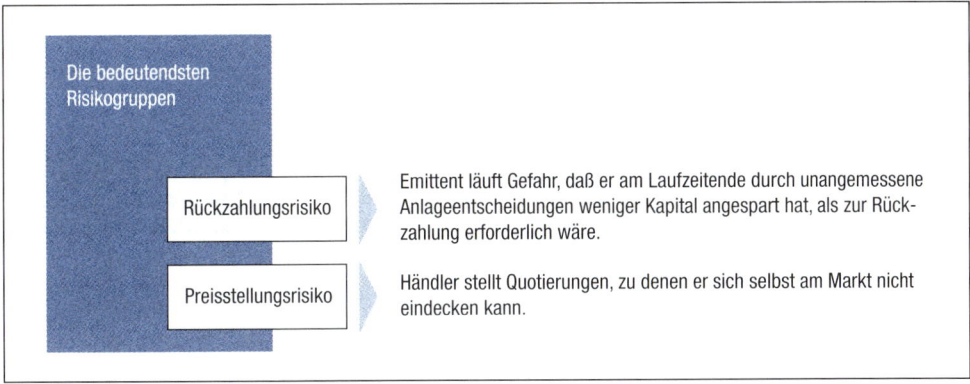

Die bedeutendsten Risikogruppen

Rückzahlungsrisiko — Emittent läuft Gefahr, daß er am Laufzeitende durch unangemessene Anlageentscheidungen weniger Kapital angespart hat, als zur Rückzahlung erforderlich wäre.

Preisstellungsrisiko — Händler stellt Quotierungen, zu denen er sich selbst am Markt nicht eindecken kann.

Wer Rückzahlungsbeträge nicht sichert, trägt Risiko

Wie sich das Risiko äußert

Mit jedem Kauf von Zertifikaten sind für den Emittenten Zahlungszuflüsse verbunden und gleichzeitig die Verpflichtung, am Laufzeitende eine Rückzahlung in Höhe des dann aktuellen Indexstandes zu leisten. Der Tilgungsbetrag ist im Unterschied zu einer herkömmlichen Anleihe vollkommen ungewiß.

Für die Institute kann es schwerwiegende Folgen haben, wenn die Zuflüsse nicht sachgemäß verwaltet werden. Machen wir das an einem einfachen Beispiel deutlich: Angenommen ein Institut hat

Auch wenn die Ausgabe von Zertifikaten riskant ist, verzichten einige Emittenten auf eine systematische Absicherung und machen sich damit quasi zu Spekulanten.

bei einem DAX-Stand von 5.000 Punkten insgesamt 1.000 Index-Zertifikate (Bezugsverhältnis: 1,0) mit einjähriger Laufzeit verkauft (Preis pro Zertifikat: 5.000 €). Dadurch sind der Bank fünf Millionen Euro zugeflossen. Steigt der DAX in den kommenden zwölf Monaten beispielsweise auf 6.000 Punkte, muß der Emittent in der Lage sein, 6.000 € pro Zertifikat – im ganzen sechs Millionen Euro – zurückzuzahlen. Insgesamt sind das eine Million Euro mehr als eingenommen wurden. Würde der Index dagegen um 1.000 auf 4.000 Punkte zurückgehen, hätte das Institut eine Schuld von nur noch vier Millionen Euro zu begleichen. Man erkennt, daß die Ausgabe von Zertifikaten für die Bank mit zum Teil erheblichen Risiken verbunden ist.

Der Emittent verspricht Zertifikatkäufern eine Performance, die exakt mit der des DAX übereinstimmt. Daher muß er sich genau überlegen, wie er die Kapitalzuflüsse der Anleger verwendet. Gehen wir einmal davon aus, er hätte sich dazu entschieden, die Summe für zwölf Monate als Termingeld zu einem Satz von 4 Prozent anzulegen. Das brächte 200.000 € Zinsen und das Vermögen wäre am Ende auf 5,2 Millionen Euro angewachsen. Zur Rückzahlung an die Zertifikatinhaber reicht das jedoch nicht in allen Fällen aus. Werfen wir einen Blick auf folgende Tabelle:

DAX-Stand am Laufzeitende	Rückzahlungs-verpflichtung (Zertifikat)	Guthaben der Bank (Termingeld)	Ergebnis	
0	0 Euro	5,2 Mio. Euro	+5,2 Mio. Euro	
1.000	1 Mio. Euro	5,2 Mio. Euro	+4,2 Mio. Euro	
2.000	2 Mio. Euro	5,2 Mio. Euro	+3,2 Mio. Euro	
3.000	3 Mio. Euro	5,2 Mio. Euro	+2,2 Mio. Euro	Gewinn
4.000	4 Mio. Euro	5,2 Mio. Euro	+1,2 Mio. Euro	
5.000	5 Mio. Euro	5,2 Mio. Euro	+0,2 Mio. Euro	
5.200	5,2 Mio. Euro	5,2 Mio. Euro	0 Euro	
6.000	6 Mio. Euro	5,2 Mio. Euro	−0,8 Mio. Euro	
7.000	7 Mio. Euro	5,2 Mio. Euro	−1,8 Mio. Euro	
8.000	8 Mio. Euro	5,2 Mio. Euro	−2,8 Mio. Euro	Verlust
9.000	9 Mio. Euro	5,2 Mio. Euro	−3,8 Mio. Euro	
10.000	10 Mio. Euro	5,2 Mio. Euro	−4,8 Mio. Euro	

Beim Index-Stand von 5.200 reicht das Guthaben exakt aus, um die Zertifikate zu tilgen. Die Bank erzielt weder Gewinn noch Verlust.

Solange der Index unter 5.200 Punkten notiert, reicht das Geld zur Tilgung der Zertifikate aus und die Bank macht sogar noch einen Gewinn. Liegt der DAX oberhalb davon, verändert sich die Lage. Das Guthaben deckt den Tilgungsbedarf nun nicht mehr und das Institut gerät in die Verlustzone.

Normalerweise möchten Emittenten nicht in eine solche Situation geraten und sichern sich in der Regel deshalb entsprechend ab. Dies geschieht im allgemeinen dadurch, daß die ausgegebenen Zertifikate – wie es in der Fachsprache heißt – entsprechend *unterlegt* werden. Wir haben die verschiedenen Möglichkeiten, die den Emissionshäusern zur Verfügung stehen übersichtsartig zusammengefaßt (siehe folgende Abbildung).

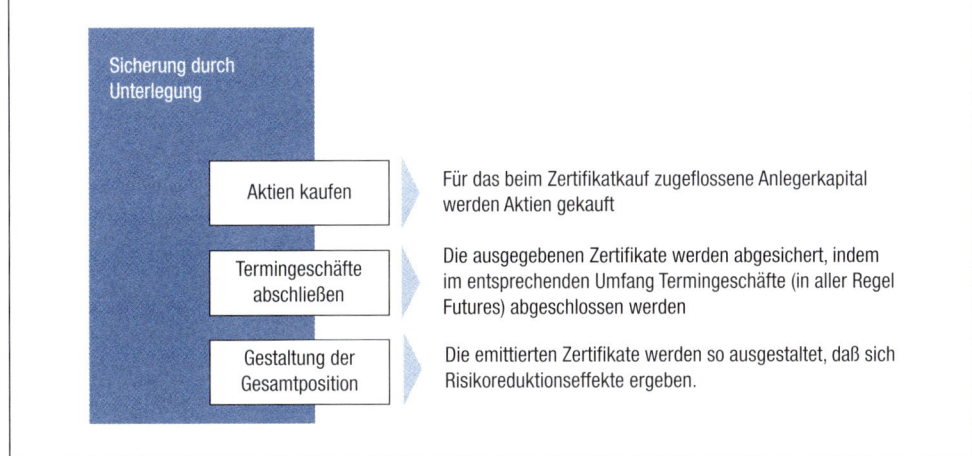

Unterlegung mit Aktien

Eine Möglichkeit besteht darin, für das Kapital der Anleger DAX-Aktien zu kaufen, und zwar genau in der Index-Zusammensetzung. Sinken die Aktienkurse, fällt der DAX und das Depot verliert entsprechend an Wert. Steigen die Kurse dagegen, steigt der DAX und dementsprechend das Vermögen. Damit hat der Emittent die Gewähr, daß sein Vermögen am Laufzeitende genau ausreicht, um die Rückzahlungsverpflichtung aufgrund der ausstehenden Zertifikate zu erfüllen.

Die Absicherung über den Kauf von Aktien ist jedoch ziemlich umständlich und teuer. Zur Sicherung von DAX-Zertifikaten etwa müssen 30 verschiedene Papiere gekauft und damit entsprechend viele Orders an die Börse gerichtet werden, wodurch relativ hohe Transaktionskosten, z.B. Makler-Courtagen, entstehen. Handelt es sich wie in unserem Fallbeispiel um ein Zertifikat, dem ein Performance-Index zugrunde liegt, müssen die zwischenzeitlichen Dividendenzahlungen wieder angelegt werden, damit als Ergebnis dieselbe Performance herauskommt wie beim DAX.

Die Absicherung erfolgt auf dem Kassamarkt.

Unterlegung mit Termingeschäften

Der Händler sichert auf dem Terminmarkt.

In der Praxis wählen die Emittenten deshalb nach Möglichkeit einen anderen Weg. Sie sichern sich mit Termingeschäften gegen das Risiko ab. Normalerweise werden dafür *Futures* bevorzugt, in seltenen Fällen auch *Forwards*. Im Vergleich zum Aktienkauf ist diese Form der Sicherung weitaus komfortabler. Denn in dem Augenblick, wo Anleger Zertifikate kaufen und Kapital an den Emittenten fließt, kauft der Händler in entsprechendem Umfang Futures. Steigt in Zukunft der DAX, gewinnt auch der Future entsprechend an Wert, sinkt der Index, verliert auch der Future.

Geben Anleger ihre Zertifikate zwischendurch wieder an das Emissionshaus zurück, ist es genauso einfach. Nun werden entsprechend viele Kontrakte verkauft. Da der Handel am Computer stattfindet, reicht gewissermaßen ein Tastendruck aus, und auf einen Schlag ist der DAX ge- oder verkauft. Die Einschaltung von Maklern und die Abgabe unzähliger Einzelorders so wie beim Kauf und Verkauf von Aktien ist dafür nicht erforderlich.

Futures werden erheblich reger gehandelt als die im DAX vertretenen Aktien selbst. Aus diesem Grunde lassen sie sich bedeutend schneller und kostengünstiger kaufen und – falls nötig – verkaufen als Aktien. Man könnte auch sagen, daß Futures im Vergleich zu Wertpapieren erheblich liquider sind.

Nicht alle Underlyings, auf die sich Zertifikate beziehen, können gleichzeitig mit Futures gesichert werden. Ein Musterbeispiel ist der EURO STOXX Performance-Index, für den – im Unterschied zum Kursindex – kein Future angeboten wird.

Da sich die Laufzeiten von Zertifikaten zumeist über recht lange Intervalle erstrecken (im Regelfall mehrere Jahre), ist der zugrunde liegende Future – aufgrund seiner nur wenige Monate währenden Bestehensdauer – längst verfallen, wohingegen das Zertifikat weiter existiert. Die Emittenten müssen die Futures im Laufe der Zeit deshalb permanent austauschen. Im Fachjargon ist auch vom Überrollen (englisch: *Roll Over*) in einen anderen Kontrakt die Rede. Das funktioniert in der Realität in etwa so: Kurz bevor ein Future endgültig fällig wird verkauft der Händler diesen Kontrakt – man spricht auch davon, daß die *Position geschlossen* wird –, um im selben Augenblick einen Kontrakt mit der nächst größeren Laufzeit zu kaufen (»Eröffnung einer Position«). Dies wiederholt sich bis zum Laufzeitende eines Zertifikats.

Im Unterschied zum Index besitzen Futures eine Basis

Wenn Futures zur Absicherung eingesetzt werden, verliert der Händler im Laufe der Zeit zwar die Basis – sofern diese positiv ist. Als Ausgleich kann er jedoch einen Teil des Kapitals verzinslich anlegen. Für Futures selbst muß er ja nur Sicherheitsleistungen (Margins) hinterlegen, die erheblich geringer sind als der tatsächliche Wert des Underlyings.

Sicherung durch Gestaltung der Gesamtposition

Einige Emittenten wählen eine besonders elegante Möglichkeit, um Sicherungseffekte zu erzielen, indem sie nicht nur eine Sorte von Zertifikaten ausgeben, sondern Papiere mit unterschiedlichen Merkmalen auf den Markt bringen. Sie zielen in dem Falle nicht auf einzelne Emissionen (=*Einzelpositionen*) ab, sondern auf die Gesamtheit sämtlicher ausstehender Zertifikate (=*Gesamtposition*).

So kann ein Institut beispielshalber herkömmliche DAX-Zertifikate und gleichzeitig auch Reverse-Participations herausbringen. Dadurch kann der Emittent erreichen, daß der Rückzahlungsbetrag von vornherein feststeht und damit von der Indexentwicklung in der Zukunft nicht mehr beeinflußt werden kann. Nehmen wir zur Verdeutlichung ein konkretes Beispiel: Eine Bank verkauft neben herkömmlichen DAX-Zertifikaten auch Reverse-Participations, die sich auf den Deutschen Aktienindex beziehen. Die Ausstattungsmerkmale der beiden Produkte lassen sich folgender Übersicht entnehmen.

Sicherung durch geschickte Kombination einzelner Emissionen.

	Plain-Vanilla-DAX-Zertifikat	Reverse Participation
Underlying	DAX	DAX
Bezugsverhältnis	1,0	1,0
Laufzeit	14.12. 2000	14.12. 2000
Währung	Euro	Euro
Rückzahlung	In Euro ausgedrückter DAX-Schlußkurs	Differenz aus 10.000 minus dem in Euro ausgedrückten DAX-Schlußkurs am Verfalltag. Sollte die Differenz negativ sein, so liegt der Rückzahlungsbetrag bei Null.

Gibt der Emittent normale DAX-Zertifikate und Reverse-Participations in jeweils gleichhoher Stückzahl aus, müssen keine Sicherungsmaßnahmen mehr getroffen werden, denn der Rückzahlungsbetrag der Gesamtposition ist von der Indexentwicklung unabhängig. Genaugenommen trifft dies zwar nur für DAX-Stände von Null bis 10.000 zu. Wir gehen davon aus, daß der DAX ein Niveau von 10.000 Punkten bis zum Laufzeitende nicht überschreitet.

Betrachten wir zur Vereinfachung die Situation, daß jeweils ein einziges normales Zertifikat und ein Reverse Participation ausgegeben wurden. Die Einnahmen liegen in diesem Fall bei 10.000 €,

Wir gehen davon aus, daß »10.000 minus DAX« als aktuelle Quotierung dient.

gleichgültig, welchen Stand der DAX am Emissionstag hat. Durch eine Probe mit unterschiedlichen Indexwerten läßt sich dies leicht nachvollziehen.

Gehen wir nun einen Schritt weiter: Wir beobachten unterschiedliche DAX-Stände am Laufzeitende und überprüfen, welche Rückzahlungen insgesamt auf den Emittenten zukommen (siehe folgende Tabelle). Der Übersichtlichkeit halber soll unterstellt werden, daß sich die Gesamtposition jeweils nur aus einem normalen Zertifikat und einem Reverse-Participation zusammensetzt. Zur Demonstration haben wir in der letzten Tabellenspalte aufgelistet, welche Rückzahlungen entstehen würden, wenn statt dessen zwei normale DAX-Zertifikate emittiert würden.

DAX-Stand am Verfalltag	Rückzahlung DAX-Zertifikat	+	Rückzahlung Reverse-Particip.	=	Rückzahlung Gesamtposition	Rückzahlung 2 DAX-Zertifikate
0	0 Euro	+	10.000 Euro	=	10.000 Euro	0 Euro
1.000	1.000 Euro	+	9.000 Euro	=	10.000 Euro	2.000 Euro
2.000	2.000 Euro	+	8.000 Euro	=	10.000 Euro	4.000 Euro
3.000	3.000 Euro	+	7.000 Euro	=	10.000 Euro	6.000 Euro
4.000	4.000 Euro	+	6.000 Euro	=	10.000 Euro	8.000 Euro
5.000	5.000 Euro	+	5.000 Euro	=	10.000 Euro	10.000 Euro
6.000	6.000 Euro	+	4.000 Euro	=	10.000 Euro	12.000 Euro
7.000	7.000 Euro	+	3.000 Euro	=	10.000 Euro	14.000 Euro
8.000	8.000 Euro	+	2.000 Euro	=	10.000 Euro	16.000 Euro
9.000	9.000 Euro	+	1.000 Euro	=	10.000 Euro	18.000 Euro
10.000	10.000 Euro	+	0 Euro	=	10.000 Euro	20.000 Euro

Es handelt sich hierbei um eine besondere Form der Unterlegung. Ein emittiertes Zertifikat wird quasi mit einem anderen emittierten Zertifikat »unterlegt«.

Man sieht deutlich, daß sich die Rückzahlung bei der Gesamtposition völlig unabhängig vom DAX-Stand am Laufzeitende auf 10.000 € beläuft. Eine Unterlegung mit Aktien oder Termingeschäften ist hier gar nicht erforderlich. Das am Emissionstag zugeflossene Kapital muß noch nicht einmal angelegt werden, um die Rückzahlung leisten zu können.

Betrachtet man im Vergleich dazu zwei normale DAX-Zertifikate, so weicht die Einnahme am Ausgabetag von 10.000 € ab, es sei denn, der Index notiert zufällig genau bei 5.000 Punkten. Das zugeflossene Kapital muß auf jeden Fall entsprechend angelegt werden (z.B. in Form von Aktien), denn es ist deutlich zu sehen, daß die Rückzahlungsverpflichtung vom Indexstand abhängig ist. Wie in der obigenTabelle zu sehen ist, kann sie zwischen Null und 20.000 € schwanken.

Wie man Risiken bei der Preisstellung begegnet

Vorsorgemöglichkeiten im Überblick

Die meisten Emittenten verpflichten sich, auf Anfrage verbindliche *Quotierungen* zu stellen. Dies ist nicht ganz ungefährlich. Denn in dem Moment, wo Geld- und Briefkurse genannt werden, kann sich die Marktlage schlagartig zum Nachteil des *Market-Makers* verändern. Aus diesem Grunde treffen die Emissionshäuser Vorsorge (siehe folgende Übersicht).

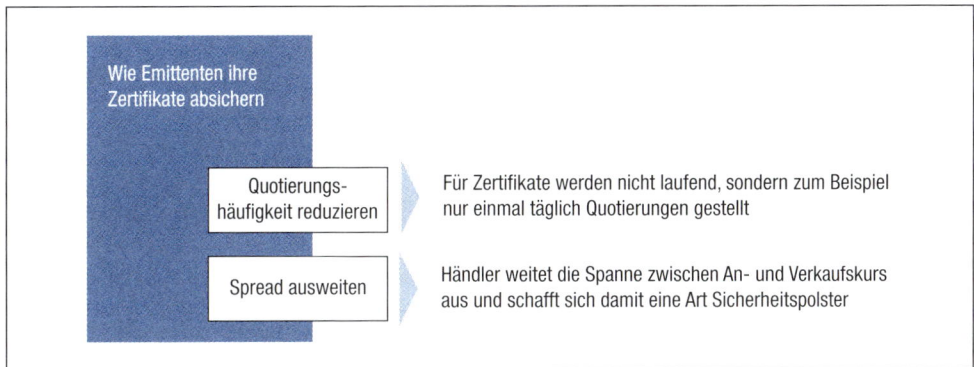

Wie Emittenten ihre Zertifikate absichern

Quotierungs-häufigkeit reduzieren	Für Zertifikate werden nicht laufend, sondern zum Beispiel nur einmal täglich Quotierungen gestellt
Spread ausweiten	Händler weitet die Spanne zwischen An- und Verkaufskurs aus und schafft sich damit eine Art Sicherheitspolster

Reduktion der Quotierungshäufigkeit

Zum Leidwesen der Emittenten wird nicht für jeden Index ein entsprechender Future angeboten. Dann bleibt oft nur ein Weg: Zur Absicherung müssen die Aktien selbst gekauft werden. Häufig ist das allerdings schwieriger, als man vermuten könnte. Gerade auf sehr volatilen Märkten (z.B. osteuropäische Aktienmärkte), wo Kurse innerhalb kurzer Zeit sehr stark schwanken können, sind die Händler kaum imstande, Aktien zu den Preisen nachzukaufen, zu denen sie Zertifikate anbieten. In solchen Situationen sichern sich die Emittenten dann dadurch ab, daß sie die Quotierungshäufigkeit reduzieren. Anstatt laufend Geld- und Brief-Kurse zu stellen, erfolgt am Tag nur eine Quotierung. Der Zertifikatpreis wird meist erst nach Handelsschluß festgelegt, und zwar so, daß er mit dem durchschnittlichen Indexstand vom Tage übereinstimmt. Da die zu Sicherungszwecken gekauften Aktien aufgrund der Kursschwankungen mal zu hohen und mal zu niedrigen Kursen gekauft werden, entspricht der gesamte Kaufpreis dem durchschnittlichen Indexstand. Die Gefahr, daß ein Händler in einer Phase mit niedrigen Aktienkursen (=niedriger Indexstand) geringe Quotierungen für Zertifikate stellt und anschließend Aktien infolge eines schnel-

Kurse werden erst nach Handelsschluß gestellt.

len Preisanstiegs teuer einkaufen muß, läßt sich auf diese Weise vermeiden. Umgekehrt kann es auch nicht passieren, daß Anleger Zertifikate bei hohem Kursniveau (=hoher Indexstand) zurückgeben und der Emittent die zu Sicherungszwecken gekauften Aktien danach nur zu niedrigeren Preisen verkaufen kann, weil die Kurse ruckartig gesunken sind.

Sicherung durch Spread-Ausweitung

Anleger begnügen sich allerdings nicht immer damit, daß lediglich einmal am Tag eine Quotierung gestellt wird. Viele verlangen von den Emissionshäusern laufend aktuelle Preise. Dadurch geraten die Emittenten nicht selten in Bedrängnis. Denn an die Kurse, die sie den Anlegern nennen, müssen sie sich schon halten, um nicht an Ansehen zu verlieren. In hektischen Marktphasen mit plötzlichen Kursbewegungen ist es – wie wir bereits gesehen haben – jedoch ausgesprochen schwierig, die in Aussicht gestellten Quotierungen auch tatsächlich absichern zu können. Doch es gibt einen Ausweg: Der Emittent hat die Möglichkeit, die Spanne zwischen Geld- und Briefkurs im Grunde beliebig weit auszudehnen und sich dadurch eine Art Sicherheitspolster zuzulegen. Dazu ein Beispiel: Ein DAX-Zertifikat wird bei einem Indexstand von 5.000 Punkten mit einem Spread von 10 Punkten (=10 €) quotiert. Für die Geldseite stellt der Market-Maker 4.995, während der Briefkurs bei 5.005 € liegt. Nehmen wir an, ein Anleger kauft ein Zertifikat. Der Emittent verlangt dafür den Briefkurs und kassiert 5.005 €, also fünf Euro mehr als der DAX im Moment wert ist. Der Händler hat sich dadurch einen Vorsprung verschafft. Denn wenn er zu Sicherungszwecken DAX-Aktien in der entsprechenden Zusammensetzung erwirbt, kann deren Preis abgesehen von anderen Faktoren (z.B. Transaktionskosten) insgesamt ruhig um fünf Euro steigen, ohne daß er in die Verlustzone gerät. Umgekehrt die Situation, wenn Anleger Zertifikate zurückgeben wollen. Der Händler stellt auf der Geldseite 4.995, obwohl der DAX eigentlich einen Wert von 5.000 € besitzt. Der Vorsprung liegt auch hier bei fünf Euro. Verkauft er die zur Sicherung beschafften Aktien wieder, könnte der Gesamtpreis für das Aktienpaket getrost auf 4.995 € sinken, ohne daß dabei ein Schaden entstünde.

Am Fallbeispiel läßt sich deutlich erkennen, daß die Gefahr, durch plötzliche Marktbewegungen ungünstige Sicherungskurse zu erreichen, um so geringer ausfällt, je höher die Spanne zwischen Geld- und Briefkurs ist. Dehnt der Market-Maker den Spread etwa von 10 auf 20 Punkte aus, müssen Anleger beim Kauf 5.010 € für ein Zertifikat zahlen. Jetzt kann der Preis für die DAX-Papiere zusammengenommen sogar auf 5.010 ansteigen, ohne daß der Emit-

Der Spread dient als Sicherheitspolster.

tent in die Verlustzone gerät. Transaktionskosten sind dabei allerdings nicht mit inbegriffen.

Grundsätzlich gilt: Je volatiler ein Markt – oder anders ausgedrückt: je höher die erwarteten zukünftigen Kursschwankungen – und je unsicherer die künftige Marktentwicklung, um so schwieriger ist es für den Emittenten, sich gegen Risiken abzusichern und um so größer ist daher auch der Spread. Als besonders volatil und unsicher werden beispielsweise osteuropäische Aktienmärkte eingeschätzt; allerdings existieren auch hierzulande bestimmte Marktsegmente, wo mit abrupten Kursveränderungen gerechnet werden muß. Ein typisches Beispiel ist der *Neue Markt*.

Mit einem Teil der Geld-Brief-Spanne decken die Emittenten die Transaktionskosten ab, die beim Abschluß von Sicherungsgeschäften entstehen.

Risiken, Kauf und passive Strategie

Der Vorteil von Index-Zertifikaten liegt im Komfort

Überblick

Gegenüber vielen anderen Anlageformen weisen Zertifikate – gemeint sind hier Plain-Vanilla-Index-Zertifikate – einige wesentliche Vorzüge auf. Dies hat entscheidend dazu beigetragen, daß derlei Produkte zu den beliebtesten Finanzinstrumenten der letzten Jahre wurden. Was deren Annehmlichkeiten ausmacht, haben wir überblicksartig in folgender Graphik zusammengestellt.

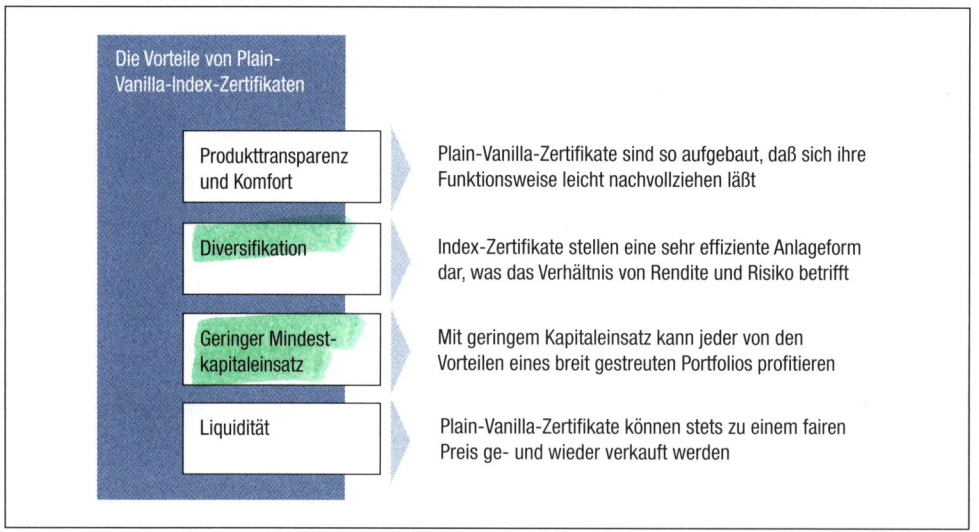

Produkttransparenz und Komfort

Die geschilderten Vorteile beziehen sich auf Plain-Vanilla-Zertifikate. Für Exoten treffen dagegen längst nicht alle Punkte zu.

Plain-Vanilla-Zertifikate sind einfach aufgebaut und lassen sich selbst von Nichtfachleuten durchschauen. Jeder Anleger, der sich mit derartigen Instrumenten etwas intensiver beschäftigt, kann daher relativ schnell beurteilen, auf welche Risiken er sich einläßt.

Die hohe Transparenz trägt entscheidend dazu bei, daß sich Index-Zertifikate unkompliziert bewerten lassen und Emittenten kaum die Möglichkeit haben, unangemessene Preise zu stellen. Für den Anleger ist deshalb die Gefahr verhältnismäßig gering, Produkte zu deutlich überhöhten Preisen zu kaufen oder bei der Veräußerung nur einen geringen Teil der tatsächlichen Wertsteigerung zu erlösen.

Doch Zertifikate beziehen ihren Komfort nicht nur aus den durchsichtigen Strukturen. Ein besonders hoher Reiz liegt darin, daß Anleger an der Wertentwicklung eines breit gestreuten Portfolios teilhaben, ohne die im Index vertretenen Wertpapiere einzeln auswählen und überwachen zu müssen. Stellen wir uns einmal vor, jemand möchte ein Depot aufbauen, das sich wie der EURO STOXX 50 aus insgesamt fünfzig verschiedenen Aktien zusammensetzt. Dafür müßten fünfzig Aufträge zum Kauf an die Börse geleitet werden und später, wenn das Portfolio wieder aufgelöst werden soll, erneut die gleiche Anzahl. Für eine Anlage in Euro-STOXX-Zertifikaten ist hingegen nur ein einziger Auftrag notwendig. Hinzu kommt, daß die Indexzusammensetzung aufgrund von Marktveränderungen im Laufe der Zeit angepaßt werden muß. Anleger, die ihr Depot selbst zusammenstellen, müssen den Markt deshalb nicht nur ständig beobachten, sondern unter Umständen auch Umschichtungen vornehmen, was normalerweise mit Kosten verbunden ist. Davon bleiben Zertifikatkäufer verschont.

> Eigene Depotumschichtungen aufgrund von Marktveränderungen bleiben Anlegern mit Zertifikaten erspart.

Manche Zertifikate nur scheinbar transparent

Zertifikate, die sich auf einen Index beziehen und keine Sonderausstattung haben, müssen noch lange nicht transparent sein. Anleger sollten darauf achten, daß der zugrunde liegende Index auf jeden Fall ein anerkannter Börsenindex ist, idealerweise ein *Performance-Index*.

Besondere Vorsicht ist angebracht, wenn Emittenten eigene Indizes kreieren und als Underlying verwenden. In vielen Fällen läßt sich nämlich nur schwer nachvollziehen, wie die Häuser bei der Zusammensetzung genau vorgehen. Auch die Verkaufsunterlagen geben meistens nicht viel her. In einem von uns ausgewählten Werbeprospekt wird zum Beispiel nur soviel verraten: »Halbjährliche Überprüfung der Index-Zusammensetzung und optimierende Gleichgewichtung.« Was das konkret zu bedeuten hat, ist der Broschüre nicht zu entnehmen. Im Normalfall bleibt nur ein Weg, um herauszufinden, wie der Index aufgebaut ist und wie er im Laufe der Zeit angepaßt wird: Der Anleger muß den Emittenten direkt fragen. Doch das klingt einfacher, als es in Wirklichkeit ist. Wer selbst schon einmal versucht hat, eine klare und verbindliche Antwort zu erhalten, weiß, wie mühsam dieser Weg ist.

Zertifikate auf selbst angefertigte Indizes haben nicht selten noch einen zweiten »Haken«. Denn einige Emittenten verlangen für ihren Einfallsreichtum eine gesonderte Gebühr.

Besonders bedenklich ist es, wenn in einen Index verhältnismäßig unbedeutende Aktien (*Small-Caps*) einbezogen werden. Bereits mit geringen Ordergrößen kann der Emittent Einfluß auf den Kurs derlei Papiere und damit auf den Indexstand ausüben. Manipulationsgefahren sind also besonders stark ausgeprägt.

Die genannten Vorteile fallen vor allen Dingen bei Produkten ins Gewicht, die sich auf ausländische Indizes beziehen, da eine Beschaffung ausländischer Papiere sowie deren Wertbeobachtung besonders schwierig ist. Hinzu kommt, daß bei vielen derartigen Zertifikaten ein Wechselkursrisiko ausgeschlossen ist, und die Rückzahlungssumme am Laufzeitende – anders als bei einer Direktanlage in Auslandsaktien – nicht von der Höhe eines bestimmten Wechselkurses abhängt.

Die aktuellen Stände besonders populärer Indizes werden inzwischen selbst in herkömmlichen Tageszeitungen publiziert. Im übrigen läßt sich fast jeder Indexstand mehr oder weniger realtime im Internet verfolgen.

Den höchsten Stellenwert genießt für viele Anleger der Umstand, daß sich der aktuelle Wertverlauf eines Zertifikats mühelos verfolgen läßt, obwohl es sich im Grunde um ein Portfolio aus vielen verschiedenen Aktien handelt, die zudem noch unterschiedlich stark gewichtet sind. Denn ein Blick auf den entsprechenden Index reicht aus, um zu wissen, wie sich das Zertifikat entwickelt hat. Jeder, der schon eigenhändig ein Depot mit verschiedenen Aktien zusammengestellt hat, weiß, wie schwierig es ist, dessen Wert nachzuverfolgen. Dafür müssen die Kurse jedes einzelnen Papiers beschafft werden. Sind nicht sämtliche Aktien in jeweils gleicher Stückzahl vorhanden, wird es bei der Berechnung des aktuellen Depotwertes

Bei Plain-Vanilla-Zertifikaten besteht keinerlei Tracking-Risiko. Im Unterschied etwa zu Indexfonds brauchen Anleger nicht zu befürchten, daß die Indexrendite aufgrund subjektiver Entscheidungen bestimmter Manager verfehlt wird. Ganz im Gegenteil: Es ist sicher, daß die Renditen beim Zertifikat und Index vollkommen gleichlaufen.

> ### Plain Vanillas, die sich auf Börsenindizes beziehen, beinhalten kein Managementrisiko
>
> Nur Zertifikate geben Anlegern die Gewißheit, eins zu eins an der Wertentwicklung eines Börsenindexes teilzuhaben.
>
> Zwar kann man in den Werbeprospekten für Aktienfonds regelmäßig nachlesen, daß die Fondsmanager die Wertentwicklung eines bestimmten Indexes anstreben. Doch das gelingt praktisch nie. Denn im Unterschied zu Zertifikaten verpflichtet sich bei einem Investmentfonds niemand, eine Rückzahlung in Höhe eines Indexstands zu leisten.
>
> Fondsanleger haben ihr Sparkapital – wenn man es bildlich ausdrückt – in einen Topf eingezahlt und damit einen Anteil an den Wertpapieren erlangt, die anschließend dafür gekauft werden. Wie das Geld im Topf angelegt wird, bestimmen die Fondsmanager. So passiert es, daß ein angeblich indexorientierter Fonds von 30 DAX-Aktien nur zwanzig im Bestand hat und ein beachtlicher Kapitalanteil sogar in Anleihen investiert wird. Daß damit die Wertentwicklung des DAX auf Dauer nicht eins zu eins nachvollzogen wird, kann nicht überraschen. Besonders ärgerlich: Die meisten Fonds, die einem Index nacheifern, schneiden schlechter ab. Kaum einer kann den Index schlagen! Für diese »Managementleistung« werden dem Anleger aber Jahr für Jahr sogenannte Verwaltungsvergütungen abgeknöpft. Der Anleger muß zahlen und hat obendrein fast schon die Gewißheit, daß sein Kapital weniger Rendite bringt als der Index.
>
> Das bleibt einem Anleger mit Zertifikaten erspart – vorausgesetzt, er entscheidet sich für ein Plain-Vanilla-Produkt, das sich auf einen Börsenindex (Performance-Index) bezieht.

besonders schwierig, da die Wertpapierkurse entsprechend zu gewichten sind.

Während man Informationen über den aktuellen Indexwert früher allenfalls in Spezialblättern finden konnte – und dann mit eintägiger Verzögerung –, ist inzwischen nahezu jeder Indexstand mehr oder weniger real-time im *Internet* präsent. Derartige Möglichkeiten hatten vor nicht allzu langer Zeit nur professionelle Händler in Kreditinstituten, die Zugang zu speziellen Informationssystemen besaßen. Neben reinen Indexwerten finden Anleger im Internet auch graphische Darstellungen der Indexverläufe, so daß es relativ einfach ist, die Wertentwicklung zu verfolgen und mit Anlagealternativen zu vergleichen. Für selbst zusammengestellte Depots wären derartige Beobachtungsmöglichkeiten kaum denkbar oder nur mit erheblichem Aufwand zu realisieren.

Diversifikation

Ein Index wie der DAX spiegelt die Wertentwicklung eines sehr breit gestreuten Aktien-Portfolios wider. Welche Vorteile die Aufteilung auf viele verschiedene Papiere mit sich bringt, haben wir im ersten Kapitel bereits gesehen: Anleger sind den zum Teil heftigen Marktpreisfluktuationen nicht mehr so stark ausgesetzt. Aufgrund der Aufteilung auf mehrere Papiere werden sich spezielle Kursschwankungen aufheben, die auf unsystematische Einflußgrößen (»titelspezifische Faktoren«) zurückgehen, was insgesamt zu einer Risikoreduktion führt, ohne daß dafür größere Ertragseinbußen hinzunehmen wären. So gesehen hat sich durch die Diversifikation die *Ertrags-Risiko-Relation* verbessert.

Von diesem günstigen Verhältnis profitieren auch Anleger mit Index-Zertifikaten, da deren Ertrag und Risiko (=Ertragsschwankungen) vollkommen mit denen des zugrunde liegenden Index-Portfolios übereinstimmt, wie wir in den vorangegangenen Abschnitten gezeigt haben. Bei Zertifikaten handelt es sich folglich um eine ausgesprochen effiziente Anlageform.

Anleger werden von Fachleuten wie beispielsweise dem US-amerikanischen Börsenexperten *Warren Buffett* immer wieder dazu ermahnt, bei Aktienanlagen auf eine breite Streuung zu achten. Unbestritten ist, daß Aktienindizes wie der DAX oder der STOXX 50 fast perfekt diversifiziert sind. Hier werden zum einen sämtliche bedeutenden Wertpapiere erfaßt, womit eine breite Streuung gewährleistet ist. Zum zweiten kommt den Papieren die Bedeutung zu, die sie auch an der Börse haben. Im Endeffekt findet sich im Index eine Aufteilung wieder, die selbst professionellen Marktakteuren auf Dauer nicht besser gelingt. Mit Zertifikaten kommen sogar

Mit einem Index-Zertifikat macht sich der Anleger Diversifikationseffekte zunutze.

Anleger mit geringem Kapitaleinsatz in den Genuß der Aktienanlage bei gleichzeitig sehr guter Streuung.

Geringer Mindestkapitaleinsatz

Wer in der Realität ein Aktiendepot aufbauen möchte, das in seiner Zusammensetzung zum Beispiel dem EURO STOXX 50 entspricht, muß dafür in aller Regel einen verhältnismäßig hohen Kapitalbetrag zur Verfügung haben. Für Kleinsparer scheidet eine solche Anlagealternative daher aus. Das heißt allerdings nicht, daß Normalanleger auf die Vorteile eines breit gestreuten Aktienportfolios verzichten müssen. Denn Index-Zertifikate bieten die Möglichkeit, sich schon mit sehr geringen Anlagebeträgen zu beteiligen. Greifen wir zur Verdeutlichung drei Zertifikate heraus, die alle auf dem DAX basieren (vgl. folgende Übersicht). Der Index notiert im Augenblick bei 5.000 Punkten.

	Bezugs-verhältnis	Geld	Brief
Zertifikat DAX 1	1,00	4.995,00 €	5.005,00 €
Zertifikat DAX 2	0,10	499,50 €	500,50 €
Zertifikat DAX 3	0,01	49,95 €	50,05 €

Eine Anlage geringer Kapitalbeträge lohnt sich wegen hoher Bankgebühren häufig nicht.

Wir sehen, daß neben Zertifikaten mit einem Bezugsverhältnis von 1,0 auch Produkte mit erheblich geringeren Bezugsverhältnissen angeboten werden. Dies hat zur Folge, daß die Kaufpreise entsprechend gering ausfallen und sich nahezu jede Preiskategorie abdecken läßt. Selbst mit ausgesprochen geringen Anlagebeträgen von gerade einmal 50 € ist ein Engagement möglich. Für eine Beteiligung ist also nicht die Anlagesumme ausschlaggebend. Ausgenommen hiervon sind allerdings Institute, die bestimmte Mindestanlagesummen vorschreiben. Wichtig zu wissen ist außerdem, daß Banken normalerweise Mindestgebühren verlangen, die den Kauf geringer Mengen unattraktiv machen.

Liquidität

Es sind nicht nur Rendite- und Risikoaspekte, die die Attraktivität einer Anlage bestimmen. Mitentscheidend ist auch, wie schnell sich die gewählte Anlageform im Falle eines Falles wieder in Bargeld verwandeln läßt oder wie rasch eine Beschaffung möglich ist. Hier besitzen Zertifikate einen erheblichen Vorteil: Denn im Vergleich zu sehr vielen anderen Anlagealternativen werden fortlaufend Preise gestellt, so daß ständig die Möglichkeit zum Kauf und Verkauf gegeben ist. Dank des *Market-Making* durch die Emittenten sind Zertifikate ausgesprochen liquide, so daß für Anleger grundsätzlich keine Probleme entstehen, wenn Kauf- oder Verkaufswünsche vorhanden sind. Eine Garantie kann dafür allerdings niemand übernehmen, da es in bestimmten Marktphasen für die Institute ausgesprochen schwierig ist, verbindliche Geld- und Briefkurse zu stellen, ohne dadurch Nachteile in Kauf nehmen zu müssen. So ist es in der Vergangenheit passiert, daß die Emittenten ihre Handelssysteme einfach abgestellt haben und Anleger während dieser Phase keine Kauf- und Verkaufsmöglichkeiten hatten.

Entscheidend ist, daß Handelswünsche schnell **und** zu einem fairen Preis erfüllt werden.

Welche Risiken Zertifikatkäufer eingehen

Übersicht

Auch wenn es auf den ersten Blick gar nicht den Anschein hat, ist der Erwerb von Zertifikaten mit einer Vielzahl von zum Teil recht unterschiedlichen Risiken behaftet. Zur besseren Orientierung wollen wir ganz zu Beginn die Risikogruppen in einer Übersicht einander gegenüberstellen (vgl. folgende Abbildung).

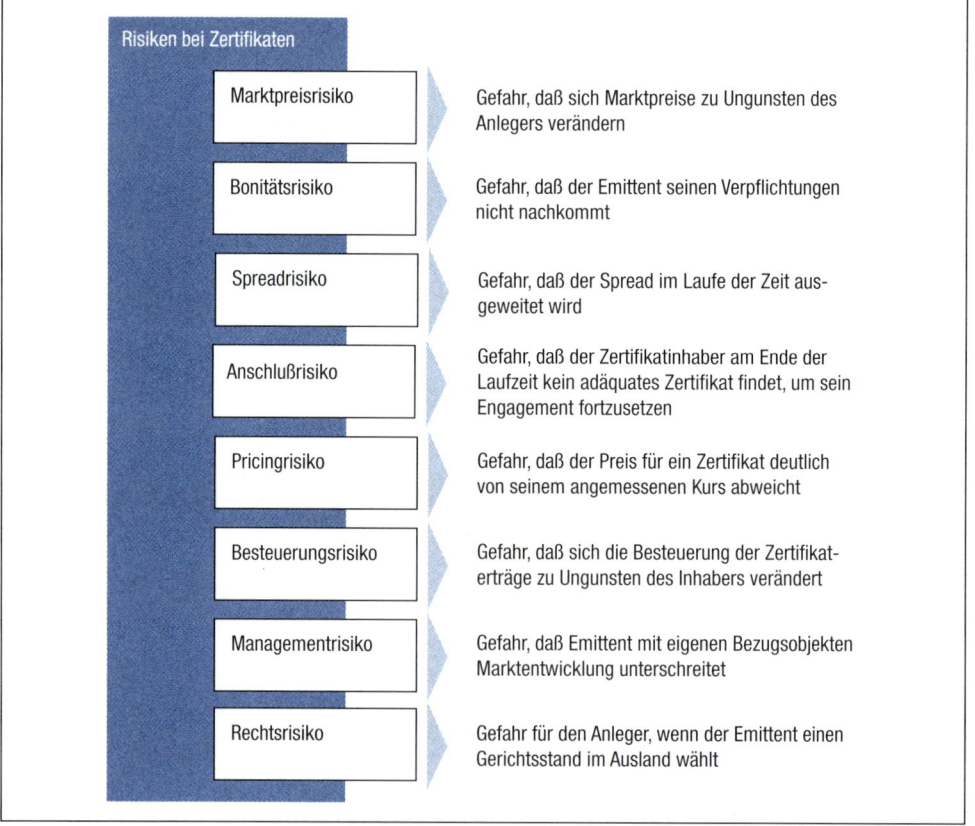

Risiken bei Zertifikaten

Marktpreisrisiko	Gefahr, daß sich Marktpreise zu Ungunsten des Anlegers verändern
Bonitätsrisiko	Gefahr, daß der Emittent seinen Verpflichtungen nicht nachkommt
Spreadrisiko	Gefahr, daß der Spread im Laufe der Zeit ausgeweitet wird
Anschlußrisiko	Gefahr, daß der Zertifikatinhaber am Ende der Laufzeit kein adäquates Zertifikat findet, um sein Engagement fortzusetzen
Pricingrisiko	Gefahr, daß der Preis für ein Zertifikat deutlich von seinem angemessenen Kurs abweicht
Besteuerungsrisiko	Gefahr, daß sich die Besteuerung der Zertifikaterträge zu Ungunsten des Inhabers verändert
Managementrisiko	Gefahr, daß Emittent mit eigenen Bezugsobjekten Marktentwicklung unterschreitet
Rechtsrisiko	Gefahr für den Anleger, wenn der Emittent einen Gerichtsstand im Ausland wählt

Marktpreisrisiko

Bevor wir uns mit dem Marktpreisrisiko befassen, wollen wir zunächst klären, was mit dem Begriff *Marktpreis* genau gemeint ist. Üblicherweise versteht man darunter denjenigen Preis, der bei einem Geschäft *tatsächlich zustande gekommen* ist. Nehmen wir ein Beispiel: Wenn an einer Börse von einer bestimmten Aktie im Augenblick sagen wir 100 Stück zum Preis von 60 €/Aktie gehandelt werden, dann liegt ihr aktueller Marktpreis bei 60 €. Daß Marktpreise im Zeitablauf nicht unverändert bleiben, sondern in vielen Fällen Schwankungen unterliegen, kann jeder leicht nachvollziehen. So könnte es durchaus sein, daß die Aktie aus dem Fallbeispiel kurze Zeit später zu einem anderen Preis den Besitzer wechselt.

Wer zum Beispiel Aktien besitzt oder in Zukunft welche kaufen möchte, nimmt in Kauf, daß der Marktpreis schwankt und damit sowohl nach oben als auch nach unten ausschlagen kann. Diese Unsicherheit über die zukünftige Entwicklung bezeichnet man als Marktpreisrisiko. Für den Anleger kann das mit Vorteilen verbunden, allerdings auch nachteilig sein. Wer in Zukunft Aktien kaufen möchte, profitiert von niedrigen Kursen; wer hingegen Unternehmensanteile besitzt und veräußern will, kann daraus natürlich keinerlei Vorteile ziehen.

Jeder Zertifikatkäufer setzt sich dem Risiko aus, daß sich Marktpreise – genauer: die Marktpreise der Bezugsobjekte – im Zeitablauf verändern. Da der Wert des Zertifikats unmittelbar vom Wert (=Marktpreis) des Bezugsobjektes abhängt, ist mit jeder Marktpreisschwankung auch eine Veränderung des Zertifikatkurses verbunden.

> ### Auch ein Kursrückgang kann Gewinn bringen
>
> Es ist nicht so, daß eine Preisbewegung in eine bestimmte Richtung – etwa ein Kursanstieg – bei sämtlichen Zertifikaten mit Vorteilen verbunden ist, während ein Rückgang automatisch Verluste einbringt. Geradezu ein Musterbeispiel sind Reverse-Participations. Denn sinkende Kurse führen hier zu einem Wertzuwachs, während ein allgemeiner Kursanstieg für den Anleger Verluste mit sich bringt. Welche Auswirkungen ein zukünftiger Preisanstieg bzw. -rückgang für einen Anleger konkret hat, hängt also davon ab, welche Art Zertifikat er besitzt.

Im Unterschied zu Anleihesparern haben Besitzer von Zertifikaten keinerlei Anspruch auf einen festen, im voraus bekannten Rückzahlungsbetrag. Je nach Marktpreisentwicklung muß der Inhaber damit rechnen, daß der Wert seines Zertifikats am Laufzeitende unter dem Kaufpreis liegt, im schlimmsten Fall beträgt er sogar Null. In einem Verkaufsprospekt von *Merrill Lynch* heißt es deshalb unmißverständlich: »Garantien gibt es an der Börse nicht.«

Anleger, die einen Teil ihres Kapitals in Zertifikate investieren, sollten beachten, daß derlei Papiere – anders als etwa Aktien oder Anleihen – keine laufenden Erträge (z. B. Dividenden bzw. Zinszah-

Bei Fonds können die Manager bei einer drohenden Baisse – zumindest theoretisch – für den Anleger gegensteuern. Wer Index-Zertifikate wählt, müßte hingegen selbst Vorsorge treffen (z. B. rechtzeitig verkaufen).

Zertifikat-Inhaber haben kein Anrecht auf einen feststehenden Rückzahlungsbetrag.

Bei Zertifikaten besteht keine Chance, Kursverluste durch andere Ertragskomponenten zu kompensieren.

lungen) abwerfen. Die einzige Möglichkeit, Erträge zu erwirtschaften besteht darin, daß der Kurswert des Zertifikats im Laufe der Zeit steigt. Bei Verlusten – etwa aufgrund eines gesunkenen Indexstandes – hat der Anleger also nicht die Möglichkeit, den dadurch erlittenen Schaden durch andere Erträge wieder aufzufangen.

Ein Blick auf Indexschwankungen gibt Aufschluß

Mit welchen Schwankungen man zum Beispiel beim DAX im Zeitablauf rechnen muß, macht ein Blick auf den Kursverlauf sehr gut deutlich. Derlei Charts kann man – im übrigen nicht nur für den DAX, sondern fast sämtliche Finanztitel – im Internet anwählen. Unter der Adresse »http://www.bank24.de/markt_info/charts/ index.html.« bietet etwa die Bank24 die Möglichkeit, Kursverläufe abzurufen. Anleger haben die Gelegenheit, beispielsweise den Charttyp (z. B. Linien- oder Balkenchart) selbst festzulegen oder die Länge des Darstellungszeitraums (6, 12 oder 24 Monate). Wie stark ein Index selbst innerhalb kurzer Zeiträume schwanken kann, verrät ein Blick auf den DAX-Verlauf im Jahre 1998.

Bei unbekannten Aktienmärkten lassen sich Risiken besonders schwierig kalkulieren.

Wer Zertifikate wählt, bei deren Bezugsobjekten es sich um bekannte Indizes bereits entwickelter Märkte handelt (z. B. Aktienmärkte in Euroland), kann die damit verbundenen Marktpreisrisiken im allgemeinen relativ gut abschätzen. Auf welche Risiken sich

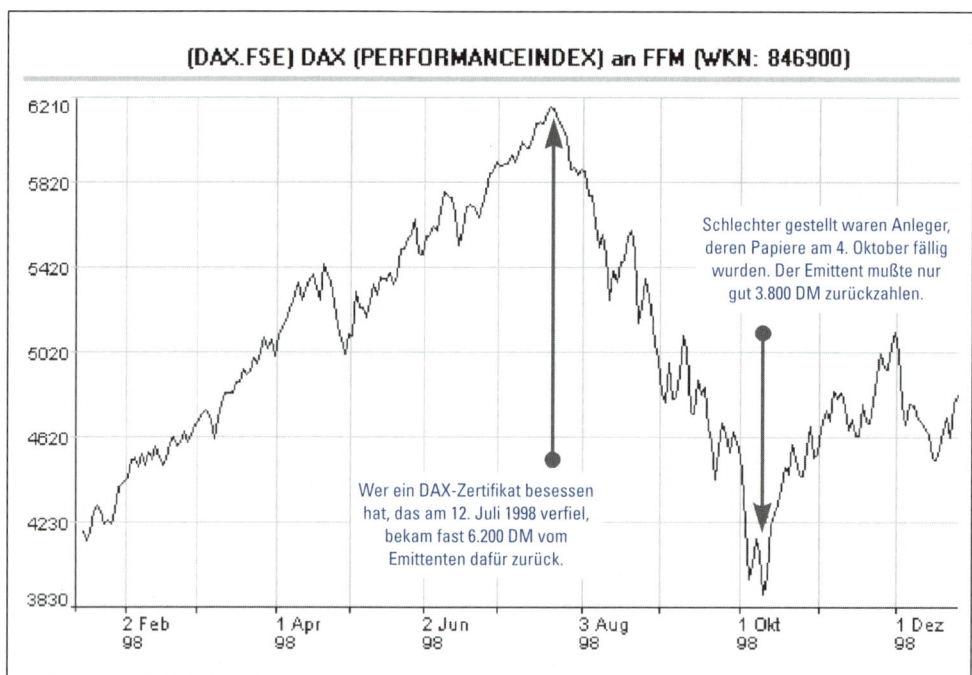

Anleger einlassen, kann bei jüngeren Märkten – wie etwa den Aktienmärkten Osteuropas – hingegen häufig nicht so gut beurteilt werden. Hier sind Wertpapiere (insbesondere Aktien) aufgrund enger Märkte und fehlender Liquidität nicht selten deutlich größeren, kaum kalkulierbaren Kursschwankungen ausgesetzt, was sich natürlich auf die Indexbewegungen und damit den Wert entsprechender Zertifikate überträgt.

Jeder Anleger, der ein Zertifikat erwirbt, dessen Rückzahlung in einer fremden Währung (z. B. US-Dollar) erfolgt, übernimmt automatisch ein sogenanntes *Wechselkursrisiko*. Damit ist die Gefahr – und gleichzeitig die Chance – gemeint, daß die Rückflüsse aufgrund der Wechselkursentwicklung geringer (höher) ausfallen als eigentlich geplant. Ein Beispiel: Betrachten wir ein Zertifikat, das sich auf den US-amerikanischen Aktienindex S & P 500 bezieht (Bezugsverhältnis: 1,0). Das Zertifikat soll so konzipiert sein, daß der Emittent am Laufzeitende in US-Dollar zurückzahlt.

> Das Wechselkursrisiko fällt ebenfalls in die Rubrik der Marktpreisrisiken.

Ist am Verfalltag beispielsweise ein Indexstand von 1.200 Punkten erreicht, erhält ein Anleger dementsprechend eine Rückzahlung in Höhe von 1.200 US-Dollar. Verständlicherweise begnügt sich ein deutscher Sparer nicht mit Dollar. Er muß die fremde Währung am Laufzeitende in Mark tauschen. Je nachdem zu welchem Kurs der US-Dollar notiert, fällt die DM-Rückzahlung entsprechend höher oder niedriger aus. Betrachten wir zur Veranschaulichung unterschiedliche Wechselkurse sowie Indexstände und die dazu korrespondierenden DM-Rückflüsse (siehe folgende Graphik).

Man sieht, daß ein und derselbe Rückzahlungsbetrag auf unterschiedliche Weise zustande kommen kann. Es kann passieren, daß

Kurs des US-Dollar am Laufzeitende	S & P 500 (Stand am Laufzeitende)				
	1.000 Punkte	1.100 Punkte	1.200 Punkte	1.300 Punkte	1.400 Punkte
1,00 DM/$	1.000 DM	1.100 DM	1.200 DM	1.300 DM	1.400 DM
1,10 DM/$	1.100 DM	1.210 DM	1.320 DM	1.430 DM	1.540 DM
1,20 DM/$	1.200 DM	1.320 DM	1.440 DM	1.560 DM	1.680 DM
1,30 DM/$	1.300 DM	1.430 DM	1.560 DM	1.690 DM	1.820 DM
1,40 DM/$	1.400 DM	1.540 DM	1.680 DM	1.820 DM	1.960 DM
1,50 DM/$	1.500 DM	1.650 DM	1.800 DM	1.950 DM	2.100 DM
1,60 DM/$	1.600 DM	1.760 DM	1.920 DM	2.080 DM	2.240 DM
1,70 DM/$	1.700 DM	1.870 DM	2.040 DM	2.210 DM	2.380 DM
1,80 DM/$	1.800 DM	1.980 DM	2.160 DM	2.340 DM	2.520 DM
1,90 DM/$	1.900 DM	2.090 DM	2.280 DM	2.470 DM	2.660 DM
2,00 DM/$	2.000 DM	2.200 DM	2.400 DM	2.600 DM	2.800 DM

Dieselbe Rückzahlung, trotz unterschiedlicher Indexstände. Der Ausgleich kommt durch den Wechselkurs zustande.

Obwohl der Indexstand (1.400 Punkte) höher ist, fließen an den Anleger pro Zertifikat 80 Mark weniger zurück. Begründung: Der Wechselkurs ist deutlich geringer.

das Zertifikat am Laufzeitende einen geringeren DM-Wert hat als beim Kauf, obschon der Index gestiegen ist. Umgekehrt könnte das Produkt auch an Wert gewonnen haben, trotz eines Indexrückgangs.

Es ist nicht zu übersehen, daß der Wechselkurs einen erheblichen Einfluß auf die Rückzahlungshöhe ausübt. Nicht relevant wäre die Wertentwicklung des US-Dollar hingegen, wenn es sich um ein sogenanntes *Quanto-Zertifikat* handelt. Denn in diesem Fall entspricht der Indexstand exakt dem Wert in Mark. Notiert der S & P 500 am Verfalltag etwa bei 1.200 Punkten fließen 1.200 DM zurück, bei einem Stand von 1.400 Punkten erhält der Anleger entsprechend 1.400 Mark usw., vorausgesetzt das Bezugsverhältnis beläuft sich auf 1,0.

Quanto-Zertifikate

Bonitätsrisiko

Ob Anleger bei einer zwischenzeitlichen Rückgabe ihrer Zertifikate oder am Laufzeitende Verluste zu beklagen haben, muß nicht nur von Marktpreisveränderungen abhängen. Denn Einbußen entstehen auch dann, wenn der Emittent seinen Zahlungsverpflichtungen nicht mehr nachkommt. Was nützt es einem Sparer, der ein DAX-Zertifikat bei einem Stand von 4.000 Punkten kauft, wenn der Index am Laufzeitende auf 7.000 gestiegen ist, der Emittent zur Rückzahlung aber nicht mehr in der Lage ist (z. B. aufgrund eines Konkurses).

Wie zuverlässig ein Schuldner ist, läßt sich am *Rating* erkennen. Da wir darauf im Zusammenhang mit Anleihen bereits eingegangen sind, brauchen wir diesen Aspekt hier nicht zu vertiefen.

Es muß nicht unbedingt zu einem Zahlungsausfall kommen, damit Anleger Nachteile erleiden. Bereits eine Herabstufung des Ratings – etwa von A auf Triple-B – kann dazu führen, daß Zertifikate an Wert verlieren. Nicht ohne Grund warnt beispielsweise *Merrill Lynch* Anleger:

Anleger können das Bonitätsrisiko dadurch mildern, daß sie Zertifikate von mehreren Anbietern kaufen. Verschlechtert sich in Zukunft die Bonität eines Emittenten oder wird er gar zahlungsunfähig, ist davon nicht das gesamte Kapital betroffen.

Sollte es zu einer Herabstufung der Kreditbewertung durch irgendeine Rating-Agentur bezüglich ausstehender Anleihetitel des Emittenten oder des Garantors kommen, könnte dies in einer Verminderung des Handelswertes der Euro-Zertifikate resultieren.

Besonders interessant ist die Frage, mit welcher Wahrscheinlichkeit sich die Bonität in Zukunft verschlechtern könnte und möglicherweise ein Zahlungsausfall zu erwarten ist. Eine Antwort erhalten Anleger, wenn sie im *Internet* die Seite »http://riskmetrics.com/cm/standard/index.html« abrufen. Dann erscheint eine Tabelle, die so umfangreich ist, daß wir hier nur einen kleinen Ausschnitt davon zeigen können (siehe folgende Abbildung). Bei einem Schuldner, der im Augenblick ein Rating von Triple-A hat, beträgt die Wahrscheinlichkeit zum Beispiel Null, daß innerhalb eines Jahres ein *Downgrade* auf D (=Zahlungsausfall) droht. Anhand der Tabellenwerte, die im übrigen ständig aktualisiert werden, läßt sich im allgemeinen ein recht guter Eindruck vom Ausmaß der Bonitätsrisiken gewinnen. Uneingeschränkt sollte man den Informationen dennoch nicht vertrauen, da die Wahrscheinlichkeiten aus Vergangenheitsdaten gewonnen werden.

Bonitätsrisiken sind allgemein relativ schwierig einzuschätzen.

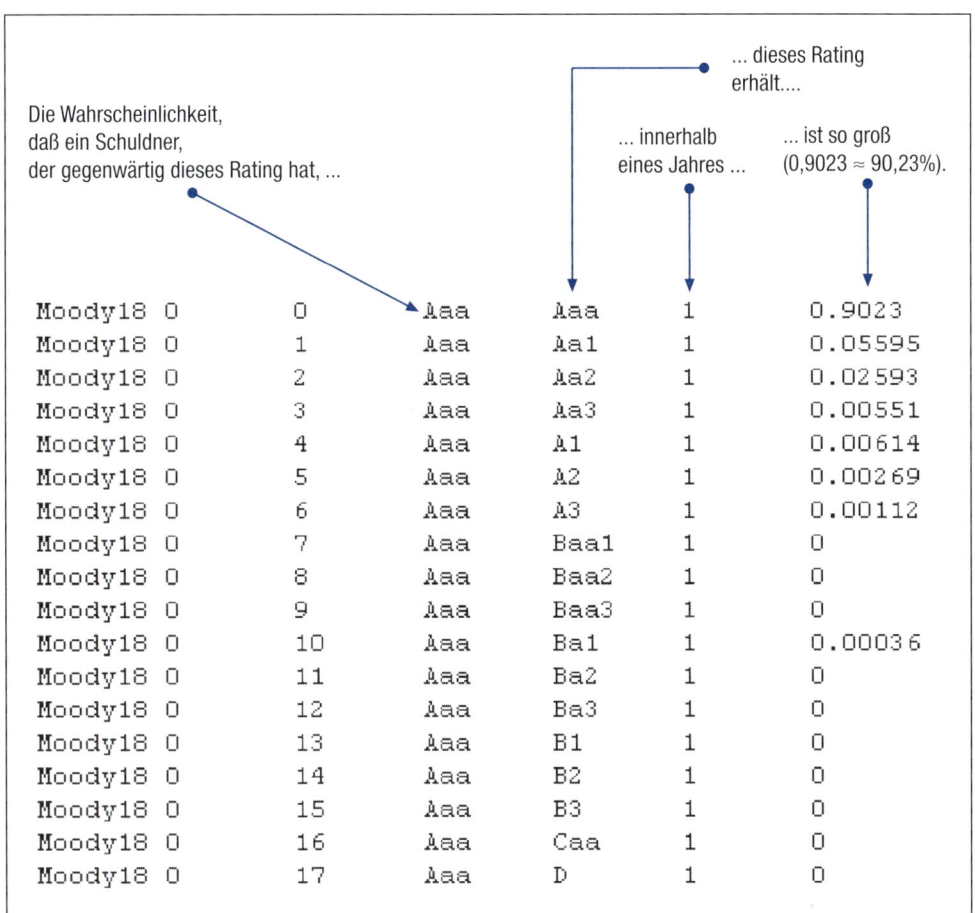

Die Wahrscheinlichkeit, daß ein Schuldner, der gegenwärtig dieses Rating hat, ...

... dieses Rating erhält....

... innerhalb eines Jahres ...

... ist so groß (0,9023 ≈ 90,23%).

Moody18 0	0	Aaa	Aaa	1	0.9023
Moody18 0	1	Aaa	Aa1	1	0.05595
Moody18 0	2	Aaa	Aa2	1	0.02593
Moody18 0	3	Aaa	Aa3	1	0.00551
Moody18 0	4	Aaa	A1	1	0.00614
Moody18 0	5	Aaa	A2	1	0.00269
Moody18 0	6	Aaa	A3	1	0.00112
Moody18 0	7	Aaa	Baa1	1	0
Moody18 0	8	Aaa	Baa2	1	0
Moody18 0	9	Aaa	Baa3	1	0
Moody18 0	10	Aaa	Ba1	1	0.00036
Moody18 0	11	Aaa	Ba2	1	0
Moody18 0	12	Aaa	Ba3	1	0
Moody18 0	13	Aaa	B1	1	0
Moody18 0	14	Aaa	B2	1	0
Moody18 0	15	Aaa	B3	1	0
Moody18 0	16	Aaa	Caa	1	0
Moody18 0	17	Aaa	D	1	0

Wir können festhalten: Ein Zertifikatinhaber trägt – genau wie etwa ein Aktionär – *Marktpreisrisiken* (hier: Aktienkursrisiken). Im Unterschied zu Aktien werden mit dem Kauf von Zertifikaten jedoch noch zusätzlich *Ausfallrisiken* übernommen.

Spreadrisiko

In einem der vorhergehenden Kapitel haben wir ausführlich dargestellt, daß Anleger normalerweise jederzeit zwischen Emissionsda-
tum und Laufzeitende Zertifikate vom Emittenten kaufen, erwor-
bene Papiere aber auch an die Institute wieder zurückverkaufen
können. Dafür stellt der Emittent laufend An- und Verkaufskurse
(»Geld-/Brief-Quotierungen«). Dies ist zwar ein attraktiver Service,
doch sollte sich jeder Anleger vor Augen führen, daß die Differenz
zwischen Geld- und Briefkurs (Spread) definitiv verlorengeht. Dazu

> Nur wenn der Emittent
> den Index-Stand als
> Briefseite quotiert und
> der Anleger ein Zertifikat
> bis zum Verfalltag hält,
> entsteht kein Spread-
> Verlust.

ein Beispiel: Ein Emittent quotiert ein DAX-Zertifikat mit einer
Spanne von 10 Indexpunkten. Bei einem aktuellen Stand von beispielsweise 5.000 Punkten lautet die Quotierung: 4.995 (Geld);
5.005 (Brief). Wer in diesem Moment ein Zertifikat kauft, bezahlt
dafür 5.005 €. Bei unverändertem Indexstand, nimmt der Emittent
das Wertpapier aber nur für 4.995 € wieder zurück. Mit anderen
Worten: Um keinen Verlust zu erleiden, muß der DAX um 10
Punkte – von 5.000 auf 5.010 – steigen. Denn erst dann quotiert
der Emittent: 5.005 (Geld); 5.015 (Brief) und der Anleger hat die
Möglichkeit, sich ohne Einbußen wieder von seinem Wertpapier zu
trennen.

> Die Spanne zwischen
> Geld- und Briefkurs steht
> nicht unumstößlich fest.
> Sie hängt vom Willen des
> Emittenten ab.

Anleger müssen wissen, daß der Spread nicht zu den Ausstattungsmerkmalen – oder *Primärmerkmalen*, wie Fachleute sagen –
zählt, sondern ein sogenanntes *Sekundärmerkmal* darstellt. Während in den Emissionsbedingungen beispielsweise das Laufzeitende
genau festgehalten ist und vom Emittenten anschließend nicht
mehr verändert werden darf, sind über den Spread hier keine Angaben zu finden. Das bedeutet, daß ein Institut die Spanne zwischen
Geld- und Briefkurs im nachhinein mehr oder weniger nach Belieben verändern kann. Nur allzu oft werden zum Emissionszeitpunkt
und kurz danach besonders enge und damit verbraucherfreundli-
che Geld-Briefspannen gestellt. Damit lassen sich viele Anleger erfahrungsgemäß anlocken. Später, wenn der größte Teil der
Zertifikate verkauft worden ist, gehen die Emittenten dann plötzlich dazu über, ihre Spreads auszuweiten. Welche Folgen das für
den Anleger hat, wollen wir an einem kurzen Beispiel zeigen. Unterstellen wir, ein herkömmliches DAX-Zertifikat (Bezugsverhältnis: 1,0) sei zum Emissionszeitpunkt und einige Wochen danach
mit einem Spread in Höhe von 10 Punkten quotiert worden. Ein
Anleger hat bei einem Indexstand von 4.000 Punkten ein Zertifikat
zum Preis von 4.005 € gekauft. Nach mehreren Monaten und einem Indexanstieg auf 4.500 Punkte möchte der Sparer das Zertifikat wieder veräußern. Bei unveränderter Geld-Brief-Spanne würde
folgende Quotierung gestellt:

4.495 (Geld); 4.505 (Brief)

und der Anleger hätte 4.495 € für sein Zertifikat kassiert.

Als er im Internet nachschaut, stellt er fest, daß der Emittent den Spread von 10 auf 20 Punkte verdoppelt hat. Aufgrund der Ausweitung ist der Abstand zwischen An- und Verkaufskurs größer geworden und der Sparer muß sich mit 4.490 € begnügen, denn der Emittent stellt nun folgende Kurse:

4.490 (Geld); 4.510 (Brief)

Spread ist abhängig von Index-Volatilität

Die Höhe des Spreads hängt auch davon ab, ob sich der zugrunde liegende Index auf einen bereits ausgereiften oder noch unterentwickelten Aktienmarkt bezieht. *Emerging Markets* sind zum Beispiel dadurch gekennzeichnet, daß es bisweilen zu plötzlichen extremen Aktienkurs- und damit Indexausschlägen kommen kann, die Emittenten in kritische Situationen bringen (Beispiel: Emittent kann das entsprechende Indexniveau nicht absichern). Um derlei Situationen abzufedern, müssen sich die Häuser ein gewisses Sicherheitspolster zulegen, und zwar dadurch, daß sie relativ breite Spreads stellen.
Auf gut entwickelten Aktienmärkten sind solche Phänomene fast gar nicht zu beobachten, weshalb Spreads für entsprechende Zertifikate im allgemeinen niedriger ausfallen.

Anschlußrisiko

Eine Gefahrenquelle, die von vielen noch unterschätzt wird, geht vom *festen Verfalltermin* aus. Wie wir wissen, besitzen Zertifikate eine begrenzte, zum Emissionszeitpunkt fest vereinbarte Laufzeit. Bei Erreichen des Verfalltages wird der aktuelle Wert des Bezugsobjektes an den Inhaber zurückgezahlt, gleichgültig, ob dies zu einem Gewinn oder Verlust führt. Anders als ein Aktienanleger hat der Besitzer eines Zertifikats grundsätzlich nicht die Möglichkeit, eine Niedrigpreisphase (»Baisse«) einfach auszusitzen – wie man so schön sagt – und bessere Zeiten für einen Verkauf abzuwarten. Zwar wird dieser Einwand von vielen Emittenten als unbegründet zurückgewiesen mit dem Hinweis, am Laufzeitende könnten Anleger ohne Schwierigkeiten in andere Zertifikate wechseln. Doch dabei werden zwei Dinge leichtfertig übersehen: Erstens hat sich bislang noch kein Emittent verpflichtet, nach Auslaufen eines Zertifikates sofort ein »baugleiches« Ersatzprodukt anzubieten, und zwar zu einem Preis, der genau dem Rückzahlungskurs entspricht. Von den Emittenten wird bei diesem Einwand gerne vorgeschoben, Anleger könnten sich – falls das eigene Haus keinen Ersatz bietet –

Im Unterschied zu Zertifikaten bestehen Aktien im Grunde ewig.

auch ein Produkt der Konkurrenz kaufen. Das ist freilich richtig, setzt allerdings voraus, daß von anderen Instituten entsprechende Zertifikate erhältlich sind. Außerdem ist für den Sparer damit eine Anschaffung zum Briefkurs verbunden, so daß die Differenz zwischen Briefkurs und aktuellem Indexstand (=Rückzahlungsbetrag beim auslaufenden Zertifikat) verloren geht.

Pricingrisiko

Viel entscheidender ist jedoch ein anderer Aspekt. Die meisten Emittenten haben im Laufe der Zeit festgestellt, daß sich mit herkömmlichen Zertifikaten – klassisches Beispiel ist ein Plain-Vanilla-Zertifikat auf den DAX – nach eigener Ansicht kaum zufriedenstellende Gewinne erzielen lassen. Viel interessanter ist für die meisten Häuser das Geschäft mit exotischen Produkten. Aufgrund der zum Teil undurchschaubaren Konstruktionen können die Emittenten bei der Preissetzung ihren Gewinnvorstellungen voll und ganz Rechnung tragen, ohne daß Anleger das Gebaren durchschauen.

Exoten sind aufgrund ihrer oft schwierigen Bewertbarkeit für viele Häuser besonders interessant.

Es ist längst kein Geheimnis mehr, daß sich viele Häuser lieber heute als morgen von ihren normalen Zertifikaten trennen würden. Aufgrund der bei Emission eingegangenen Verpflichtung, haben die Institute allerdings keinerlei Möglichkeit, die Produkte einfach aus dem Sortiment zu nehmen. Die Emittenten müssen gezwungenermaßen abwarten, bis das Laufzeitende erreicht ist. Ob sich Häuser, deren Zertifikate in fünf oder zehn Jahren auslaufen, noch bereit erklären, neue Plain-Vanillas zu emittieren, ist zweifelhaft. Für den Anleger besteht daher ein nicht zu unterschätzendes Risiko, daß er am Ende keine geeigneten Zertifikate mehr vorfindet und dann nur noch auf andere Produktgruppen (z.B. Indexfonds) ausweichen kann.

Wir haben es gerade schon angesprochen, daß bei Exoten die Quotierung viel leichter nach dem Geschmack der Emittenten erfolgen kann als bei Produkten, die sich aufgrund ihrer Transparenz fast von jedermann ohne Mühe bewerten lassen. Völlig unabhängig davon, ob es sich um Plain-Vanilla- oder exotische Produkte handelt, ist jeder Anleger dem Pricingrisiko ausgesetzt. Damit ist die Gefahr gemeint, daß eine Abweichung vom angemessenen Wert zu Ungunsten der meisten Anleger erfolgt. Hier ein einfaches Beispiel: Ein Institut hat beim DAX-Stand von 3.500 Punkten herkömmliche Index-Zertifikate (»Plain-Vanillas«) auf den Markt gebracht. Anschließend nimmt der deutsche Aktienindex einen rasanten Aufschwung und steht nach einiger Zeit bei 6.000 Punkten. Es ist verständlich, daß viele Anleger ihre Zertifikate nun wieder verkaufen und die erzielten Gewinne »mitnehmen« möchten. Kaum jemand hat bei einem derartig hohen DAX-Stand hingegen Interesse am

Kauf. In einer solchen Situation wäre eine Quotierung von beispielsweise 5.900(Geld)/6.000 (Brief) unangemessen oder unfair, wie Fachleute sagen. Zwar könnten Anleger bei dieser – zugegeben extremen – Kursstellung verhältnismäßig günstig an Zertifikate gelangen – wie erwähnt wollen viele in einer Hochpreisphase aber nicht einsteigen.

Bezugsobjekt hat Einfluß auf Pricingrisiko

Bei herkömmlichen Zertifikaten ist das Pricingrisiko dort besonders stark ausgeprägt, wo Emittenten als Bezugsobjekte eigene Indizes verwenden. Anders als bei Börsenindizes wie etwa DAX oder MDAX wird der Indexstand nicht von neutraler Stelle ermittelt. Bei derlei Eigenkreationen weiß außer dem Institut meist niemand genau, wie der Index eigentlich aufgebaut ist. Oft genug wird der Stand auch nicht so publiziert, daß er allgemein zugänglich wäre. Im Vergleich zu Börsenindizes ist die Gefahr für Manipulationen hier ungleich höher.

Bei Plain-Vanilla-Produkten wie dem DAX-Zertifikat aus unserem Fallbeispiel ist der angemessene Kurs offensichtlich. Krasse Fehlbewertungen würden selbst einem Nichtfachmann sofort auffallen. Längst nicht so leicht zu durchschauen sind *unfaire Kurse* hingegen bei exotischen Produkten. Aus den vorangegangenen Kapiteln wissen wir, wie schwierig es gerade für Normalanleger ist, etwa Mini-Max-Konstruktionen oder Reverse Participations zu bewerten. Darüber sind sich natürlich auch die Emittenten im klaren und manch einer nutzt die Gelegenheit und stellt für seine Produkte ungerechtfertigte Preise. Dies fällt den Instituten dann besonders leicht, wenn sie ein vollkommen neues Produkt auf den Markt bringen, dessen Pricing – außer dem Emittenten selbst – zunächst niemand sonst kennt. Bei vollkommen neuen Finanzprodukten dauert es meist einige Zeit, bis Experten in der Lage sind, ein Bewertungsschema aufzustellen und ein Fehl-Pricing aufzudecken.

Wir können festhalten, daß Anleger grundsätzlich bei jedem Zertifikat ein Pricingrisiko tragen. Da bei Plain-Vanilla-Produkten Abweichungen vom fairen Wert leicht erkennbar sind, ist die Gefahr hier allerdings längst nicht so stark ausgeprägt wie bei exotischen Zertifikaten.

> Bei exotischen Zertifikaten ist das Pricingrisiko besonders groß.

> Exoten mit einzigartigen Merkmalen und Produkte mit völlig neuen Konstruktionselementen bergen ein außergewöhnlich hohes Pricingrisiko.

Besteuerungsrisiko

Erträge, die Anleger mit Zertifikaten erzielen, müssen dann versteuert werden, wenn das Papier innerhalb der Spekulationsfrist verkauft wird und der Gewinn über der Freigrenze von 1.000 Mark liegt.

Bei bestimmten Produkten – etwa Zertifikaten, die auf Performance-Indizes basieren – steht bereits eindeutig fest, daß Wertveränderungen steuerlich unbedeutend sind, wenn die Spekulationsfrist überschritten ist. Hier läßt sich deshalb einigermaßen sicher bereits im voraus kalkulieren, welche Belastungen auf den Anleger zukommen. Absolute Gewißheit besteht allerdings nicht, denn steuerliche Regelungen können in Zukunft verändert werden, sogar rückwirkend gelten und dann zu ungeplanten Steuerzahlungen führen.

Mit dieser Gefahr müssen grundsätzlich sämtliche Anleger rechnen, gleichgültig, ob sie sich für Zertifikate oder andere Anlageformen entscheiden.

Besonders hoch ist das Besteuerungsrisiko jedoch bei Produkten, für die noch nicht endgültig geklärt werden konnte, wie Erträge steuerlich zu behandeln sind. Im besonderen gilt dies für vollkommen neue Produkte, die durch die bestehenden Regelungen nicht erfaßt werden.

Betroffen sind aber auch Wertpapiere, die bereits längere Zeit auf dem Markt sind, bei denen die Behörden aber noch nicht entschieden haben, ob und in welchem Ausmaß Erträge besteuert werden. Im Augenblick ist dies bei Zertifikaten der Fall, die sich auf Kursindizes beziehen. Einigermaßen sicher können Anleger hier erst sein, wenn die Finanzverwaltungen endgültige Entscheidungen getroffen haben.

Das Besteuerungsrisiko trifft fast alle Anleger gleichermaßen.

Bei vollkommen neuen Finanzprodukten ist das Besteuerungsrisiko besonders hoch.

Managementrisiko

Nun wollen wir uns mit einer Risikokategorie befassen, die auf den ersten Blick für Zertifikate gar nicht relevant sein dürfte. Gemeint ist das Managementrisiko, also die Gefahr, daß Anleger Nachteile erleiden, weil Emittenten Bezugsobjekte selbst zusammenstellen, anstatt Börsenindizes zu verwenden. Betrachten wir zur Verdeutlichung das »German Top Twelve Euro-Zertifikat« von *Merrill Lynch*, dessen Ausstattung bereits im zweiten Teil dieses Buches vorgestellt wurde. Zur Erinnerung noch einmal die wichtigsten Merkmale: Das Zertifikat bezieht sich auf einen speziell von *Merrill Lynch* entwickelten Index, in den die zwölf DAX-Werte mit der historisch höchsten Dividendenrendite (=zuletzt gezahlte Jahresdividende dividiert durch den Aktienkurs) aufgenommen werden. Die Zusammensetzung wird halbjährlich (Januar und Juli) überprüft und gegebenenfalls angepaßt.

Die Manager von *Merrill Lynch* haben sich zum Ziel gesetzt, mit ihrer eigenen Strategie eine höhere Performance zu erzielen als mit dem DAX. Dafür müssen sie das Bezugsobjekt selbst zusammenstellen und versuchen, diejenigen DAX-Aktien herauszupicken, die überdurchschnittlich gut abschneiden. Das Auswahlkriterium ist die *Dividendenrendite*. Sie unterstellen, daß Aktien, die in der Vergangenheit die höchsten Werte zu verzeichnen hatten, auch in Zukunft ganz vorne rangieren. Mit dieser Vermutung können die Produktentwickler natürlich auch falsch liegen, was für den Anleger einen geringeren Ertragszuwachs zur Folge hätte als bei einem herkömmlichen DAX-Zertifikat.

An diesem Beispiel wird ersichtlich, daß sich Anleger mit Produkten wie dem »German Top Twelve Euro-Zertifikat« auf das Geschick einiger weniger Manager verlassen und darauf vertrauen, daß dadurch bessere Ergebnisse erzielt werden als mit Zertifikaten, die sich auf Börsenindizes beziehen. Damit nehmen Anleger jedoch das Risiko in Kauf, daß Entscheidungen getroffen werden, die sich im nachhinein als unvorteilhaft erweisen. Zurückzuführen ist dies im wesentlichen darauf, daß Manager

Es darf nicht verschwiegen werden, daß vom Index abweichende Bezugsobjekte nicht nur mit der Gefahr geringerer Erträge verbunden sind, sondern gleichzeitig eine Chance auf höhere Zuwächse beinhalten.

- notwendige Fachkenntnisse und Erfahrungen nicht mitbringen,
- nicht sorgfältig genug handeln,
- ihre Entscheidungen zu sehr aus Vergangenheitsdaten ableiten,
- selbst Manager mit langer Erfahrung keine zuverlässigen Prognosen abgeben können oder
- trotz Kompetenz und Sorgfalt Entscheidungen zum Nachteil des Anlegers treffen, da eigene und nicht Anlegerinteressen im Vordergrund stehen.

Daß derlei Gefahren nicht ganz unbegründet sind, räumt selbst der Emittent in seiner Informationsbroschüre zum »German Top Twelve Euro-Zertifikat« ein:

Die historische Performance gibt keine Garantie für die zukünftige Entwicklung. Obwohl Wertsteigerungsstrategien und Investitionen in Aktien mit hohen Dividendenrenditen über eine lange Zeit anerkannte Marktindices wichtiger Wertpapiermärkte in der ganzen Welt outperformed haben, gibt es keine Garantie dafür, daß das auch in Zukunft so sein wird.

Dieser Gefahr ist der Anleger dagegen nicht ausgesetzt, wenn als Bezugsobjekt ein anerkannter, von einer objektiven Stelle ermittelter Index herangezogen wird, auf dessen Zusammensetzung einzelne Manager keinen Einfluß haben. In diesem Fall geben nicht die Fähigkeiten und das Ermessen weniger Vermögensmanager den Ausschlag, sondern einzig und allein die Marktentwicklung. Interessant ist, daß der Anleger dennoch nicht von Managementrisiken verschont bleibt. Zwar hat er die Gewißheit, in jedem Fall die In-

Auch bei Börsenindizes finden im Laufe der Zeit Umschichtungen statt (bestimmte Aktie wird durch andere ersetzt). Dies geschieht nicht willkürlich und unkontrollierbar, sondern nach im vorhinein bekannten Regeln.

Die Manager einer AG treffen Entscheidungen, die auch Aktienkurse und Index-Stände beeinflussen.

dexrendite zu erzielen. Allerdings können die Kurse der im Index enthaltenen Papiere sinken, weil die Manager der Aktiengesellschaften Entscheidungen zum Nachteil der Anleger treffen. Das Risiko geht in diesem Fall also nicht vom Portfolio-Manager aus, sondern zum Beispiel vom Vorstand einer AG.

Rechtsrisiko

Ein mitunter ziemlich schwierig einschätzbares Risiko entsteht, wenn der Emittent einen Gerichtsstand im Ausland wählt. Betrachten wir als Beispiel ein Emissionshaus, das in Deutschland Zertifikate auf den Markt bringt, die sich auf einen von der Bank selbst entwickelten Index beziehen. Im Verkaufsprospekt schreibt die Bank: »Anzuwendendes Recht: Englisch.«

Angenommen, ein deutscher Anleger hätte einige dieser Zertifikate gekauft und bis zum Schluß gehalten. Am Rückzahlungstag betrachtet er den Indexstand genauer und stellt fest, daß der Emittent den Berechnungsmodus zu seinen eigenen Gunsten verändert hat. Die Tilgung fällt deshalb deutlich geringer aus, als vom Anleger erwartet.

Es gibt genug vergleichbare Fälle aus der Vergangenheit, in denen Entscheidungen zum Nachteil der Anleger getroffen wurden. In solchen Situationen gibt es häufig nur die Möglichkeit, seine Ansprüche gerichtlich durchzusetzen. Relativ einfach ist dies, wenn der Emittent im eigenen Land sitzt und heimisches Recht gilt. Denn dann können Anleger die Lage häufig selbst gut einschätzen. Außerdem ist es relativ einfach, einen qualifizierten Rechtsbeistand zu finden. Wer, wie im Fallbeispiel, jedoch vor einem Gericht im Ausland seine Ansprüche durchsetzen muß, hat ungleich schwierigere Ausgangsvoraussetzungen.

Kennziffern zur Beurteilung von Zertifikaten

Übersicht

Die Beurteilung von Zertifikaten anhand spezieller Kennziffern ist im Vergleich zu anderen Finanzinstrumenten (z. B. Optionsscheine) sehr begrenzt. Dennoch existieren einige Möglichkeiten, Aussagen über die Vorteilhaftigkeit eines Zertifikats zu treffen. Die bislang bedeutendsten Kennwerte haben wir in folgender Übersicht zusammengefaßt.

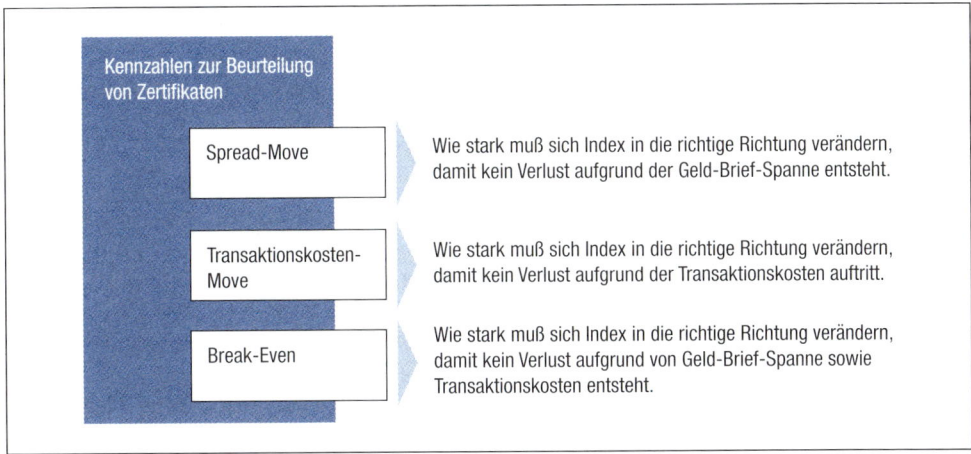

Kennzahlen zur Beurteilung von Zertifikaten

Spread-Move	Wie stark muß sich Index in die richtige Richtung verändern, damit kein Verlust aufgrund der Geld-Brief-Spanne entsteht.
Transaktionskosten-Move	Wie stark muß sich Index in die richtige Richtung verändern, damit kein Verlust aufgrund der Transaktionskosten auftritt.
Break-Even	Wie stark muß sich Index in die richtige Richtung verändern, damit kein Verlust aufgrund von Geld-Brief-Spanne sowie Transaktionskosten entsteht.

Spread Move

Am Spread-Move erkennt der Anleger, welche absolute Bewegung (englisch: move) des Underlyings in die richtige Richtung erforderlich ist, damit wenigstens der Verlust aufgrund der Geld-Brief-Spanne ausgeglichen wird. Erinnern wir uns: Ein *Market-Maker* quotiert für jedes Zertifikat sowohl einen An- als auch Verkaufskurs. Wer vom Emittenten kauft, muß einen Preis zahlen, der über dem Kurs liegt, den der Market-Maker im selben Augenblick für den Rückkauf von Zertifikaten vergütet. Bliebe der Stand des zugrunde liegenden Indexes im Laufe der Zeit konstant, könnte das Zertifikat nur zum geringeren Geld-Kurs an den Emittenten zurückgegeben werden und die Spanne zwischen An- und Verkaufs-

Bleibt der Zertifikatkurs im Zeitablauf unverändert, entsteht ein Verlust.

kurs wäre verloren. Es ist also eine Veränderung notwendig, um diesen Verlust zu vermeiden. Der Spread-Move läßt sich wie folgt bestimmen:

$$\text{Spread-Move} = \frac{\text{Spread (absolut)}}{\text{Bezugsverhältnis}}$$

Für ein herkömmliches Index-Zertifikat mit einem Bezugsverhältnis von 1,0 ist die Rechnung ziemlich einfach: Der zugrunde liegende Index muß zumindest um den Spread ansteigen, damit der Rückkaufkurs (=Geldkurs) anschließend exakt so hoch ist wie der Kurs beim Kauf (=Briefkurs vor Indexanstieg) und der Anleger keinen Verlust aufgrund der Geld-Brief-Spanne erleidet. Bei Produkten mit einem anderen Bezugsverhältnis ist hingegen eine Umrechnung erforderlich. Dazu ein Fallbeispiel: Ein Institut quotiert für ein Plain-Vanilla-DAX-Zertifikat (Bezugsverhältnis: 0,1) im Moment 519,5 (Geld)/520,5 (Brief), während der DAX bei 5.200 Punkten notiert. Die Geld-Brief-Spanne beträgt 1,0 €. Damit beläuft sich der Spread-Move auf

$$\frac{\text{Spread (absolut)}}{\text{Bezugsverhältnis}} = \frac{1,0}{0,1} = 10 \text{ DAX-Punkte}$$

Wird der aktuelle Indexstand gleich dem Briefkurs gesetzt, wie es bei einigen Emittenten üblich ist, liegt der Spread-Move bei Null – vorausgesetzt, das Papier wird bis zur Fälligkeit gehalten.

Der DAX muß deshalb um 10 auf 5.210 Punkte ansteigen, da der Market-Maker dann 520,5 (Geld)/521,5 (Brief) quotiert und das Zertifikat für 520,5 € (=Kaufkurs) an den Emittenten zurückgegeben werden kann. Ein Verlust durch den Spread wäre durch die Indexentwicklung exakt ausgeglichen worden. Voraussetzung ist natürlich, daß das Institut den Spread beibehält und im Laufe der Zeit nicht ausweitet.

Emittenten nehmen ihre Zertifikate am Laufzeitende normalerweise zum dann gültigen Indexstand zurück, ohne einen Abschlag vorzunehmen. Denn am Verfalltag werden keine Geld-Brief-Quotierungen mehr vorgenommen. Bezieht man in die Überlegungen mit ein, daß ein Zertifikat bis zum Schluß gehalten wird, dann muß die Berechnung des Spread-Move in folgender Weise angepaßt werden:

$$\text{Spread-Move} = \frac{0,5 \times \text{Spread (absolut)}}{\text{Bezugsverhältnis}}$$

Bezogen auf das letzte Fallbeispiel ergibt sich ein Wert von

$$\frac{0,5 \times 1,0}{0,1} = 5 \text{ DAX-Punkte}$$

Es reicht folglich aus, wenn der DAX exakt am Laufzeitende einen Stand von 5.205 Punkten aufweist, da das Zertifikat ohne Abschlag zum Preis von 520,50 € getilgt wird.

Je höher der Spread, um so stärker muß die erwartete Kursbewegung sein, damit die Gewinnzone erreicht wird. Grundsätzlich gilt, daß ein Zertifikat für Anleger eine um so höhere Attraktivität besitzt, je niedriger der Spread-Move ausfällt. Allerdings darf nicht übersehen werden, daß die Zahl nur eines von mehreren Beurteilungskriterien sein sollte.

> Diese Gewinnschwelle gilt nur, wenn das Zertifikat bis zum Verfalltag gehalten wird.

Es kommt auf die richtige Indexentwicklung an

Bei Plain-Vanilla-Produkten entspricht der Spread-Move stets einem Indexanstieg. In einigen Fällen ist jedoch eine entgegengesetzte Bewegung notwendig, damit ein Verlust aufgrund der Geld-Brief-Spanne kompensiert wird. Dies gilt bislang jedoch ausschließlich für Reverse-Zertifikate. Hier ist ein Indexrückgang in Höhe der Differenz zwischen An- und Verkaufskurs notwendig.

Transaktionskosten-Move

Der Erwerb von Zertifikaten ist im Normalfall nicht gebührenfrei, sondern mit einer Reihe von Kosten verbunden. Die Aufwendungen, die bei der Beschaffung von Wertpapieren anfallen, bezeichnet man allgemein auch als *Transaktionskosten*. Hierunter fallen etwa Provisionen, die von Banken in Rechnung gestellt werden oder Maklercourtagen, sofern Zertifikate über die Börse geordert werden.

> Wir gehen davon aus, daß beim Verkauf von Zertifikaten keine Kosten entstehen.

Der sogenannte Transaktionskosten-Move gibt nun an, welche absolute Kursveränderung des Underlyings in die richtige Richtung erforderlich ist, damit die Anschaffungskosten wieder ausgeglichen werden. Hier gelten im Grunde die gleichen Überlegungen wie beim Spread-Move, so daß sich folgende Formel zur Bestimmung des Transaktionskosten-Moves ergibt:

$$\text{Transaktionskosten-Move} = \frac{\text{Kosten (absolut)}}{\text{Bezugsverhältnis}}$$

Bei herkömmlichen Zertifikaten mit einem Bezugsverhältnis von 1,0 entspricht der Transaktionskosten-Move der Höhe der absoluten Transaktionskosten. Weicht das Bezugsverhältnis hingegen von 1,0 ab, ist die Berechnung etwas aufwendiger, was an folgendem Beispiel deutlich wird: Beim Kauf eines DAX-Zertifikats (Bezugsverhältnis: 0,1) verlangt das zur Beschaffung beauftrage Kreditinstitut Gebühren in Höhe von 15 €. Zum Kaufzeitpunkt notiert der Index bei 5.600 Punkten; das Zertifikat hat einen Preis von 560 €. Der Transaktionskosten-Move liegt bei

$$\frac{\text{Transaktionskosten (absolut)}}{\text{Bezugsverhältnis}} = \frac{15}{0,1} = 150 \text{ Punkten.}$$

Es ist folglich ein DAX-Anstieg um 150 auf 5.750 Punkte notwendig, damit die Kaufgebühren neutralisiert werden. Denn in diesem Fall hat das Zertifikat einen Wert von 575 € und der aufgrund des Indexanstiegs erzielte Zuwachs (15 €) würde die beim Kauf angefallenen Aufwendungen exakt ausgleichen.

Grundsätzlich läßt sich sagen, daß derjenige Beschaffungsweg vorteilhaft ist, der den geringsten Transaktionskosten-Move verursacht. Aber auch hier ist – genau wie beim Spread-Move – zu berücksichtigen, daß die Kennzahl nur eines von mehreren anderen Beurteilungskriterien sein sollte.

> Bei Reverse-Zertifikaten ist hingegen ein Index-Rückgang in Höhe des Transaktionskosten-Moves erforderlich.

Break-Even-Kurs

Als Break-Even-Kurs – kurz: *Break-Even* – bezeichnet man denjenigen Indexstand, der beim Zertifikatverkauf mindestens erreicht werden muß, damit für den Anleger kein Verlust aufgrund von Spread und Transaktionskosten entsteht. Der Break-Even ist also die Marke, bei deren Durchbruch der Anleger in die Gewinnzone gelangt. Daher spricht man auch von *Gewinnschwelle*. Bei Plain-Vanilla-Zertifikaten kann der Break-Even auf folgende Weise berechnet werden:

> Bei Reverse-Zertifikaten ist es umgekehrt: Hier müssen Spread- und Transaktionskosten-Move vom Indexstand abgezogen werden.

> Break-Even =
> Indexstand beim Kauf + Spread-Move + Transaktionskosten-Move

Im Moment der Kaufentscheidung läßt sich der Break-Even-Kurs mit dem aktuellen Indexstand vergleichen. So kann jeder Anleger auf verhältnismäßig einfache Weise feststellen, welche Bewegung mindestens erforderlich ist, damit die Anschaffung des Zertifikats nicht mit einem Verlust endet. Anschließend muß nur noch beurteilt werden, ob eine derartige Wertbewegung in Zukunft realistisch ist.

Betrachten wir zur Verdeutlichung folgendes Fallbeispiel: Angenommen, der Stand des DAX beträgt im Moment 5.000 Punkte und ein Emittent stellt für ein Zertifikat (Bezugsverhältnis: 0,1) eine Quotierung von 499,5 (Geld)/500,5 (Brief). Ein Anleger beauftragt seine Hausbank mit der Beschaffung eines Zertifikats, wofür das Institut eine Provision von 16 € veranschlagt. Damit liegt die Gewinnschwelle bei

$$\underbrace{5.000}_{\substack{\text{DAX-Stand} \\ \text{zum Kauf-} \\ \text{zeitpunkt}}} + \underbrace{\frac{500{,}5 - 499{,}5}{0{,}1}}_{\text{Spread-Move}} + \underbrace{\frac{16}{0{,}1}}_{\substack{\text{Transaktions-} \\ \text{kosten-Move}}} = 5.170 \text{ Punkten.}$$

Erst wenn der DAX um 170 auf 5.170 Punkte gestiegen ist, kann der Anleger einen Wertzuwachs verbuchen, der zum Ausgleich des Spreads und der Transaktionskosten ausreicht. Rechnen wir nach: Notiert der DAX in Höhe des Break-Even-Kurses, dann stellt der Emittent eine Quotierung in Höhe von 516,5 (Geld)/517,5 (Brief). Der Anleger hat jetzt die Möglichkeit, sein Zertifikat an den Market-Maker für 516,50 € zurückzugeben. Damit erhält er vom Emittenten 16 € (516,50 – 500,50) mehr zurück, als er beim Kauf (inclusive Briefspanne) bezahlt hat, womit die Transaktionskosten genau abgedeckt werden.

Wohlgemerkt: Bei einem Indexanstieg von 170 Punkten hat der Anleger noch keinen Gewinn erzielt, sondern lediglich seinen Kapitaleinsatz zurückerhalten (=Briefkurs von 500,50 € zum Kaufzeitpunkt zuzüglich der Transaktionskosten von 16 €).

Im vorletzten Abschnitt sind wir bereits darauf eingegangen, daß der Spread-Move angepaßt werden muß, wenn ein Zertifikat nicht zwischenzeitlich an den Emittenten zurückgegeben, sondern bis zum Laufzeitende gehalten wird. In einem solchen Fall muß selbstverständlich auch die Gewinnschwelle angepaßt werden. Sie lautet dann:

> Break-Even =
> Indexstand beim Kauf + 1/2Spread-Move +
> Transaktionskosten-Move

Gehen wir noch einmal zurück zum letzten Beispiel. Es genügt, wenn der DAX am Laufzeitende einen Wert hat von

$$\underbrace{5.000}_{\substack{\text{DAX-Stand} \\ \text{zum Kauf-} \\ \text{zeitpunkt}}} + \underbrace{\frac{0{,}5 \times 1{,}0}{0{,}1}}_{\text{Spread-Move}} + \underbrace{\frac{16}{0{,}1}}_{\substack{\text{Transaktions-} \\ \text{kosten-Move}}} = 5.165 \text{ Punkten,}$$

damit ein Anleger keinerlei Verluste erleidet. Diese Gewinnschwelle besitzt allerdings nur Gültigkeit, wenn das Zertifikat bis zum Verfalltag gehalten wird.

Break-Even-Kurse lassen sich schlecht in allgemeingültiger Form angeben, da ganz unterschiedliche Transaktionskosten anfallen, je nach dem, bei welchem Institut man kauft.

Die Volatilität kann An-
haltspunkt für die zu-
künftige Schwankungs-
breite sein.

Auch der Break-Even-Kurs sollte nicht als alleinige Entschei-
dungsgrundlage dienen. Anleger sollten auch einen Blick auf weitere Faktoren werfen, etwa die Indexschwankungen, mit denen in
Zukunft gerechnet werden muß. Dafür eignet sich die Kennzahl
Volatilität, die wir im ersten Teil dieses Buches bereits angesprochen haben.

Was beim Kauf zu beachten ist

Wer Zertifikate kauft

Index-Zertifikate sind eigentlich wie geschaffen für Privatleute. Denn schon mit relativ geringen Kapitalbeträgen kann auch ein Normalanleger in den Genuß eines breit gestreuten Aktien-Portfolios kommen. Die Nachfrage von Privaten ist deshalb relativ groß. Doch auch Instituitionen wie zum Beispiel Investmentfonds, Versicherungsgesellschaften oder Pensionskassen scheinen Interesse an Zertifikaten gefunden zu haben. Von einigen Emittenten weiß man, daß sie mitunter beträchtliche Orders abwickeln, die im Prinzip nur von größeren Institutionen stammen können.

Zertifikate haben auch für Institutionelle ihre Reize.

Auch kleinere Banken (z.B. Sparkassen) haben die Vorteile von Zertifikaten erkannt und bestücken deshalb ihre eigenen Depots damit. Da kleineren Instituten aufgrund bestimmter Richtlinien die Einnahme von Short-Positionen (z.B. Leerverkauf von Aktien) nicht gestattet ist, sind beispielsweise Reverse Zertifikate für derlei Häuser besonders reizvoll.

Auch wenn Institutionelle als Käufer von Zertifikaten in Erscheinung treten, konzentrieren wir uns im weiteren auf Privatanleger.

Die wichtigsten Aspekte im Überblick

Wie bei jeder anderen Anlageentscheidung, so sind auch beim Erwerb von Zertifikaten eine Reihe von Punkten zu beachten. Zur besseren Orientierung haben wir diese zusammengefaßt in einer

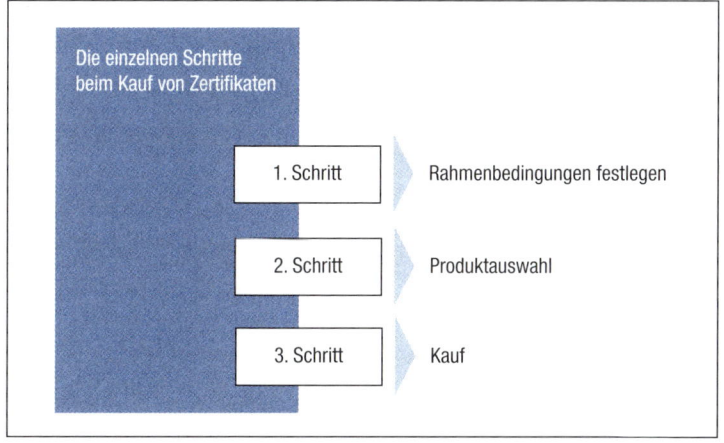

Die einzelnen Schritte beim Kauf von Zertifikaten

1. Schritt	Rahmenbedingungen festlegen
2. Schritt	Produktauswahl
3. Schritt	Kauf

Abbildung dargestellt (siehe letzte Seite). Wir wollen jeden Aspekt im weiteren ausführlich besprechen.

Bevor Anleger ein Zertifikat kaufen, sollten sie sich Gedanken über ein passendes Produkt gemacht haben. Für eine Produktauswahl mit Erfolg ist jedoch Voraussetzung, daß die eigenen Ziele (z. B. Renditeerwartungen) und eventuell vorhandene Einschränkungen (z. B. mangelnde Risikobereitschaft) analysiert werden. Deshalb wollen wir zunächst auf die Rahmenbedingungen eingehen, die Einfluß auf die Auswahl eines geeigneten Zertifikats ausüben.

Jeder Anleger muß sich darüber im klaren sein, ob er sein Kapital langfristig binden will oder nur von kurzfristigen Schwankungen profitieren möchte. Wer beabsichtigt, sein Kapital längerfristig anzulegen und dies mit Zertifikaten erreichen will, wird aus Komfortgründen Instrumente mit entsprechend hoher Laufzeit bevorzugen. Denn dadurch erübrigt sich eine Wiederanlage der zwischenzeitlichen Rückflüsse und die damit verbundenen Kosten und der Arbeitsaufwand. Bestimmte Produkte sind – auch wenn sie über entsprechende Laufzeiten verfügen – für eine langfristige Kapitalanlage ungeeignet. Dieses trifft zum Beispiel für Reverse Participations zu. Aus Erfahrung ist bekannt, daß die Märkte auf lange Sicht einem steigenden Trend folgen. Mit Reverse-Zertifikaten würde der Anleger aber auf fallende Kurse setzen.

Ob die Entscheidung auf Aktien- oder Rentenindex-Zertifikate fällt oder Einzelwerte als Basisobjekt gewählt werden, ist abhängig von Anlagedauer und Risikobereitschaft. Je länger Kapital gebunden und je bereitwilliger Risiko eingegangen wird, um so vorteilhafter sind aktienbezogene Underlyings. Doch zwischen den einzelnen Kategorien bestehen Unterschiede. Wer Zertifikate kauft,

Auch bei Einzelwerten muß man unterscheiden: Blue Chips sind im allgemeinen nicht so riskant wie beispielsweise Small Caps.

die auf Einzelwerten basieren oder sich auf bestimmte Marktausschnitte beziehen (z. B. Branchenindizes), übernimmt im Regelfall ein höheres Risiko als bei Gesamtmarkindizes (z. B. DAX). Da letztere ein breit gestreutes Aktiendepot umfassen, bergen sie nur geringe *unsystematische Risiken*.

Zu Spekulationszwecken werden Zertifikate selten genutzt
Die Praxis zeigt, daß Anleger Zertifikate nur selten zu Spekulationszwecken nutzen. Denn für viele sind die Kursreaktionen zu »lahm«. Ein Beispiel: Ein herkömmliches DAX-Zertifikat (Bezugsverhältnis: 1,0, Restlaufzeit: 6 Monate) kostet bei einem Indexstand von 5.000 Punkten genau 5.000 €. Bei einem Anstieg um 100 Punkte gewinnt ein Anleger genau 100 € (Gewinn = 2 %). Betrachten wir im Vergleich dazu einen europäischen Index-Call (Strike: 5.000 Punkte, Restlaufzeit: 6 Monate). Er kostet bei einer angenommenen Volatilität von 33 Prozent (Zinssatz: 3 Prozent) in etwa 500 €. Für dasselbe Geld bekommt ein Anleger folglich zehn Optionsscheine. Steigt der DAX um hundert Punkte, nimmt der Wert eines Calls um 60 € zu. Insgesamt macht das 600 €. Damit ist der Gewinn sechsmal höher als beim Zertifikat (Gewinn = 12 %). Im Unterschied zu Optionsscheinen haben Zertifikate keinen Hebel. Anleger sollten aber bedenken: Je höher der Hebel, um so höher sind die Gewinn-, allerdings auch die Verlustmöglichkeiten. Sinkt der DAX, um beim obigen Fallbeispiel zu bleiben, etwa um 100 Punkte, so verliert ein Zertifikatinhaber nur 100 €. Wer statt dessen 10 Index-Calls gekauft hat, muß einen Verlust von insgesamt fünfhundert Euro hinnehmen.

Spekulanten (auch Trader genannt) versuchen vom kurzfristigen Auf und Ab zu profitieren. Im Gegensatz dazu wollen langfristig orientierte Anleger Trends (Aufwärtstrends) nutzen.

Nicht jeder *Gesamtmarktindex* ist jedoch mit dem gleichen Risiko verbunden. Grundsätzlich gilt: Je höher die Börsenkapitalisierung um so geringer das Risiko. Das heißt, daß Gewinn- und Verlustmöglichkeiten beispielshalber beim DAX mit hoher Wahrscheinlichkeit geringer sein werden als beim MDAX, SDAX oder Neuen Markt-Index. Das Gleiche gilt für unterschiedliche Länder. Die Märkte in Schwellenländern etwa bergen im allgemeinen ein höheres Risiko als die Märkte Westeuropas.

Auch die Höhe des Anlagekapitals bestimmt die Produktauswahl. Bei geringen Beträgen kommen Zertifikate mit einem hohen Bezugsverhältnis (bzw. geringem Zertifikatverhältnis) gegebenenfalls nicht in Betracht.

Ausschlaggebend für die Wahl ist in den meisten Fällen jedoch die eigene Markterwartung. Im Laufe des Buches haben wir erfahren, daß die Wertentwicklung eines Zertifikats von der *Performance des Underlyings* abhängt. Daher ist eine gründliche Analyse des Basisobjekts unerläßlich. Wichtig ist, daß eine klare Meinung zur zukünftigen Preisentwicklung des Underlyings existiert. Der Anleger hat mehrere Möglichkeiten: Er kann fundamentale Fakto-

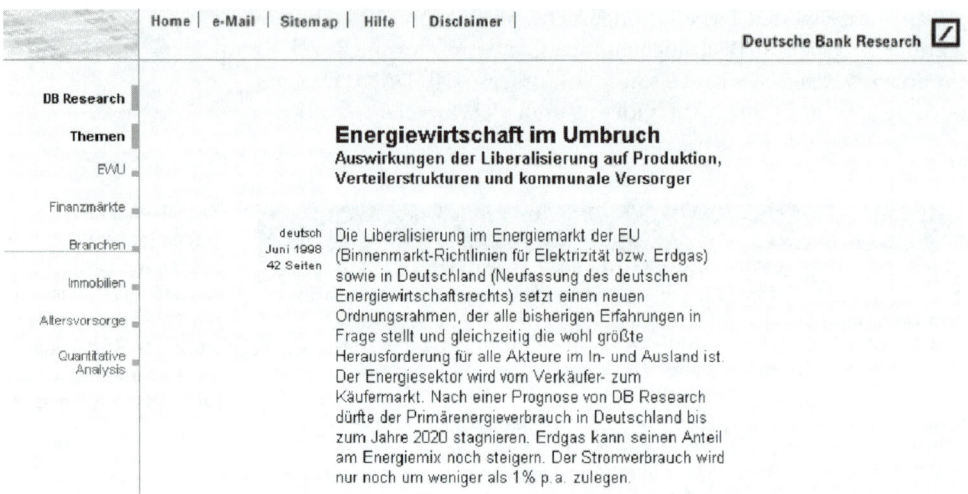

ren analysieren, also ökonomische Bestimmungsgrößen, bei Aktien etwa Gewinnschätzungen, bei Währungen zum Beispiel die Zinspolitik der Notenbanken. Diese Arbeit muß niemand selbst verrichten. Größere Banken unterhalten sogenannte *Research-Abteilungen*, die sich auf die Analyse ökonomischer Faktoren spezialisiert haben. Die Ergebnisse sind in einschlägigen Zeitschriften zu finden oder werden von den Instituten selbst veröffentlicht, zum Teil bereits im Internet. Der obige Ausschnitt stammt aus einer Internetseite der Deutschen Bank (http://www.bank24.de/markt_info/research/index.html) und enthält einige *fundamentale Daten* über die Energiebranche.

Der Anleger hat darüber hinaus die Möglichkeit, aus dem Verlauf historischer Kurse Rückschlüsse auf die zukünftige Entwicklung zu ziehen. Diese Form von Vorhersage bezeichnet man als *Technische Analyse* oder auch als *Chart-Analyse*. Fundamentale Daten spielen hier keine Rolle. *Chartisten* (Techniker) sind vielmehr davon überzeugt, daß sich Kursverläufe aus der Vergangenheit in der Zukunft wiederholen. Sie versuchen, ein bestimmtes Kursbild oder einen Kurstrend bereits im Ansatz zu erkennen und daraus Anhaltspunkte für den Verlauf in der Zukunft zu gewinnen.

Niemand muß Charts selbst anfertigen und auswerten. Denn inzwischen bieten fast alle großen Kreditinstitute den Service, historische Kursverläufe im Internet abzurufen. Als Beispiel haben wir das Angebot der Bank24 ausgesucht (http://www.bank24.de/markt_info/charts/index.html). Der Anleger hat hier die Möglichkeit, ein Finanzinstrument (z.B. T-Aktie, DAX, MDAX usw.) vorzugeben, dessen historische Kursentwicklung anschließend auf dem Bildschirm erscheint. Eingegeben werden kann, über welchen Zeit-

Anleger sollten die Meinung mehrerer Institute einholen und nicht dem Rat eines einzigen Hauses folgen. Empfehlungen sind nicht immer anlegerfreundlich. Mitunter steht das Interesse der Banken im Vordergrund.

In der Praxis ist es häufig so, daß man sich nicht nur auf eine Analyseform stützt, sondern die zukünftige Entwicklung sowohl aus fundamentaler als auch technischer Sicht beurteilt.

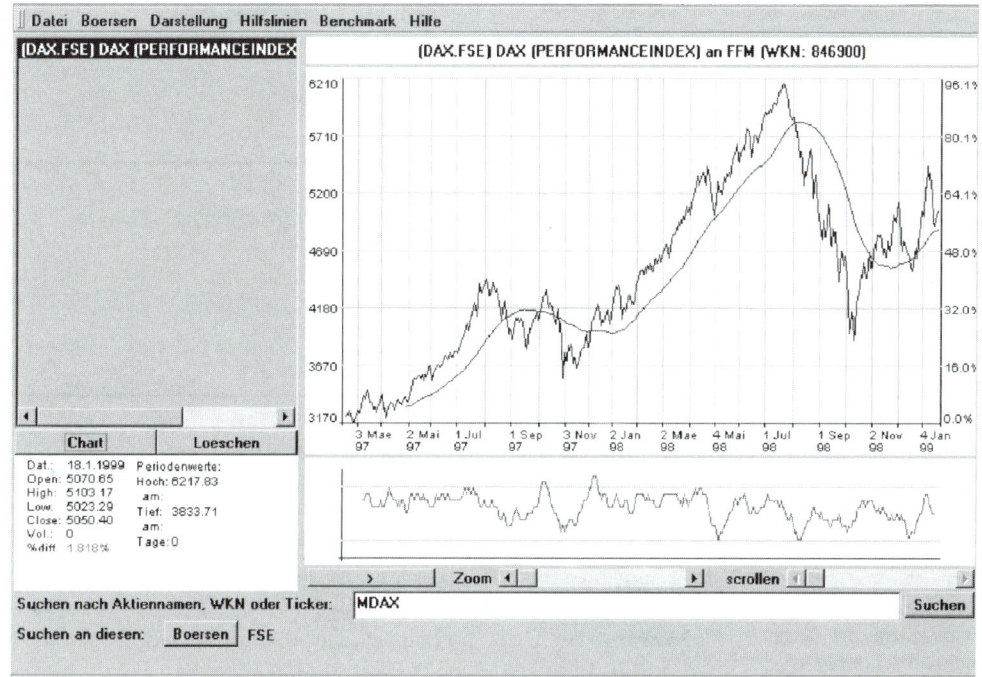

raum der Rückblick und in welcher Form die Kursdarstellung erfolgen soll (Linien-, Balken- oder Candle-Stick-Chart). Wir haben
den DAX-Verlauf der zurückliegenden 24 Monate als Linienchart
abgerufen. Der Anwender hat die Möglichkeit, eine Vielzahl von
technischen Signalen (z. B. Trendkanäle, Dreiecke, Flaggen, Kopf-
Schulter-Formationen) oder sonstige *Analysehilfen* einzeichnen zu
lassen, etwa einen Gleitenden Durchschnitt (siehe oben).

Jeder Anleger kann sich zwar selbst ein Bild von der zukünftigen
Kursentwicklung machen, indem er zum Beispiel die Angebote im
Internet nutzt. Dennoch ist es vorteilhaft, auch den Rat von Fach-
leuten einzuholen, beispielsweise von Anlageberatern bei Banken.

Nach Abschluß der Analysen sollte eine bestimmte Markterwartung vorhanden sein. Entweder geht man in Zukunft von steigenden oder sinkenden Kursen aus. Der Anleger kann schließlich noch
zu dem Ergebnis kommen, daß der Kurs des Underlyings auf längere Sicht weder einem Auf- noch Abwärtstrend folgt, sondern in
etwa auf dem selben Niveau verharrt. Eine derartige Entwicklung
bezeichnet man auch als *Seitwärtsbewegung*.

> Eine bestimmte Markt-
> erwartung ist ausschlag-
> gebend für die Auswahl
> eines geeigneten
> Zertifikats.

Ausgehend von der eigenen Markterwartung kann der Anleger nun zum zweiten Schritt übergehen und ein passendes Zertifikat auswählen (siehe folgende Abbildung).

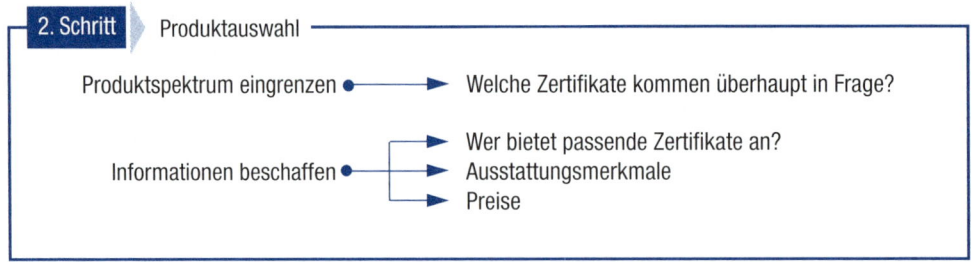

2. Schritt — Produktauswahl

Produktspektrum eingrenzen ● ——→ Welche Zertifikate kommen überhaupt in Frage?

Informationen beschaffen ● ——→ Wer bietet passende Zertifikate an?
                                         ——→ Ausstattungsmerkmale
                                         ——→ Preise

Besteht Aussicht auf einen allgemeinen Aufschwung am Aktienmarkt (»Hausse«), sind herkömmliche Aktienindex-Zertifikate geeignet. Als Underlying sollte ein Index herangezogen werden, der ein breit gestreutes Portfolio umfaßt. Geht der Anleger von einer *Baisse* aus, kommen Reverse-Participations in Frage.

> Je nach Zertifikat kann man von Hausse, Baisse oder Seitwärtsverlauf profitieren.

Mit Discount-Zertifikaten profitiert man dagegen von einer *Seitwärtsbewegung*. Dazu ein Beispiel: Der DAX notiert im Augenblick bei 5.000 Punkten. Ein DAX-Discount-Zertifikat (Cap: 5.000 Punkte) mit einer Restlaufzeit von einem halben Jahr kostet 4.700 €.

Bleibt der Index für die kommenden sechs Monate auf seinem jetzigen Niveau, entsteht ein Gewinn von 300 € (5.000 minus 4.700). Mit Cap-Zertifikaten profitiert der Anleger also von einem nahezu unveränderten Kursniveau.

Liegen konkrete Erwartungen vor, wie sich bestimmte Marktsegmente (Branchen, Regionen, Marktkapitalisierung) oder Einzelwerte in Zukunft entwickeln, werden Zertifikate mit segmentspezifischen Basisobjekten bzw. Einzelwerten ausgewählt.

Nachdem sich der Anleger für eine bestimmte Art von Zertifikaten entschieden hat, müssen die entsprechenden Anbieter herausgefunden werden. Zum Bedauern vieler Anleger haben die meisten Emittenten bislang weder vollständige Produktübersichten noch die exakten Ausstattungsmerkmale ins Internet eingestellt, wo sie von jedermann schnell und mühelos abgerufen werden könnten. Nur in wenigen Fällen erhält man hier Angaben zur Ausstattung. Meistens sehen die Einträge etwa so aus wie bei der Norddeutschen Landesbank (NordLB), die die wichtigsten Kennzeichen ihrer sogenannten »DAX-Trail 2-Zertifikate« im Internet bereithält (Adresse: http://www.nordlb.de).

Wer das gesamte Produktsortiment der Emissionshäuser unter die Lupe nimmt und nach passenden Zertifikaten durchsucht, be-

NORD/LB DAX-Trail 2 - vom DAX profitieren

Im Internet sind zum Teil auch Ausstattungsmerkmale abrufbar.

Unser Angebot:
Mit dem Erwerb von DAX-Trails 2 kaufen Sie 1/100 des Dax-Index. Ein Zertifikat hat bei einem Index von beispielsweise 5.000 Punkten einen Wert von DM 50,00. Ein DAX wird durch 100 Zertifikate dargestellt. Jede Veränderung des DAX-Index wird in gleicher Relation nachvollzogen.

Ihr Vorteil:
Es gibt weder einen Zeitwertverlust noch ein Volatilitätsrisiko. Das Zertifikat können Sie fortlaufend zum aktuellen Preis handeln. Börsentäglich jeweils von 8.30 bis 17.00 Uhr.

- Handelbar 50 Stück oder ein Vielfaches
- Freiverkehr: Hannover, Berlin, Frankfurt und Hamburg
- Laufzeit bis 31.07.2001
- Tausch des DAX-Trail 1 in DAX-Trail 2 ab sofort möglich.

Sind Sie am DAX-Trail 2 interessiert? Möchten Sie ausführlich beraten werden? Dann rufen Sie uns an oder schicken uns einfach eine E-Mail.

(ÜBERBLICK) (KONTAKT)

schreitet einen mühsamen Weg. Weitaus bequemer ist hingegen ein Blick in einschlägige Zeitschriften, wie etwa das *Optionsschein-Magazin*. Dort sind für nahezu sämtliche Zertifikate die wesentlichen Ausstattungsmerkmale (Laufzeitende, Bezugsverhältnis, Cap usw.) aufgelistet, so daß der Anleger schnell fündig wird. Hat er mehrere Produkte aufgespürt, ist das aus seiner Sicht vorteilhafteste auszuwählen. Anschließend kann man zum Kauf übergehen (siehe folgende Übersicht).

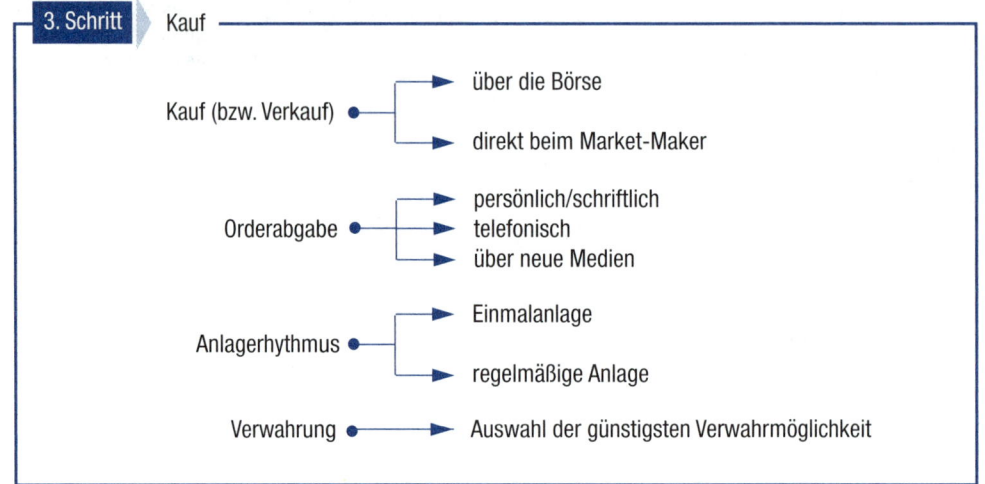

Handel – über die Börse oder direkt beim Market Maker

Da es sich bei Zertifikaten um Wertpapiere handelt, könnte man meinen, daß sie direkt an den Käufer ausgehändigt werden. Eine solche Handhabung ist heutzutage – ganz gleich für welche Art von Wertpapieren – kaum noch üblich, da der damit verbundene Aufwand viel zu groß wäre. Die Banken haben gemeinsam mit anderen Finanzdienstleistern und den Börsen ein dem bargeldlosen Zahlungsverkehr nachempfundenes System entwickelt, das den Handel mit Wertpapieren erleichtert. Die Übertragung erfolgt für gewöhnlich durch »Überweisung« von einem Konto (Wertpapierdepot) zum anderen, ohne daß die Papiere physisch bewegt werden. Wie eine derartige Transaktion praktisch durchgeführt wird, gibt stark vereinfacht folgende Abbildung wieder.

Wie Wertpapiere heute übertragen werden.

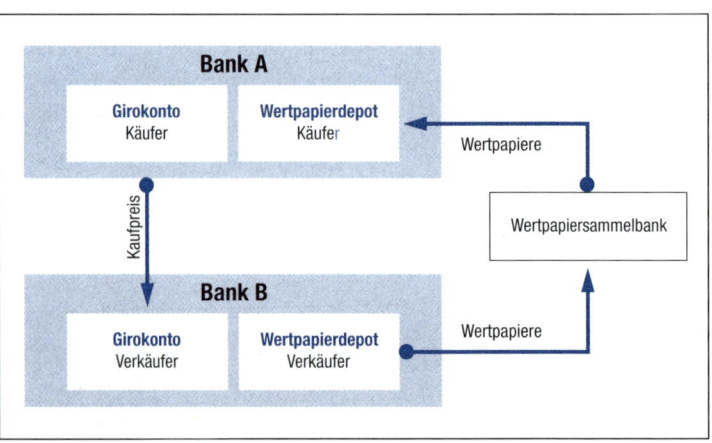

Wer ein Zertifikat erwerben will, benötigt dafür zunächst ein *Wertpapierdepot*, das bei Banken und Sparkassen eingerichtet werden kann. Ferner ist ein Girokonto notwendig, über das die Zahlungen verrechnet werden.

> ### Erfahrene Anleger sollten Direktbanken wählen
>
> Besonders günstige Konditionen bei der Beschaffung und Verwahrung von Wertpapieren bieten häufig Direktbanken. Vorteile kommen vor allem dadurch zustande, daß die Institute kein aufwendiges Filialnetz betreiben. Mitunter verzichten sie sogar auf jegliche Beratung. In solchen Fällen sollten nur versierte Anleger diesen Weg einschlagen.

Mit der Depoteröffnung wird dem Anleger schließlich der Kauf von Wertpapieren ermöglicht. Für den Handel mit Zertifikaten reicht dieser Schritt allerdings noch nicht aus. Denn angesichts der damit verbundenen Risiken hält der Gesetzgeber gerade Privatanleger für besonders schutzbedürftig. Aus diesem Grund dürfen Banken ihren Kunden nur dann Zugang zu derlei Finanzprodukten gewähren, wenn sichergestellt ist, daß Anleger über sämtliche Gefahren aufgeklärt wurden. In der Praxis geschieht dies meist durch ein Gespräch, das ein speziell geschulter Berater mit dem Kunden führt – hier werden alle wesentlichen Punkte angesprochen. Besitzt ein Kunde kaum oder vielleicht überhaupt keine Vorkenntnisse, kann solch eine Unterhaltung durchaus längere Zeit in Anspruch nehmen. Da der Bankmitarbeiter allerdings das bereits vorhandene Wissen berücksichtigt, können gut informierte Anleger die Prozedur für gewöhnlich deutlich verkürzen. Daß das Institut gänzlich auf das Beratungsgespräch verzichtet, wird auch einem noch so gut informierten Anleger wohl kaum widerfahren. Denn eine ziemlich restriktive Rechtsprechung billigt nur unzureichend informierten Kunden im Falle eines Verlusts Schadensersatzansprüche gegenüber der Bank zu. Es ist daher verständlich, daß Kreditinstitute ihrer Verpflichtung im allgemeinen äußerst gewissenhaft nachkommen. Vertritt der Berater am Ende eines Aufklärungsgesprächs immer noch die Ansicht, der Kunde könne die Risiken nicht richtig einschätzen, wird er die Anschaffung verweigern. Andernfalls steht einem Kauf nichts mehr im Wege.

Anleger müssen über Risiken aufgeklärt werden.

Ein Auftrag – im Fachjargon »*Order*« – muß zwar keinen bestimmten Formvorschriften genügen, sollte aber dennoch folgende Punkte beinhalten:

- Name des Auftraggebers
- Depotnummer
- Auftragsart (Kauf/Verkauf)

- Bezeichnung des Wertpapiers (z. B. DAX-Discount-Zertifikat)
- Emittent
- Wertpapier-Kenn-Nummer
- Stückzahl
- Ausführung (Börse/Market-Maker)
- Kurslimit
- Gültigkeitsdauer (z. B. tagesgültig oder gültig bis Monatsultimo)

Neben der WKN trägt nahezu jedes Wertpapier einen sogenannten ISIN Code. ISIN steht als Abkürzung für International Securities Identification Number und trägt dazu bei, daß sich Wertpapiere auch im Ausland einwandfrei identifizieren lassen.

Diese Angaben dienen dem Institut dazu, den Kundenauftrag möglichst schnell und fehlerfrei abzuwickeln. Mit Hilfe des Auftraggebernamens sowie der Depotnummer kann eine Order sofort dem richtigen Kunden zugeordnet werden. Wertpapierbezeichnung sowie *Wertpapier-Kenn-Nummer (WKN)*, ein von der Deutschen Börse für jedes im Inland gehandelte Wertpapier vergebener Erkennungscode, dienen hingegen der Identifizierung des jeweiligen Zertifikats. Ist dem Kunden die entsprechende WKN nicht geläufig, reichen meistens auch folgende Angaben aus:

- Name des Emittenten
- Bezeichnung des Zertifikats
- Laufzeit.

Mit Hilfe dieser Daten kann die Bank das betreffende Zertifikat normalerweise problemlos ausfindig machen.

Den letzten drei Angaben bei einer Order – also Kurslimit, Gültigkeitsdauer und Ausführung – sollten besondere Aufmerksamkeit geschenkt werden.

Betrachten wir zunächst die *Ausführung*. Ein Anleger hat grundsätzlich die Wahl, sich mit seinem Auftrag quasi direkt an den Emittenten zu wenden oder sich für eine Abwicklung über die Börse zu entscheiden. In jedem Fall führt der Weg natürlich über das depotführende Institut. Da sich die Emissionshäuser durchweg zum *Market-Making* verpflichten, also auf Anfrage verbindliche An- und Verkaufskurse für die eigenen Zertifikate stellen, kann eine Order auf direkte Art und Weise schnell, kostengünstig und zuverlässig ausgeführt werden. In der Praxis sieht dies zum Beispiel so aus: Der Anleger verfolgt im Internet den Stand des DAX und entscheidet sich bei einem Indexstand von sagen wir 4.800 Punkten zum Kauf eines entsprechenden Zertifikats von der Commerzbank. Er ruft daraufhin den Berater in einer Commerzbank-Filiale an, bei der er sein Depot unterhält, und ordert ein Zertifikat. Der Mitarbeiter ist online mit der Zentrale verbunden und kann über einen PC in eine vorgefertigte Maske den Auftrag eingeben, der anschließend direkt beim Händler in Frankfurt ankommt. Da die gesamte

Prozedur in Sekundenschnelle vonstatten geht, kann der Anleger Kauf- und Verkaufsaufträge fast ohne Zeitverzögerung plazieren.

Allerdings läuft die Ordererteilung nicht immer so ab wie im geschilderten Fall. Wer sein Depot etwa bei einer Sparkasse eingerichtet hat und zum Beispiel ein Zertifikat der WestLB kaufen möchte, wendet sich ebenfalls an seine Hausbank – hier eine Sparkasse –, wo der Anlageberater telefonisch Kontakt zum *Market-Maker* aufnimmt, nach der Quotierung fragt und diese schließlich dem Anleger mitteilt.

Da die meisten Zertifikate zum Börsenhandel zugelassen sind, ist niemand gezwungen, direkt mit einem Market-Maker zu handeln. Anleger können ihre Orders auch an eine *Börse* leiten, wo sie von *Maklern* gesammelt und – soweit dies möglich ist – ausgeführt werden. Das heißt, daß der Makler versucht, aus sämtlichen eingegangenen Aufträgen für jeden Käufer (Verkäufer) einen passenden Gegenpart (=Verkäufer bzw. Käufer) zu finden. Das gelingt jedoch nicht immer. Mitunter überwiegen Kauf- bzw. Verkaufsaufträge und dem Makler bleibt dann nichts anderes übrig als sich direkt an das jeweilige Emissionshaus zu wenden, um einen Handelspartner zu finden.

Insbesondere bei Börsenorders sollten Anleger auf ein *Kurslimit* achten. Es bringt die persönliche Preisvorstellung des Anlegers zum Ausdruck. Beabsichtigt er zum Beispiel, Zertifikate zu erwerben, könnte er bei der Auftragserteilung eine Kursobergrenze angeben. Die Order wird folglich nur dann ausgeführt, wenn dies bis zum angegebenen Limit möglich ist. Dazu ein Beispiel: Angenommen, ein Privatmann möchte fünf DAX-Zertifikate der HypoVereinsbank (Bezugsverhältnis: 1,0) kaufen, aber keinesfalls mehr als 5.000 € pro Zertifikat bezahlen. Seiner Bank erteilt er deshalb einen Kaufauftrag und nennt dabei ein Limit (=5.000 €), also einen Höchstpreis, den er gerade noch akzeptieren würde. Dadurch hat der Anleger Gewißheit, unter keinen Umständen mehr als 5.000 € je Zertifikat zu bezahlen. Sollte niemand bereit sein, die DAX-Papiere für 5.000 € oder weniger herzugeben, geht der Anleger leer aus.

Wird auf ein Kurslimit verzichtet, leitet die Bank den Auftrag als sogenannte »*Billigst-Order*« (im Falle eines Kaufauftrags) bzw. »*Bestens-Order*« (im Falle eines Verkaufsauftrags) weiter. Zwar hat der Anleger dann Gewißheit, auf jeden Fall zum Zuge zu kommen. Aufgrund der zum Teil überaus starken Schwankungen, denen Zertifikatkurse häufig unterliegen, könnte das jedoch zu einem für den Kunden äußerst ungünstigen Kurs führen. Nutzt der Anleger hingegen die Möglichkeit zur Limitierung, so besteht die Gefahr, daß seine Order gar nicht erst zur Ausführung gelangt.

Damit nicht täglich ein und derselbe Auftrag von neuem erteilt werden muß, hat der Kunde die Möglichkeit, Orders gleich für ei-

Der Kauf von Index-Zertifikaten an der Börse hat Nachteile: Sparer sind eng an begrenzte Handelszeiten gebunden, während einige Market-Maker ihren Dienst den ganzen Tag über verrichten. Obendrein müssen beim Weg über die Börse neben dem Zertifikatspreis selbst und den Bankspesen noch Courtagen für Börsenmakler gezahlt werden.

nen längeren Zeitraum zu stellen. In der Praxis gilt mitunter allerdings eine Beschränkung bis zum Ende des laufenden Monats, einige Institute dehnen diese Frist bis zum Verstreichen des darauffolgenden Monats aus, während andere noch längere Zeiträume akzeptieren.

Ein Auftrag erlischt mit seiner Ausführung, spätestens jedoch nach Ablauf der jeweiligen Frist. Ändert ein Anleger zwischenzeitlich seine Meinung, kann er eine einmal erteilte Order natürlich jederzeit wieder stornieren, vorausgesetzt der Auftrag wurde noch nicht abgewickelt.

Hat ein Anleger sämtliche Vorbereitungen getroffen, stellt sich die Frage, wie er seinen Auftrag am besten an die Bank weiterleitet. Schließlich ist eine zügige und fehlerfreie Übermittlung beim Handel von Zertifikaten besonders wichtig. In der Praxis stehen verschiedene Wege offen, die wir im folgenden Abschnitt kurz ansprechen.

Wie eine Order vom Anleger zur Bank gelangt

Am sichersten, aber gleichzeitig auch am aufwendigsten ist der persönliche Besuch im Institut.

Zu den sichersten Alternativen, Aufträge zu erteilen, zählt der persönliche Besuch beim Geldinstitut. Der Anleger kann die zum Kauf notwendigen Daten dem zuständigen Mitarbeiter direkt mitteilen. Dieser füllt nach den Angaben des Kunden ein Auftragsformular aus, das anschließend vom Anleger unterzeichnet wird. Das Risiko von Übertragungs- und sonstigen Fehlern ist bei dieser Art der Auftragserteilung äußerst gering. Dem hohen Maß an Sicherheit stehen allerdings einige Nachteile entgegen. So ist der Besuch in der Bank für den Kunden fast immer mit einem relativ hohen Aufwand verbunden. Obendrein haben gerade Berufstätige häufig nicht die Möglichkeit, die Schalterstunden zu nutzen. Darüber hinaus ist ein Bankbesuch ausgesprochen zeitintensiv. Aufgrund der zeitweilig starken Preisschwankungen bei Zertifikaten, ist es nicht selten notwendig, daß rasch auf eine veränderte Marktlage reagiert wird. Daher hat die persönliche Auftragserteilung in den letzten Jahren stark an Bedeutung verloren.

Anleger müssen ihre Bank nicht unbedingt persönlich aufsuchen. Denn Orders können auch schriftlich eingereicht werden. Die Einhaltung bestimmter Formvorschriften ist im allgemeinen nicht erforderlich. Zu beachten ist lediglich, daß der Auftrag sämtliche wichtigen Daten enthält. Der Anleger hat im Prinzip zwei Möglichkeiten, die Order dem depotführenden Institut zuzuleiten. Am schnellsten läßt sich der Auftrag sicherlich per Fax übermitteln. Im vorhinein sollte jedoch geklärt werden, ob per Fax eingehende Orders auch umgehend bearbeitet werden. Natürlich ist auch der Versand mit der Post denkbar. Da die Zustellung verhältnismäßig lang dauert, raten wir von dieser Möglichkeit jedoch ab.

In den letzten Jahren hat die telefonische Auftragserteilung erheblich an Stellenwert gewonnen. Eine Erklärung liegt wohl darin, daß diese Art zu ordern für den Kunden ausgesprochen bequem ist. Zudem ist eine telefonische Auftragserteilung, was die Schnelligkeit anbelangt, kaum zu überbieten. Um sich gegenüber dem Bankangestellten zu legitimieren, nennt der Kunde dem Mitarbeiter seine Depotnummer. Ist der Anleger dem Angestellten nicht persönlich bekannt, werden häufig noch weitere persönliche Daten abgefragt, wie das Geburtsdatum oder der aktuelle Kontostand. Bei Direktanlagebanken müssen die Kunden im Normalfall eine persönliche Geheimzahl nennen, die sogenannte PIN (persönliche Identifikations-Nummer).

Hat sich der Mitarbeiter vergewissert, daß eine Auftragsannahme zulässig ist, füllt er – ähnlich wie beim persönlichen Besuch des Kunden – ein Auftragsformular aus. Telefonische Orders werden in aller Regel aufgezeichnet und einige Zeit verwahrt, um im Falle eines Falles nachweisen zu können, daß ein Auftrag auch tatsächlich erteilt wurde.

Wer der telefonischen Auftragserteilung nicht aufgeschlossen gegenübersteht, kann einen anderen Weg nutzen, um seine Aufträge schnell zu übermitteln. Immer mehr Kreditinstitute – an erster Stelle *Direktbanken* – bieten ihren Kunden die Alternative, Aufträge auch über T-Online oder das Internet abzugeben. Dafür ist es allerdings erforderlich, daß der Anleger über einen Computer (PC), ein Modem sowie spezielle Software verfügt. Dabei sollte darauf geachtet werden, daß die Bank bei der Einrichtung eines Online-Zugangs auch Programme zum Sichern der übertragenen Daten bereithält. Denn nur mit Hilfe tauglicher Verschlüsselungssoftware kann ein relativ sicherer Transfer gewährleistet werden. Ein weiterer wichtiger Punkt ist die Übertragungsgeschwindigkeit der Daten. Jeder Internetnutzer weiß sicher aus eigener Erfahrung, wie nervenaufreibend lange Zugriffszeiten sein können. Besonders ärgerlich sind derlei Probleme gerade dann, wenn dringend eine wichtige Order durchgegeben werden muß. Verfügt das Kreditinstitut nur über einen vergleichsweise langsamen und häufig überlasteten Netzwerkrechner, sollte man von dieser Art der Auftragserteilung lieber Abstand nehmen.

In Zukunft wird die Auftragserteilung via Internet dominieren.

Anlagerhythmus

Auf die Frage, ob Sparer ihre Anlagebeträge auf einmal investieren sollten oder lieber nach und nach, gibt es keine eindeutige Antwort. Bei Anlegern, die investiert haben, bilden sich regelmäßig Zweifel, ob man nicht besser gewartet hätte, um in Zukunft möglicherweise in den Genuß geringerer Einstandspreise zu kommen. Umgekehrt die Situation bei Anlegern, die abwarten: Sie werden häufig das Gefühl nicht los, den günstigsten Einstiegszeitpunkt verpaßt zu haben.

Die Behauptung, andauernd bei niedrigen Preisen einzusteigen und Wertpapiere regelmäßig auf dem Kursgipfel zu verkaufen, ist mit hoher Wahrscheinlichkeit frei erfunden. Denn so etwas gelingt nicht einmal Anlegern mit jahrelanger Kapitalmarkterfahrung.

Doch es gibt ein probates Mittel, wie Anleger die *Timing-Problematik* – so nennen Profis die Schwierigkeit, richtige Ein- und Ausstiegszeitpunkte abzuwarten – entschärfen können; gemeint ist *Cost-Averaging*. Bezeichnend für diese Methode ist, daß der gesamte Anlagebetrag nicht auf einmal, sondern nach und nach investiert wird, und zwar in jeweils gleich hohen Raten. Ein einfaches Beispiel: Ein Anleger möchte für insgesamt 12.000 € DAX-Zertifikate (Bezugsverhältnis: 0,1) erwerben. Anstatt den gesamten Betrag auf einmal anzulegen, entscheidet er sich für Cost-Averaging: Über eine Dauer von einem Jahr gibt der Anleger deshalb Monat für Monat gleichbleibend 1.000 € aus. Dies ist problemlos möglich, da die Bank auch »gebrochene« Stücke (z. B. 2,183 Zertifikate) zuläßt.

Bei steigenden oder fallenden Preisen ist Cost-Averaging im Vergleich zur Einmalanlage mit Nachteilen verbunden.

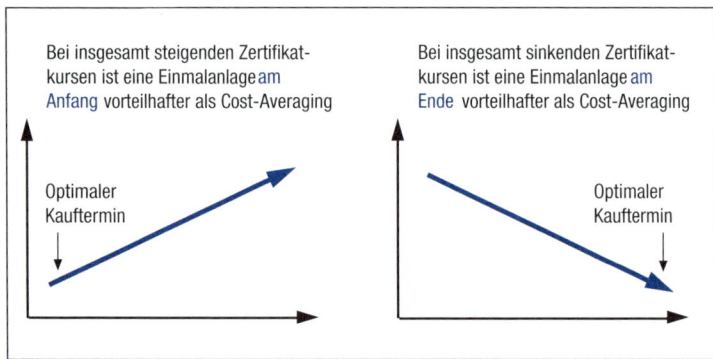

Die Idee beim Cost-Averaging ist einfach: Der Anleger kauft zu festen Terminen und setzt stets einen gleichhohen Kapitalbetrag ein – gleichgültig, wo der Marktpreis gerade liegt. Im Fallbeispiel kauft er ungefähr alle vier Wochen für 1.000 € DAX-Zertifikate. Die Folge: Er bekommt relativ viele Anteile bei niedrigem DAX. Umgekehrt zwingen ihn hohe Indexstände zur Zurückhaltung. Denn für den feststehenden Betrag können jetzt nur verhältnismäßig wenige Zertifikate erworben werden. Wie sich Cost-Averaging im Vergleich zur *Einmalanlage* auswirken kann, belegen die Zahlen in der Tabelle weiter unten.

Cost-Averaging ist kein Patentrezept. Gerade dann, wenn der DAX eine gewisse Zeitspanne überwiegend steigt oder fällt, könnte mit einer Einmalanlage ein günstigerer Einstandspreis erzielt werden. Das setzt natürlich voraus, daß der Einstiegszeitpunkt ziemlich genau abgepaßt wird. Ob Cost-Averaging oder eine Einmalanlage die bessere Strategie ist, weiß man mit letzter Gewißheit also erst im nachhinein, wenn sich ein Trend bereits abgezeichnet hat. Eines jedoch ist sicher: Anleger können das Risiko, einen ungünstigen Einstiegszeitpunkt zu erwischen, mit Cost-Averaging auf ziemlich elegante Weise abschwächen.

Monat	Zertifikat-preis (Euro)	Cost Averaging Jeden Monat werden 1.000 Euro angelegt		Einmalanlage 12.000 Euro werden auf einmal angelegt	
		Stücke	Anlage-betrag (Euro)	Stücke	Anlage-betrag (Euro)
Januar	500	2,000	1.000	24,000	12.000
Februar	510	1,961	1.000		
März	465	2,151	1.000		
April	437	2,288	1.000		
Mai	458	2,183	1.000		
Juni	505	1,980	1.000		
Juli	505	1,980	1.000		
August	476	2,101	1.000		
September	462	2,165	1.000		
Oktober	451	2,217	1.000		
November	497	2,012	1.000		
Dezember	510	1,961	1.000		
Summe		**25,000**	**12.000**	**24,000**	**12.000**
Depotwert			**12.750**		**12.240**

Obwohl insgesamt derselbe Kapitalbetrag investiert wird, hat der Anleger dank Cost Averaging im Endeffekt ein Zertifikat mehr

Die Zahlen bestätigen: Cost-Averaging führt automatisch dazu, daß in einer Niedrigpreisphase verhältnismäßig viele Zertifikate gekauft werden. Bei hohen DAX-Ständen landen entsprechend wenige Wertpapiere im Depot. Übrigens: Cost-Averaging funktioniert nicht nur bei Zertifikaten, sondern beispielsweise auch bei Aktien oder Fondsanteilen.

Verwahrung

Wer Zertifikate kauft, muß sich Gedanken darüber machen, wo er die Wertpapiere verwahren möchte. Im Gegensatz zu früher werden Wertpapierkäufern heutzutage keine wirklichen Urkunden (»effektive Stücke«) mehr ausgehändigt, die man eventuell auch zu Hause aufbewahren könnte. Die Übertragung und damit eine Veränderung der Besitzverhältnisse erfolgt fast nur noch dadurch, daß von einem Konto auf ein anderes umgebucht wird, in etwa so wie bei einer Überweisung zwischen zwei Girokonten. Wertpapiere werden nicht mehr wie einst in Tresoren gelagert und zwischen Instituten hin und her transportiert, sondern wie Fachleute sagen »girosammelverwahrt«. Obwohl sich der Aufwand für die Banken dadurch drastisch reduziert hat, werden dennoch zum Teil Gebühren verlangt, die bei manchem Anleger den Eindruck hinterlassen,

Obwohl Wertpapiere heutzutage nicht mehr in Form effektiver Stücke existieren und tatsächlich eingelagert werden, hat der Begriff »Verwahrung« die Zeiten überdauert und wird noch heute verwendet.

daß Wertpapiere tatsächlich eingelagert und beim Eigentümer-
wechsel von einem Ort zum nächsten bewegt werden.

Doch es existieren teils große Unterschiede zwischen einzelnen
Kreditinstituten. In letzter Zeit warten insbesondere Direktanlagebanken mit ausgesprochen günstigen Konditionen bei der Beschaffung und Verwahrung von Wertpapieren auf. Zum Leidwesen der
Anleger lassen sich darüber allerdings nur schwierig allgemeingül-
tige Angaben machen. Die Häuser legen oft auch gar keinen Wert
darauf, ihre Gebührenstrukturen einfach und transparent zu gestal-
ten. Denn dann ist die Gefahr auch nicht so ausgeprägt, daß Kunden ohne größere Anstrengungen den vorteilhaftesten Konkurrenten erkennen. Ein Institut, das in allen Belangen zu den günstigsten
Anbietern zählt, gibt es ohnehin nicht. Oft ist es so, daß jedes Institut für eine ganz bestimmte Leistung besonders vorteilhafte Konditionen offeriert. Die eine Bank ist beispielsweise bei der Beschaffung und Verwahrung von Index-Zertifikaten (Einmaleinlage)
konkurrenzlos günstig, verlangt dafür aber bei anderen Dienstleistungen (z. B. Sparpläne) im Vergleich zu den Wettbewerbern deutlich mehr. Andere Häuser betreiben dagegen eine umgekehrte
Politik. Hier können Sparverträge möglicherweise besonders günstig abgeschlossen werden, wohingegen eine Einmalanlage um eini-
ges teurer ist. Hinzu kommt, daß die in den Gebührenordnungen
aufgelisteten Preise in vielen Fällen nicht unumstößlich feststehen,
sondern durch entsprechendes Verhandlungsgeschick mitunter drastisch gesenkt werden können. Fazit: In jedem Einzelfall muß genau
geprüft werden, welches Institut das beste Angebot unterbreitet.

Die Stiftung Warentest
untersucht regelmäßig
die Gebührenstruktur
der Anbieter.

Eine gute Hilfestellung leistet die *Stiftung Warentest*, die in regelmäßigen Abständen die Gebührenstrukturen der Anbieter unter die
Lupe nimmt und den Anlegererfordernissen entsprechend günstige
Institute heraussucht. Die Ergebnisse können in der Zeitschrift »Fi-
nanztest« nachgelesen werden.

Die Umsetzung einer passiven Strategie

Aktives Management lohnt sich nicht

Jeder Anleger – gleichgültig, ob Privatmann oder Institution – ist bestrebt, sein Kapital so aufzuteilen, daß am Ende eine möglichst hohe Rendite übrigbleibt. Es existieren die unterschiedlichsten Mittel und Wege, wie man bei der Wertpapierauswahl am besten vorgeht: Das Spektrum reicht von rein aktivem bis hin zu vollständig passivem Management.

Wird der Versuch unternommen, die allgemeine Marktentwicklung zu übertrumpfen, spricht man von aktivem Management. Die Kunst liegt darin, Wertpapiere (insbesondere Aktien) herauszufinden – oder zu selektieren, wie es fachmännisch heißt –, die sehr preiswert sind (=*unterbewertete Papiere*) und solche, die zu hoch im Kurs stehen *(=überbewertete Papiere)*. Als unterbewertet eingestufte Papiere werden gekauft, in der Hoffnung, daß ihr Wert im Vergleich zum Markt stärker steigt, um sie anschließend mit Gewinn wieder zu veräußern. Überbewertete Papiere werden hingegen leerverkauft. Bestätigt sich die Einschätzung, sinkt ihr Preis und die Aktien können später preiswerter zurückgekauft werden.

Überdurchschnittlich hohe Renditen beruhen nicht nur auf gekonnter Selektion. Auch dadurch, daß die optimalen Markteinund -ausstiegszeitpunkte abgepaßt werden, lassen sich überdurchschnittliche Erträge erwirtschaften. Wer über Timinggeschick verfügt, steigt idealerweise am Ende einer Hausse aus dem Markt aus und verlagert sein Kapital etwa auf verzinsliche Wertpapiere (z. B. Floater). Ist die anschließende Baisse (oder Seitwärtsbewegung) abgeschlossen, werden die Anleihen wieder abgestoßen und Aktien gekauft, um voll an der nächsten Hausse-Phase zu partizipieren.

Soweit die Theorie. In der Praxis ist dagegen kaum ein Fall bekannt, wo durch *Selektion* und *Timing* – mit anderen Worten: aktives Management – beständig »Überrenditen« erzielt wurden. In vielen Untersuchungen ist wissenschaftlich nachgewiesen worden, daß kaum ein professioneller Vermögensverwalter (z. B. Fondsmanager) wirklich Selektions- und Timingfähigkeiten besitzt. Es gilt mittlerweile als nahezu sicher, daß sich der Markt mit aktivem Management auf lange Sicht nicht schlagen läßt. Zwar können professionelle Wertpapiermanager Phasen vorweisen, in denen sie besser waren als der Markt. Doch in ebenso vielen Fällen werden sie auch vom Markt übertroffen. Im Durchschnitt bleibt also nur die Marktrendite. Von Selektions- oder Timingfähigkeiten kann kaum die Rede sein, sondern eher von Zufallstreffern. Das Tragische für

Zwischen aktivem und passivem steht das sogenannte »semi-aktive« Management.
Ein Aktienindex dient bei semi-aktivem Management nur als (grobe) Richtschnur, wird jedoch nicht eins zu eins nachgebildet. Bestimmte Aktien werden zum Beispiel anders gewichtet als im Index. Außerdem kann es vorkommen, daß Indextitel überhaupt nicht berücksichtigt werden oder Aktien gekauft werden, die gar nicht im Index vertreten sind.

Anleger: Der Zufall ist nicht etwa umsonst, sondern meist sehr teuer. Denn der Aufwand für die angeblich fachkundige Zusammenstellung von Wertpapierdepots und das exakte Abpassen der Ein- und Ausstiegszeitpunkte wird Anlegern in Rechnung gestellt. Die beiden größten Kostenblöcke sind die Managervergütungen und die Ausgaben, die für das ständige Umschichten der Wertpapiere anfallen. Davon kann sich jeder überzeugen, der einen Blick in die Rechenschaftsberichte von Investmentfonds wirft. Aufgrund der Verwaltungskosten bleibt im Endeffekt weniger übrig als die Marktrendite.

Die Erfahrung, daß sich der Markt auf Dauer nicht bezwingen läßt, hat bei vielen Anlegern zu der Einsicht geführt, auf aktives Management besser zu verzichten. Statt dessen bevorzugen immer mehr Sparer eine passive Strategie, indem die vom Markt vorgegebene Struktur einfach übernommen wird.

Im zweiten Teil dieses Buches haben wir gesehen, daß das Marktgeschehen in der Praxis mittels Indizes zum Ausdruck kommt. Durch Gebilde wie etwa den DAX oder Euro Stoxx 50 wird der Markt für deutsche Blue Chips bzw. erstklassige Aktien aus Euroland ziemlich exakt wiedergegeben. Um den Markt nachzuahmen, muß man sich einfach nur am Index orientieren.

Welche Aktien darin enthalten sind und welches Gewicht jedem einzelnen Papier zuteil wird, teilt die jeweilige Börse auf Anfrage kostenlos mit. Mitunter ist es noch nicht einmal erforderlich, die Daten dort eigens anzufordern. Denn die genauen Zusammensetzungen werden zum Teil sogar in Tageszeitungen veröffentlicht.

Die eigentliche Leistung eines Vermögensmanagers – nämlich Auswahl und Gewichtung von Wertpapieren – ist also unentgeltlich zu haben und deshalb ist es auch nicht gerechtfertigt, daß dem Anleger für eine passive Strategie Geld abverlangt wird. Bei Index-Zertifikaten ist dies – abgesehen von bestimmten Sonderkonstruktionen – normalerweise auch nicht der Fall. Sie gelten deshalb als geradezu prädestiniert für die Umsetzung einer passiven Strategie. Dazu werden allerdings nicht nur Zertifikate, sondern auch Fonds angeboten – genauer: *Indexfonds* und *indexnahe Fonds*. Wir wollen uns in den beiden kommenden Abschnitten etwas eingehender speziell mit dieser Sorte Fonds befassen und sie mit Index-Zertifikaten vergleichen.

Wird bei der Wertpapierauswahl und -gewichtung die Indexstruktur nachempfunden spricht man auch von Tracking (»Index-Tracking«).

Für die Umsetzung einer passiven Strategie sind weder Sachkenntnisse erforderlich noch zeitraubende und kostenintensive Analysen.

Indexfonds zur Umsetzung einer passiven Strategie

Alles in einen Topf

Bevor wir uns näher mit Index- und indexnahen Fonds beschäftigen wollen wir kurz auf das Prinzip eingehen, auf dem Investmentfonds beruhen. Das System ist einfach:

Das Prinzip ist denkbar einfach: Tausende von Anlegern geben ihr Erspartes an eine spezielle Investmentfirma – im Amtsdeutsch Kapitalanlagegesellschaft (KAG) –, wo es gewissermaßen in einem großen Topf landet und anschließend darauf wartet, von erfahrenen Verwaltern (»Fondsmanagern«) möglichst gewinnträchtig angelegt zu werden. Gerade Kleinsparern bietet die Anhäufung einer großen Kapitalmenge in einem einzigen Topf einen unübersehbaren Vorteil: Weil ihr Anlagebetrag für sich allein viel zu gering wäre, haben sie bei weitem nicht so gute Möglichkeiten wie Großanleger. Sämtliche, von den Managern angeschafften Gegenstände gehören ihnen gemeinsam. Gewinne werden gerecht verteilt. Das bedeutet, daß ein Anleger um so mehr erhält, je größer sein Anteil ist.

Fonds bewegen sich bisweilen in erstaunlichen Dimensionen. So verwaltet beispielsweise ein bekannter Aktienfonds Kapital von beinahe fünfeinhalb Milliarden Mark. Das Vermögen verteilt sich auf ungefähr dreißig verschiedene inländische Blue-Chip-Unterneh-

> Bei Indexfonds bzw. indexnahen Fonds ist das Tracking-Risiko besonders ausgeprägt. Denn Auswahl und Gewichtung von Wertpapieren erfolgen vom Fondsmanager mehr oder weniger subjektiv.

> Fonds sind wie geschaffen, um fürs Alter vorzusorgen.

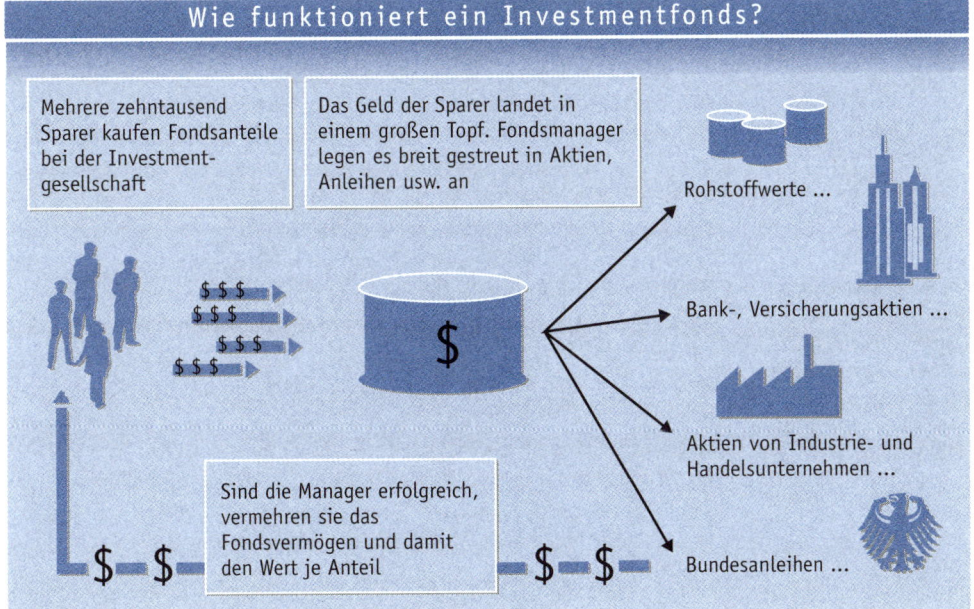

Wie funktioniert ein Investmentfonds?

Mehrere zehntausend Sparer kaufen Fondsanteile bei der Investmentgesellschaft

Das Geld der Sparer landet in einem großen Topf. Fondsmanager legen es breit gestreut in Aktien, Anleihen usw. an

Rohstoffwerte ...

Bank-, Versicherungsaktien ...

Aktien von Industrie- und Handelsunternehmen ...

Sind die Manager erfolgreich, vermehren sie das Fondsvermögen und damit den Wert je Anteil

Bundesanleihen ...

men. Insgesamt schlummern über sechzig Millionen einzelne Wertpapiere im Depot. Der Clou: Ein Anteil kostet noch nicht einmal einhundert Mark und ist damit für jedermann erschwinglich.

Für gewöhnlich verwalten Investmentgesellschaften nicht nur einen einzigen, sondern immer gleich eine Vielzahl verschiedenartiger Fonds. Zum Grundsortiment gehören normalerweise Aktien- und Rentenportfolios. Wer die Absicht hat, sich an einem der Töpfe zu beteiligen, braucht nur Anteile bei der Gesellschaft zu kaufen.

Anleger schrecken häufig davor zurück, ihr Vermögen in Eigenregie zu verwalten. Viele sind nicht bereit, die notwendige Zeit dafür zu opfern. Mitunter besteht aber auch überhaupt kein Interesse, sich tagtäglich mit Unternehmensberichten oder Kursnotizen auseinanderzusetzen. Nicht wenige Sparer übertragen Anlageentscheidungen deshalb lieber auf professionelle Manager. Dieser Schritt gewinnt um so mehr an Bedeutung, je schwieriger bestimmte Anlageobjekte beurteilt werden können und je komplizierter die Anschaffung ist. Ein Beispiel: Kaum ein Kleinanleger wird in der Lage sein, sich auf Dauer erfolgreich an südamerikanischen Aktienbörsen zu engagieren. Dafür fehlt den meisten einfach das Gespür und die Möglichkeit, an entscheidende, marktbeeinflussende Informationen zu gelangen. Auch beim Kauf und Verkauf entsprechender Aktien wird man gewöhnlich an Grenzen stoßen, da die Abwicklung von Börsenorders bisweilen erhebliche Schwierigkeiten bereitet.

Doch damit nicht genug. Professionelle Vermögensverwalter entlasten Sparer obendrein bei der Wiederanlage zufließender Erträge. Sie sorgen also dafür, daß Dividenden- und Zinszahlungen pünktlich und möglichst gewinnbringend reinvestiert werden.

Für den Anleger ist das alles indes nicht ganz ungefährlich. Denn wer sein Erspartes von anderen verwalten läßt, weiß im voraus leider nie genau, was die Vermögensmanager damit anstellen. Beispiele aus der Vergangenheit dokumentieren, daß etliche Profis im Laufe der Jahre ein Stück vom Kundenkapital vernichtet haben, anstatt ansehnliche Renditen zu erwirtschaften.

Mit dieser Gefahr muß insbesondere derjenige leben, der eine Bank oder unabhängige Berater mit der Vermögensverwaltung beauftragt. Etwas besser ergeht es Fondsanlegern. Denn zumindest für deutsche Investmentgesellschaften existieren strenge Vorschriften, die für den Schutz der Sparer bürgen. So sind Fondsmanager gehalten, das anvertraute Geld breit zu streuen. Aktienfonds beispielsweise dürfen im Normalfall nicht mehr als fünf Prozent des Kapitals in die Papiere einer einzelnen Gesellschaft stecken.

Hochspekulative Anlageformen sind darüber hinaus nur sehr begrenzt zulässig, so daß Anleger im allgemeinen davon ausgehen können, ihr eingesetztes Kapital niemals vollständig zu verlieren.

Es gibt Fonds, bei denen laufende Erträge (z. B. Dividenden) ausgeschüttet werden (»ausschüttende Fonds«), während bei anderen die Erträge einbehalten (thesauriert) und automatisch wiederangelegt werden (»thesaurierende Fonds«).

Für die Fondsindustrie gilt das Gesetz über Kapitalanlagegesellschaften, kurz KAGG. Im Vordergrund steht ganz eindeutig der Anlegerschutz.

Um möglichst viel Profit zu erwirtschaften, sind Fondsmanager gezwungen, sich laufend über das Geschehen auf den Finanzmärkten zu informieren. Der Datenaustausch via Computer ist dafür unverzichtbar. Am Bildschirm verfolgen die Manager übrigens nicht nur Kurse und Zinssätze, sondern auch das Geschehen abseits der Börsen (z. B. politische Ereignisse).

Nichts geht ohne die Depotbank

Um eine mißbräuchliche Verwendung des Fondsvermögens zu verhindern, schreibt das Gesetz vor, daß sämtliche Kauf- und Verkaufsaufträge an eine Geschäftsbank weitergereicht werden müssen, bevor sie zur Börse gelangen. Da das Institut auch mit der Verwahrung (»Deponierung«) betraut ist, spricht man von »Depotbank«. Sie führt die vorliegenden Orders übrigens nur solange aus, wie geltende Vorschriften nicht verletzt werden. Sollte die Depotbank diese Regel einmal mißachten, macht sie sich automatisch schadenersatzpflichtig.

Für jeden Fonds gibt es konkrete Richtlinien für die Auswahl der Vermögensgegenstände, sogenannte Anlagegrundsätze und -ziele, die in den Vertragsbedingungen abgedruckt sind. Damit wissen Sparer allerdings nur schemenhaft, worauf sie sich beim Kauf von Anteilen wirklich einlassen. Denn die Anlagegrundsätze sind in der Praxis sehr pauschal formuliert. Folgendes Zitat ist ein Musterbeispiel: »Für den Fonds werden überwiegend Aktien in- und ausländischer Emittenten erworben, daneben aber auch festverzinsliche Wertpapiere und Optionsscheine.«

Nicht immer handeln professionelle Vermögensverwalter nach Vorschrift. Deshalb müssen Sparer ein gewisses Management-Risiko in Kauf nehmen. Dies beruht nicht nur auf der Mißachtung von Vorschriften. Auch verkehrtes Markttiming oder eine falsche Einschätzung über- und unterbewerteter Papiere kann damit verbunden sein.

Direkt- und Fondsanleger im Vergleich.

| Direktanleger | → | **Börse** |
| Fondsanleger | → Kapitalanlagegesellschaft → | Aktien Anleihen Zertifikate Optionen ... |

Im Rechenschafts-
bericht ist die Depot-
struktur detailliert
aufgeschlüsselt.

Innerhalb der vorformulierten Grenzen können Fondsmanager
Kauf- und Verkaufsentscheidungen nach eigenem Ermessen treffen.
Ob also beispielsweise VW- oder Daimler-Aktien gekauft werden,
schreibt niemand mehr vor. Wer genauer wissen will, wie sich die
Anlegergelder auf einzelne Vermögenswerte verteilen, ist zum Blick
in den *Rechenschaftsbericht* gezwungen. Denn nur dort ist die *De-
potstruktur* detailliert aufgeführt.

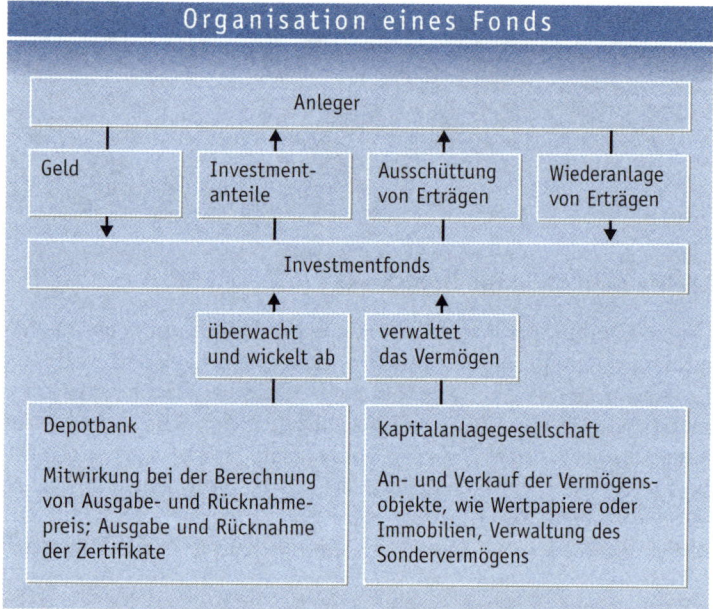

Organisation eines Fonds

Anleger

Geld — Investmentanteile — Ausschüttung von Erträgen — Wiederanlage von Erträgen

Investmentfonds

überwacht und wickelt ab — verwaltet das Vermögen

Depotbank

Mitwirkung bei der Berechnung von Ausgabe- und Rücknahmepreis; Ausgabe und Rücknahme der Zertifikate

Kapitalanlagegesellschaft

An- und Verkauf der Vermögensobjekte, wie Wertpapiere oder Immobilien, Verwaltung des Sondervermögens

Wie es um die Liquidität bestellt ist

Ausschlaggebend für die Auswahl einer Sparform ist oftmals die
Frage, wie schnell der Anleger wieder an sein Geld kommen kann.
Gegenüber anderen Alternativen hat man bei Investmentfonds die
Gewißheit, daß die Gesellschaften Anteile jederzeit zum aktuellen
Wert zurücknehmen. Deshalb gelten Fondsanteile als ausgespro-
chen liquide. Das hat jedoch seinen Preis: Sparer müssen beim
Anteilskauf bisweilen tief in die Tasche greifen und sogenannte
»Ausgabeaufschläge« bezahlen.

Wo der Wert eines Fondsanteils gerade liegt, können Sparer am sogenannten *Rücknahmepreis* erkennen. Er wird tagtäglich aufs neue
von der Investmentgesellschaft bestimmt. Und das funktioniert in
etwa so: Auf Basis der aktuellen Börsenkurse wird errechnet, was
das Fondsvermögen insgesamt wert ist.

Tageswert sämtlicher Vermögensgegenstände + Bankguthaben – Kredite, die der Fonds möglicherweise aufgenommen hat
= Inventarwert des Fonds

Die Summe, der sogenannte Inventarwert, wird anschließend durch die Anzahl der ausgegebenen Anteile dividiert. Übrig bleibt schließlich der Wert pro Anteil. Da die Gesellschaft die Stücke genau zu diesem Preis zurücknimmt, spricht man vom Rücknahmepreis.

$$\overbrace{\text{Anteilwert}}^{\text{Rücknahmepreis}} = \frac{\text{Inventarwert}}{\text{Anzahl umlaufender Anteile}}$$

Wie ein Anteilwert genau zustande kommt, wird zweimal im Jahr detailliert aufgeschlüsselt, und zwar im *Rechenschafts- und Halbjahresbericht*. Ein Beispiel: Der »Deutsche Rentenfonds« des DIT weist zum Geschäftsjahresende 1996 untenstehende Vermögensaufstellung aus.

Die »Inventarliste« liefert sowohl das Fondsvolumen als auch die Anzahl insgesamt umlaufender Anteile. Damit kann man den Wert pro Anteil Ende 1996 ohne weiteres bestimmen.

Vermögensaufstellung »Deutscher Rentenfonds« am 31.12.1996 (stark verkürzte Darstellung)	
Amtlich gehandelte Wertpapiere: Öffentliche Anleihen, Anleihen von Spezialkreditinstituten, Pfandbriefe, Kommunalobligationen etc.	1.278.592.500,00 DM
In organisierte Märkte einbezogene Wertpapiere: Sonstige Bankschuldverschreibungen	63.977.678,50 DM
Neuemissionen (Zulassung zum Amtlichen Handel vorgesehen): Spanische Staatsanleihen	19.627.000,00 DM
Andere Vermögensgegenstände, Sonstiges	43.919.480,78 DM
Bankguthaben	9.185.760,55 DM
Nettoinventarwert	1.415.302.419,83 DM
Sonstige Verbindlichkeiten	– 815.268,85 DM
Bruttoinventarwert:	1.414.487.150,98 DM
Anteilumlauf:	15.361.328 Stück

Es ist leicht zu sehen, daß die Preisstellung bei Fonds erheblich intransparenter ist als bei Plain-Vanilla-Index-Zertifikaten.

$$\frac{\overbrace{1.414.487.150,98\,\text{DM}}^{\text{Inventarwert}}}{\underbrace{15.361.328\,\text{Anteile}}_{\text{Anzahl umlaufender Anteile}}} = 92,08\,\text{DM / Anteil}$$

Daß die Zahlen im Rechenschaftsbericht nicht manipuliert sind, dafür übernehmen unabhängige Wirtschaftsprüfer die Gewähr. Ihr Bestätigungsvermerk, wie es im Amtsdeutsch heißt, ist normalerweise direkt nach der Vermögensaufstellung zu finden und gibt Anlegern Gewißheit, daß alles mit rechten Dingen zugegangen ist.

Oft hohe Zugangsgebühren

Die Fondsanlage ist im allgemeinen nicht ganz billig. Das bekommen Sparer schon beim Anteilskauf zu spüren, wenn sie neben dem eigentlichen Wert der Zertifikate auch noch einen *Ausgabeaufschlag* zahlen. Er kann bis zu sechs Prozent des Rücknahmepreises ausmachen. Ganz selten liegt er sogar noch höher.

$$\underbrace{\text{Ausgabepreis}}_{\substack{\text{Verkaufspreis pro Anteil}\\ \text{(Preis, den Fonds-}\\ \text{gesellschaft verlangt)}}} = \underbrace{\text{Rücknahmepreis}}_{\text{Anteilwert}} + \frac{\overbrace{\text{Rücknahmepreis} \times \text{Ausgabeaufschlag in \%}}^{\text{Ausgabeaufschlag in DM}}}{100}$$

Unbedingt darauf achten, worauf sich der Ausgabeaufschlag bezieht. Denn einige Gesellschaften setzen den Ausgabeaufschlag ins Verhältnis zum gesamten Anlagebetrag. Im Beispiel rechts ergibt sich dann ein optisch vorteilhafter Prozentsatz von 4,76.

Der Preis, zu dem die Gesellschaft Anteile verkauft (Ausgabepreis), liegt mitunter also beträchtlich über demjenigen, zu dem sie Stücke zurücknimmt. Natürlich kann man all das auch etwas deutlicher formulieren: Für einen nicht unerheblichen Teil ihres Geldes bekommen Fondssparer schlicht und einfach keine Zertifikate. Dazu ein einfaches Beispiel: Angenommen, die Anteile an einem Aktienfonds haben gegenwärtig einen Wert von 100 Mark und die Investmentgesellschaft verlangt einen Ausgabeaufschlag in Höhe von fünf Prozent. Ein Sparer, der 105.000 Mark übrig hat, bekommt für sein Geld nicht etwa 1.005 Anteile, sondern nur 1.000. Tatsächlich können in den Fonds also nur 100.000 Mark gesteckt werden, der Rest (5.000 Mark) fließt in die Tasche des Vermittlers und ist für den Anleger unwiederbringlich verloren.

Wie viele Anteile bekommt der Anleger für sein Kapital?

$$\text{Anzahl Anteile} = \frac{\text{Gesamter Kapitaleinsatz}}{1 + \dfrac{\text{Ausgabeaufschlag}}{100}}$$

Ausgabeaufschläge sind nicht einheitlich. Ihre Höhe hängt maßgeblich von der Fondsart ab und natürlich von der Preispolitik der Investmentgesellschaft. Manche Produkte sind sogar ohne Aufschlag zu haben. So wird etwa bei Geldmarktfonds bisweilen vom Aufgeld ganz abgesehen, während die Gesellschaften etwa bei Aktienfonds regelmäßig ordentlich zur Kasse bitten. Wer sich etwas intensiver mit den Produkten einzelner Anbieter befaßt, wird schnell merken, daß die Gesellschaften die Erhebung von Aufschlägen ganz unterschiedlich handhaben. Bei einigen sind die Aufpreise unabhängig vom Anlagebetrag. Andere hingegen staffeln sie: Der Aufschlag pro Anteil sinkt, je mehr Kapital Sparer investieren.

Beispiel: Fonds mit 4% Ausgabeaufschlag				
Anlage-summe	Aufschlag (normal)	Aufschlag bei Direkt-anlagebank	Ersparnis	
			DM	in %
5.000 DM	200 DM	200 DM	0 DM	0 %
10.000 DM	400 DM	300 DM	100 DM	25 %
25.000 DM	1.000 DM	600 DM	400 DM	40 %
50.000 DM	2.000 DM	1.100 DM	900 DM	45 %
75.000 DM	3.000 DM	1.550 DM	1.450 DM	48 %
100.000 DM	4.000 DM	2.000 DM	2.000 DM	50 %
150.000 DM	6.000 DM	2.800 DM	3.200 DM	53 %
200.000 DM	8.000 DM	3.600 DM	4.400 DM	55 %

Ein Anruf bei einer Direktanlagebank lohnt sich, denn derlei Institute sind in vielen Fällen bereit, die Ausgabeaufschläge erheblich zu reduzieren, was nebenstehender Praxisfall hervorhebt.

Welche Aufpreise im Einzelfall auf den Anleger zukommen, läßt sich bei den Vertriebsstellen in Erfahrung bringen oder durch einen Blick in Verkaufsprospekte. Sparer können die Ausgabeaufschläge auch leicht mit der Fondstabelle aus der Tageszeitung herausfinden.

Ausländische Investmentfirmen erheben Gebühren nicht selten in Form von »Rücknahmeabschlägen«. Bei der Rückgabe erhalten Sparer dann weniger als den aktuellen Anteilwert. Deutsche Gesellschaften sind solche Praktiken bislang untersagt.

Denn hier stehen nicht nur Rücknahme-, sondern obendrein Ausgabepreise. Dazu ein Beispiel: Im Wirtschaftsteil seiner Tageszeitung stößt ein Sparer auf den Fonds »Aktien-Deutschland« der Gesellschaft Adig (siehe vorstehenden Kurszettel). Welcher Ausgabeaufschlag für diesen Fonds verlangt wird, macht ein Vergleich zwischen Ausgabe- und Rücknahmepreis sofort deutlich.

$$\underbrace{158,85\,\text{DM}}_{\text{Ausgabepreis}} - \underbrace{152,74\,\text{DM}}_{\text{Rücknahmepreis}} = \underbrace{6,11\,\text{DM}}_{\substack{\text{Ausgabeaufschlag}\\\text{pro Anteil}}}$$

Um die Aufschläge einzelner Fonds untereinander vergleichen zu können, empfiehlt sich eine Umrechnung in Prozentwerte. Dafür wird der Aufschlag ins Verhältnis gesetzt zum Rücknahmepreis. In diesem Fall ergibt sich ein Wert von:

$$\frac{6,11\,\text{DM}}{152,74\,\text{DM}} \times 100\,\% = 4\,\%$$

Am Rande: Für die Bezeichnung Ausgabeaufschlag verwenden Fachleute immer häufiger die englischsprachige Version »load«.

Es gibt kaum plausible Antworten, wenn nach den Gründen für Ausgabeaufschläge gefragt wird.

Wenn Sparer nachfragen und genauer wissen wollen, wofür Ausgabeaufschläge eigentlich berechnet werden, sind Vertreter der Fondsindustrie um Antworten nicht verlegen. Regelmäßig kriegen Anleger zu hören, daß mit dem Aufgeld die *Vertriebskosten* abgedeckt würden – an erster Stelle der Beratungsaufwand.

Das Ärgerliche für Fondsinteressierte: In Beratungsgesprächen erfahren sie im allgemeinen nichts, was sie nicht selbst schwarz auf weiß in den Prospekten und Rechenschaftsberichten nachlesen könnten. Und was viele Anteilseigner noch mehr in Rage bringt: Die Anfertigung von Verkaufsprospekten – an sich typische Vertriebskosten – wird nicht etwa durch den Ausgabeaufschlag gedeckt, sondern den Fondsanlegern Jahr für Jahr separat in Rechnung gestellt.

Wer meint, mit dem Ausgabeaufschlag seien bereits alle Kosten gedeckt, staunt meist nicht schlecht, wenn er genauer in die Rechenschaftsberichte blickt. Hier müssen die Gesellschaften ziemlich genau preisgeben, welche Kosten im Laufe der letzten Periode anfielen und den Anteilseignern in Rechnung gestellt wurden. Zu den größten Aufwandsposten zählen die Entgelte für die Fondsverwaltung. Die meisten Gesellschaften geben sich hier mit gut fünf Promille jährlich, bezogen auf den durchschnittlichen Inventarwert der Fonds, zufrieden.

An zweiter Stelle rangiert meistens die *Depotbankvergütung.* Denn für ihren Einsatz bei der Beschaffung, dem Verkauf und der

Verwahrung von Vermögenswerten, verlangen die Institute Honorare, normalerweise etwa zwei Promille vom Kuchen.

Damit ist das Ende auf der Kostenleiter allerdings immer noch nicht erreicht. Denn zu allem Übel müssen Sparer ihre Anteile irgendwo verwahren. Zwar besteht grundsätzlich die Möglichkeit, sich Investmentzertifikate tatsächlich aushändigen zu lassen, um sie etwa zuhause zu deponieren. Doch davon machen nur die wenigsten Gebrauch. Weitaus beliebter ist die Übertragung im Rahmen des Giroverkehrs. Denn dann muß sich der Anleger um fast nichts mehr kümmern. Auf der einen Seite lagern die Anteile sicher, auf der anderen Seite hat der Verbraucher die Gewißheit, daß seine Ertragsscheine pünktlich eingelöst werden. Solche Dienstleistungen sind natürlich nicht kostenlos. Genau wie bei anderen Wertpapieren stellen Banken dafür *Depotgebühren* in Rechnung.

Mittlerweile haben Anleger hierzulande die Wahl zwischen mehreren tausend verschiedenen Fonds. Die Bandbreite der Anlageobjekte reicht von Wertpapieren über Immobilien bis hin zu Schiffen. Die mit Abstand größte Bedeutung haben Aktien und Renten. In die Rubrik der Wertpapierfonds fallen auch reine Indexfonds und sogenannte indexnahe Fonds.

Indexfonds werden mit dem Ziel aufgelegt, die Performance eines bestimmten Indexes (in aller Regel ein Aktienindex) exakt zu reproduzieren. Dies geschieht dadurch, daß ausnahmslos die im Index vertretenen Papiere gekauft werden, während andere Aktien überhaupt keine Beachtung finden. Das zweite charakteristische Merkmal ist die Gewichtung. Denn das Fondsvermögen wird so auf die einzelnen Aktien aufgeteilt, daß die Verhältnisse anschließend genau mit denen im Index übereinstimmen.

Derweil reine Indexfonds hundertprozentige Kopien sind, kommt es bei *indexnahen Fonds* regelmäßig zu Abweichungen zwischen Vorlage und Nachbildung. Das soll aber nicht heißen, daß Inhalt und Gewichtung des Indexes nebensächlich sind. Sie dienen schon als Orientierungspunkt, bilden aber eher eine grobe Richtschnur. Es kann daher durchaus vorkommen, daß Aktien aufgenommen werden, die nicht im Index vertreten sind. Nicht ungewöhnlich ist es auch, wenn die Gewichtung im Fondsvermögen Unterschiede aufweist zur Zusammensetzung des Indexes.

Da insbesondere bei reinen Indexfonds die Absicht erkennbar ist, die Performance eines bestimmten Börsenbarometers exakt zu erreichen, drängt sich ein Vergleich mit (reinen) Index-Zertifikaten auf. Wir wollen diese beiden Produkte daher im nächsten Abschnitt einander gegenüberstellen.

Für einige Fondsmanager ist der Reiz besonders groß, Index-Zertifikate zu kaufen. So lassen sich die eigenen Kosten (Management, Transaktionskosten usw.) reduzieren. Das Ärgerliche für den Anleger: Er zahlt einen Ausgabeaufschlag und laufende Managementkosten, die er sich beim Direktkauf eines Zertifikats ersparen würde.

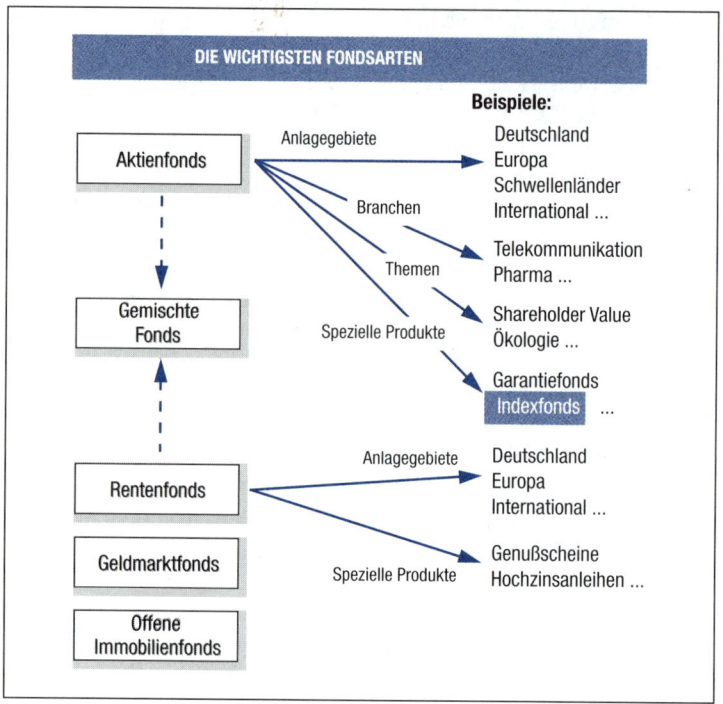

Indexfonds und Indexzertifikate im Vergleich

Wir betrachten im weiteren ausschließlich Plain-Vanilla-Zertifikate, die sich auf einen Performance-Index beziehen.

Der Besitzer eines Zertifikats kann ganz sicher sein, daß er eins zu eins an der Indexentwicklung partizipiert. Ob es dem Manager eines Indexfonds dagegen gelingt, die angestrebte Performance auch tatsächlich zu erreichen, ist fraglich. Hierfür sind im wesentlichen folgende Gründe verantwortlich:

- Normalerweise können nicht für das gesamte Kapital Aktien gekauft werden, da stets eine *Barreserve* vorhanden sein muß, für den Fall, daß Anleger ihre Anteile zurückgeben wollen.
- Kauf und Verkauf von Aktien sowie deren Verwaltung verursachen Kosten (Maklercourtagen, Managergehälter, Büromieten usw.), die zwar nicht den Indexstand berühren, dafür aber beim Fonds zu Buche schlagen. Sie werden vom Fondsvermögen abgezogen und mindern somit den Anteilswert.

Besonders schwer wiegt der *Ausgabeaufschlag*. Bei Indexfonds und indexnahen Produkten kann man durchaus mit etwa fünf Prozent rechnen. Außerdem kommen auf Anleger Kosten für die Verwahrung der Anteile zu (»Depotgebühren«).

Fassen wir zusammen: Beim Indexfonds trägt der Anleger einerseits unmittelbar sichtbare Kosten (»direkte Kosten«) wie Ausgabeaufschläge und Depotgebühren, andererseits aber auf den ersten Blick kaum erkennbare Belastungen (»indirekte Kosten«), etwa Maklercourtagen und Managergehälter.

Es hat den Anschein, daß Fonds schon allein aus Kostengründen Zertifikaten unterlegen sind. Doch dieser Schluß ist voreilig. Denn Fonds haben eine Reihe von Pluspunkten, mit denen Zertifikate wiederum nicht aufwarten können. Der erste Vorteil betrifft die *Laufzeit*: Während Indexfonds im Grunde unbegrenzt lang existieren, hat jedes Zertifikat ein festes Verfalldatum. Bei sehr langem Anlagehorizont besteht der Zwang zum Wechsel auf andere Zertifikate. Problematisch wird es, wenn in Zukunft kein passendes Anschlußprodukt mehr vorhanden ist. Außerdem ist der Umstieg mit Kosten verbunden (z. B. Bankprovision). Hinzu kommen Gebühren für die Verwahrung (Depotgebühren).

Fonds haben auch Vorteile

Bei Zertifikaten werden also ebenfalls *direkte Kosten* in Rechnung gestellt, im Unterschied zu Fonds wird jedoch kein Ausgabeaufschlag erhoben. Außerdem fallen keine *indirekten Kosten* etwa in Form von Verwaltungs- und Managervergütungen an (siehe nachfolgende Übersicht).

Die Sicht darf sich nicht auf die Kosten beschränken. Ob Indexfonds oder -Zertifikate die bessere Alternative sind, hängt maßgeblich von den Erträgen ab. Erinnern wir uns: Aktien erwirtschaften laufende Erträge (z. B. Dividenden) und gewinnen bzw. verlieren an Wert aufgrund von Kursveränderungen. Diese Ergebnisse fließen in die Indexberechnung ein, so daß ein Barometer wie etwa der DAX die Ertragslage am Aktienmarkt sehr genau wiedergibt.

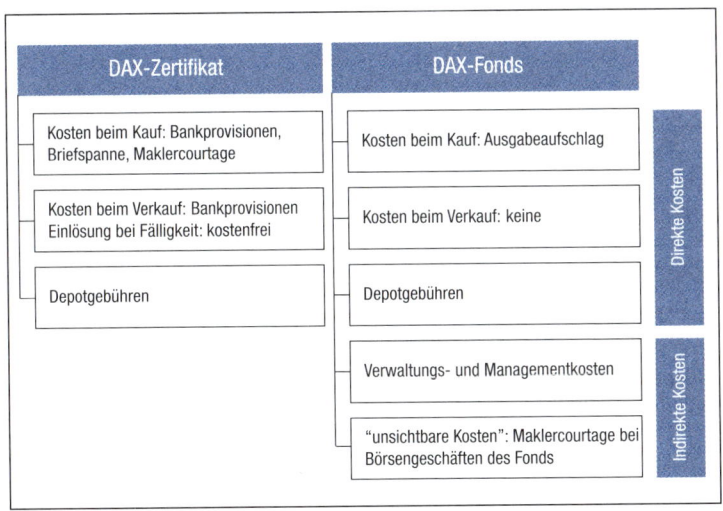

Während bei der Indexberechnung nur die Bardividende Berücksichtigung findet, werden Fondsanlegern, die einen Freistellungsauftrag (mit noch nicht ausgeschöpftem Sparerfreibetrag) oder eine Nichtveranlagungs-Bescheinigung (NV-Bescheinigung) vorlegen, hingegen *Bruttodividenden* gutgeschrieben (also quasi Bardividenden zuzüglich Körperschaftsteuergutschrift). Und diese sind – berücksichtigt man die gegenwärtigen Steuersätze – knapp anderthalbmal höher.

In den DAX fließt der rechnerische Wert verkaufter Bezugsrechte und Berichtigungsaktien ein, wohingegen einem Fonds tatsächliche Erlöse zuteil werden, die erfahrungsgemäß höher sind als die rechnerischen Werte. Auch hier können Fonds im Vergleich zu Zertifikaten leichte Vorteile verbuchen.

Der besseren Übersicht wegen haben wir in einer Graphik noch einmal zusammengestellt, wie sich die laufenden Erträge bei DAX-Zertifikaten und -Fonds im einzelnen zusammensetzen (siehe unten).

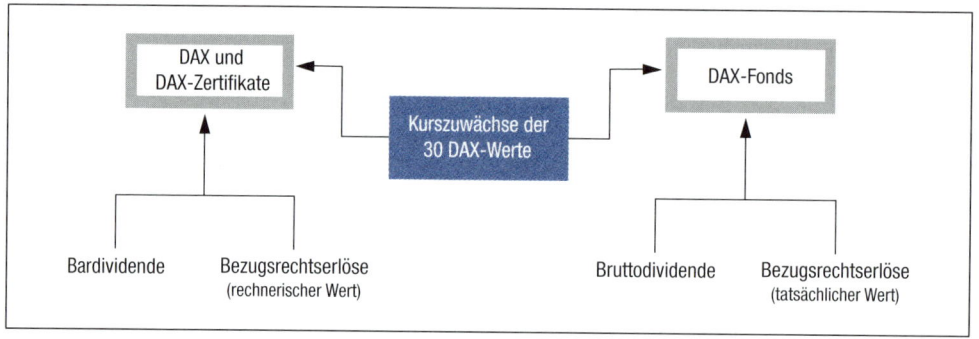

Wir können hier nur den Gesetzesstand zum Zeitpunkt der Drucklegung wiedergeben. Die Leser sollten jedoch vor Augen haben, daß kein Steuergesetz für ewige Zeiten gemacht wird. Änderungen müssen stets einkalkuliert werden.

Nach deutschem Steuerrecht werden unterschiedliche Ertragsarten auch unterschiedlich behandelt. Kursgewinne sind nur steuerpflichtig, wenn sie spätestens zwölf Monate nach Ablauf des Kaufzeitpunktes (»Spekulationsfrist«) realisiert werden, vorausgesetzt, die Freigrenze von gegenwärtig 1.000 Mark wird überschritten. Sonst fallen keine Steuern an. Bei längerfristigem Anlagehorizont fällt die »Spekulationssteuer« daher nicht ins Gewicht. In der Abbildung weiter unten haben wir zusammengefaßt, welche Steuern bei Fonds bzw. Zertifikaten von Belang sind.

Die Körperschaftsteuergutschrift deckt erwiesenermaßen in etwa die Management- und Verwaltungsvergütung beim Fonds. Dieser Ausgleich findet allerdings nur solange statt, wie Anleger ihre Sparerfreibeträge noch nicht ausgeschöpft haben. Bei etwas höheren Anlagesummen, die sich im Laufe der Jahre auch bei Kleinsparern leicht auftürmen, überschreiten die Erträge schnell diese Grenze.

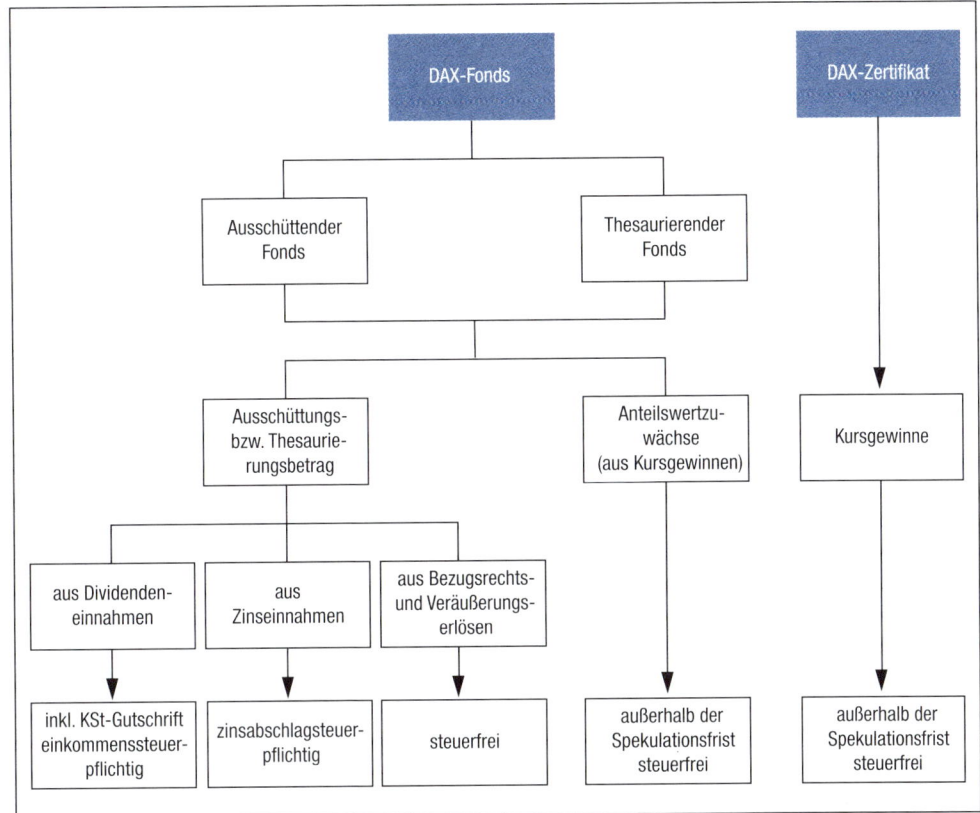

Dann hat der Indexfonds gegenüber dem Zertifikat eindeutige Nachteile. Außerdem müssen Anleger beim Fondskauf einen Ausgabeaufschlag zahlen. Eine vergleichbare Vertriebsprovision wird für Zertifikate nicht erhoben. Dafür müssen Zertifikatanleger – insbesondere bei sehr langem Anlagezeitraum – aber damit rechnen, daß zwischenzeitlich auslaufende Papiere durch neue ersetzt werden müssen. Es ist allerdings zweifelhaft, ob die dabei auftretenden Kosten den Ausgabeaufschlag beim Fonds jemals überragen. Im ganzen betrachtet läßt sich durchaus sagen, daß Indexzertifikate im Vergleich zu -fonds die bessere Alternative darstellen.

Plain-Vanilla-Zertifikate, denen Performance-Indizes zugrunde liegen, sind die beste Wahl.

Glossar

Aktienanleihe
Bei Aktienanleihen handelt es sich um Schuldverschreibungen, die dem Emittenten das Recht einräumen, am Laufzeitende entweder den Nominalbetrag zurückzuzahlen oder wahlweise Aktien zu liefern.

Basket-Zertifikat
Kombiniert der Emittent mehrere Basisgüter zu einem Korb (englisch: Basket), spricht man auch von Basket-Zertifikaten.

Benchmark
Anderer Ausdruck für »Vergleichsmaßstab«. In der Finanzwelt werden meist Indizes als Benchmarks verwendet. Um die Leistung von Vermögensverwaltern (z. B. Fondsmanager) zu überprüfen, werden regelmäßig Vergleiche mit einem entsprechenden Index angestellt. Durch Gegenüberstellung mit der Benchmark ist erkennbar, ob ein Manager besser oder schlechter abgeschnitten hat als der Markt.

Bezugsobjekt
Instrument (z. B. Index), an dessen Wertentwicklung die Rückzahlungshöhe gekoppelt ist.

Bezugsverhältnis
Zeigt an, mit welchem Ausmaß ein Zertifikatinhaber an Wertveränderungen des Bezugsobjekts partizipiert.

Break-Even
Derjenige Indexstand, der beim Zertifikatverkauf bzw. bei Rückgabe am Laufzeitende mindestens erreicht werden muß, damit für den Anleger kein Verlust aufgrund von Spread und Transaktionskosten entsteht. Der Break-Even ist also die Marke, bei deren Durchbruch der Anleger in die Gewinnzone gelangt. Daher spricht man auch von Gewinnschwelle.

Briefkurs
Der Briefkurs – kurz: Brief – ist derjenige Preis, zu dem ein Market-Maker Zertifikate an andere Marktteilnehmer (z. B. Anleger) verkauft.

Cap

Englischsprachige Bezeichnung für »Mütze« oder »Deckel«. Wird häufig als Fachbegriff für Höchstgrenze verwendet. Besitzt beispielsweise ein Index-Zertifikat einen Cap, ist die Rückzahlung auf einen Höchstwert begrenzt, auch wenn der Index am Laufzeitende oberhalb dieser Marke liegen sollte.

Collar-Zertifikat

Andere Bezeichnung für Mini-Max-Zertifikat.

Cost-Averaging

Bestimmtes Verfahren, nach dem Kapital angelegt wird. Im Unterschied zur Einmalanlage wird Geldbetrag beim Cost-Averaging nicht vollständig zu einem Zeitpunkt angelegt, sondern in einzelnen Etappen über einen längeren Zeitraum.

DAX

Abkürzung für Deutscher Aktienindex. Der DAX ist ein Performance-Index, der 30 Blue Chips umfaßt. Er ist hierzulande das bekannteste Börsenbarometer.

Discount-Zertifikat

Andere Bezeichnung für Zertifikate, die eine Rückzahlungsobergrenze (»Cap«) besitzen. Aufgrund der von vornherein begrenzten Rückzahlungshöhe notieren derlei Produkte mit einem Kursabschlag (»Discount«).

Diversifikation

Aufteilung (»Streuung«) eines Kapitalbetrages auf mehrere verschiedene (»diverse«) Wertpapiere. In vielen Fällen bewirkt eine breite Streuung eine Risikoreduktion. Diesen Effekt bezeichnet man daher auch als Diversifikationseffekt.

Emittent

Institution (z. B. Bank), die sich durch Ausgabe (»Emission«) von Wertpapieren Kapital beschafft.

Exot

Bezeichnung für Finanzprodukte mit ungewohnten Merkmalen.

Fair Value

Ein Finanzinstrument notiert zum Fair Value, wenn sein Wert als »gerecht« bezeichnet werden kann – also weder unangemessen hoch, noch zu niedrig ist.

Floor
Englischsprachige Bezeichnung für »Boden«. Wird häufig als Fachbegriff für Untergrenze verwendet. Besitzt beispielsweise ein Index-Zertifikat einen Floor, ist eine Mindestrückzahlung in Höhe des Floors garantiert, selbst wenn der Index am Laufzeitende unterhalb dieser Marke liegen sollte.

Garantie-Zertifikat
Andere Bezeichnung für Zertifikate, bei denen Anlegern eine Mindestrückzahlung (»Floor«) garantiert wird.

Geldkurs
Der Geldkurs – kurz: Geld – ist derjenige Preis, zu dem ein Market-Maker Zertifikate von anderen Marktteilnehmern (z. B. Anlegern) ankauft.

Hausse
Begriff aus der Börsensprache, der als Synonym für Aufschwungphase steht.

Index
Ein Index ist eine Verhältniszahl, die angibt, wie sich der Wert einer Sache (z. B. Aktien-Portfolio) im Vergleich zu einem bestimmten Ausgangszeitpunkt entwickelt hat.

Index-Tracking
Index-Tracking ist der Versuch, ein Portfolio so zusammenzustellen, daß seine Rendite exakt mit der eines bestimmten Indexes gleichläuft.

ISIN
Neben der WKN trägt nahezu jedes Wertpapier einen sogenannten ISIN Code. ISIN steht als Abkürzung für International Securities Identification Number und trägt dazu bei, daß sich Wertpapiere auch im Ausland einwandfrei identifizieren lassen.

Kursindex
Index spiegelt ausschließlich Kursveränderungen wider. Am Stand eines Kursindexes kann man ablesen, wie sich das Preisniveau der zugrunde liegenden Wertpapiere im Laufe der Zeit verändert hat.

Ladder-Zertifikat
Zertifikate sind so ausgestaltet, daß Anleger ein einmal erreichtes Niveau bis zum Laufzeitende nicht wieder verlieren können, unabhängig davon, wie sich der Index weiterentwickelt.

Limit
Preisgrenze, die beim Kauf (Verkauf) von Wertpapieren nicht überschritten (unterschritten) werden darf. Durch Limitierung können
Anleger sicherstellen, daß Orders nicht um jeden Preis abgewickelt
werden.

Market-Making
Die Bereitschaft stets für Angebot und gleichzeitig für Nachfrage zu
sorgen und damit in gewissem Sinne »den Markt zu machen«, bezeichnet man als Market-Making. Die Emittenten von Zertifikaten
verpflichten sich im Regelfalle zum Market-Making. Das heißt, daß
sie auf Anfrage verbindliche Geld- und Briefkurse stellen.

Mini-Max
Abkürzung für Minimum-Maximum. Bringt zum Ausdruck, daß
sowohl ein Floor (»Minimum«) als auch Cap (»Maximum«) existiert. Bei einem Mini-Max-Zertifikat kann ein bestimmter Min-
destbetrag am Laufzeitende nicht unter- und gleichzeitig eine
Kursobergrenze nicht überschritten werden.

Order
Auftrag zum Kauf oder Verkauf von Wertpapieren.

Outperformance
Von »Outperformance« spricht man, wenn der Gesamtertrag einer
Benchmark übertroffen wird. Erzielt ein Vermögensverwalter etwa
eine Rendite die über dem DAX liegt, so hat er den Index »outper-
formt«.

Performance
Begriff dient in der Finanzwelt als Bezeichnung für den Gesamtertrag eines Wertpapiers oder Wertpapier-Portfolios. Der Gesamtertrag setzt sich etwa bei Aktien im wesentlichen aus zwei
Bestandteilen zusammen: zum einen Dividendenzahlungen, zum
anderen Kursveränderungen.

Performance-Index
Der Indexstand spiegelt wider, welches Ergebnis sich mit den zugrunde liegenden Wertpapieren insgesamt erzielen ließ. Im Unterschied zum Kursindex werden nicht nur reine Preisveränderungen
erfaßt, sondern auch laufende Erträge.

Plain-Vanilla
In der Finanzwelt Bezeichnung für »herkömmlich strukturiert«.
Unter Plain-Vanilla-Produkten versteht man Finanztitel, die normal

aufgebaut sind und – im Unterschied zu »Exoten« – keine unkonventionellen Merkmale beinhalten.

Portfolio
Gesamtheit an Vermögensgegenständen eines Anlegers. Ein Portfolio könnte zum Beispiel aus Telekom- und Commerzbank-Aktien sowie Bundesanleihen bestehen.

Pricing
Englischsprachige Bezeichnung für Bewertung.

Pricing by Duplication
Bewertung eines Finanzinstrumentes, indem dessen Zahlungsstruktur durch alternative Geschäfte nachgebildet (»dupliziert«) wird.

Quotierung
Die Angabe von Geld- und Briefkurs für ein bestimmtes Finanzprodukt (z. B. Zertifikat) wird als Quotierung – kurz: Quote – bezeichnet.

Reverse Convertible
Bei Reverse Convertibles handelt es sich um Schuldverschreibungen, die dem Emittenten die Möglichkeit geben, am Laufzeitende entweder den Nominalbetrag zurückzuzahlen oder wahlweise Aktien zu liefern. Im Unterschied zu normalen Wandelanleihen (»Convertibles«) besitzt der Emittent und nicht der Gläubiger das Recht zur Wandlung.

Reverse Participation
Bezeichnung für Zertifikate, bei denen eine umgekehrte (»reverse«) Beziehung zwischen Rückzahlungshöhe und Wert des Basisobjekts besteht. Der Rückzahlungsbetrag steigt (sinkt), wenn der Wert des Underlyings sinkt (steigt).

Seitwärtsbewegung
Ein im Zeitablauf in etwa gleichbleibendes Kursniveau. Verhältnismäßig starke Kursausschläge nach oben wie nach unten bleiben folglich aus.

Selektion
Bewußte Auswahl unter- und überbewerteter Finanzinstrumente. Wer Selektionsfähigkeiten besitzt, ist in der Lage, zu preiswerte und zu teure Wertpapiere zu erkennen.

Spot-Kurs

Der gerade aktuelle Preis einer Sache (z. B. Aktie) wird als Spot-Kurs – kurz Spot – bezeichnet.

Spread

Abstand zwischen Geld- und Briefkurs. Verwendet werden auch die Bezeichnungen »Spanne« oder »Marge«.

Spread-Move

Am Spread-Move erkennt der Anleger, welche absolute Bewegung (englisch: move) des Underlyings in die richtige Richtung erforderlich ist, damit wenigstens der Verlust aufgrund der Geld-Brief-Spanne ausgeglichen wird.

Stückelung

Bringt den Mindestanlagebetrag zum Ausdruck. Bei einem aktuellen DAX-Stand von beispielshalber 4.000 Punkten müßten für ein Zertifikat mit Bezugsverhältnis 1:10 mindestens 400 Euro investiert werden, wenn nur ganze Zertifikate (»ganze Stücke«) gekauft werden können.

Timing

Abpassen der günstigsten Ein- und Ausstiegszeitpunkte bei Wertpapieren. Wer über Timingfähigkeiten verfügt, kauft in einem Kurstal und verkauft auf dem -gipfel.

Tracking-Risiko

Begriff beschreibt die Gefahr, daß das Tracking-Ziel (= möglichst exakte Erreichung der Indexrendite) verfehlt wird. Gründe hierfür sind: falsche Auswahl und/oder fehlerhafte Gewichtung einzelner Wertpapiere.

Transaktionskosten-Move

Gibt an, welche absolute Kursveränderung des Underlyings in die richtige Richtung erforderlich ist, damit die Anschaffungskosten wieder ausgeglichen werden.

Underlying

Englischsprachiger Ausdruck für Bezugsobjekt.

Zertifikatverhältnis

Entspricht dem Kehrwert des Bezugsverhältnisses. Läßt erkennen, wieviel einzelne Zertifikate benötigt werden, um eins zu eins an der Indexentwicklung teilzuhaben.

Sachregister